U0139807

漢武帝

盛氣當陽
雄才御世
嘉樂唐虞
狹小漢制
振舉百度
征代四裔
燁燁明明
恢我王治

集古像赞 明 孙承恩编撰 嘉靖十五年刊本

汉武大帝

王立群读史记

王立群 著

下册

東方出版社

目录

二十一

汉武帝在位五十四年，共任用了十三位丞相。第一位丞相卫绾是景帝朝的丞相，仅留任至武帝初年就为武帝所免。其余的十二位丞相都是武帝任命，其中，三位丞相被迫自杀，还有三位丞相是被杀，例如我们前面讲过的窦婴。可见，武帝朝的丞相难得善终。只有一位丞相，当了一年副丞相(御史大夫)，五年丞相，八十多岁寿终正寝，老死在丞相之位，在武帝一朝的十二位丞相中显得非常抢眼。伴君如伴虎，朝堂危机四伏。他是谁？他有什么特异功能，能稳坐丞相交椅，一干就是五年？是八面玲珑，还是老谋深算？是明哲保身，还是主动出击？

秦汉时期，丞相的权力很大。

吕后在惠帝死后，一心想封诸吕为王，以巩固吕姓家族的地位。但是，当权力极大的吕太后提出封诸吕为王的打算时，右丞相王陵以刘邦生前的“白马盟誓”为理由，公开坚决反对封诸吕为王。吕后的权力多大，手段多狠，但是，右丞相王陵偏偏不买吕后的账。由于右丞相王陵的反对，吕后大封诸吕为王的计划只能暂时搁浅。

王陵曰：『高帝刑白马盟曰：「非刘氏而王，天下共击之。」今王吕氏，非约也。』——《史记·吕太后本纪》

强势的吕后当然不肯就此善罢甘休，她来了一招釜底抽薪：将王陵调离右丞相之位，任命她的亲信审食其为左丞相，陈平为右丞相。陈平一味逢迎吕后，吕后这才将大封诸吕一事办成。吕后以太后身份临朝称制、行使皇帝权力，即便这样，都不能越过丞相之位办成一件自己想办的事。可见，丞相之位多么重要！

汉武帝却不能容忍丞相的权力过大，他一方面广招人才，封为侍中（顾问、侍从），在宫中和他一块儿商议国政，形成中国历史上有名的具有决策权的“内朝”，使丞相为首的三公九卿沦为执行国政的“外朝”；另一方面对丞相实行严厉的惩治，造成了他任用的十二位丞相有六位自杀或被杀的恐怖局面。

但是，偏偏有一位老丞相公孙弘能够善始善终，老死在丞相位上。

枯木逢春　大器晚成

公孙弘是大器晚成的典型。老子《道德经》曾言:“大方无隅, 大器免成, 大音希声, 大象无形, 道隐无名。”就是说:“最方正的东西, 反而没有棱角; 最大的器物, 最后才能做成; 最大的声响, 反而听来无声无息; 最大的形象, 反而没有可以看见的形象; 道幽隐而不可说。”这就是我们常说的“无为”境界, 也是做人的最高境界。

养后母孝谨。——《史记·平津侯主父列传》

公孙弘的仕途一路星光灿烂, 正与他的为人处世息息相关。

公孙弘年轻时曾经做过狱吏, 后来因为违法而被开除公职, 回老家当了猪倌。吃过这次大亏之后, 四十岁的公孙弘才开始发愤读书, 学习《春秋》和杂家之学。

公孙弘有一个特点, 对他的后母非常孝顺。汉代讲究以孝治国, 公孙弘以“大孝子”形象, 在当地博得了名气和人气。

汉武帝即位之后的建元元年(前140), 下诏在全国范围内公选“贤良文学之士”。此时, 公孙弘的人生即将走完一个甲子——六十岁, 命运第一次向他展开了笑脸: 公孙弘的家乡推荐了公孙弘去参加公选。

结果, 公孙弘这次公选竟然被选中了, 还被任命为博士(顾问官)。

公孙弘任博士不久, 汉武帝派他出使匈奴。回来后,公孙弘向汉武帝汇报出使情况，惹得汉武帝十分不满。也难怪，公孙弘年事已高，老气横秋，汉武帝正值少年，意气风发；用现在的话来说，就是有“代沟”，这样两个人想要相谈甚欢还真不容易。好在公孙弘是个聪明人，他一看汉武帝对他不满意，马上找了个有病的借口就辞职了。这就是明哲保身啊。反正此时公孙弘是六十岁开外的人了，说身体有病也很自然，不至于被人看作是装病。

使匈奴，还报，不合上意，上怒，以为不能。——《史记·平津侯主父列传》

元光五年（前130），汉武帝再次下诏，要求全国举荐贤良文学。公孙弘的家乡又一次推举了公孙弘，但是，这一次公孙弘丝毫不为所动。

他捋着长须，言辞恳切：“我已经参加过一次公选了，因为我没有能力干好工作，所以才告假回来。这一次还是推荐其他人吧。”但是，当地政府选来选去，还就公孙弘合适，最终还是推举了公孙弘。公孙弘只好再次来京参加公选。

弘让谢国人曰：『臣已尝西应命，以不能罢归，愿更推选。』——《史记·平津侯主父列传》

到了京城，在参加公选的时候，太常（掌管宗庙礼仪和国家考试）把公孙弘的对策（公选时写的文章）排在了下等。但是，等到汉武帝亲自阅卷的时候，奇迹出现了：汉武帝将排在下等的公孙弘的公选文章列为第一名（举首）！

汉武帝召见参加公选的优胜者时，居然发现这位七十岁的公孙弘长得很帅。龙颜大悦，立即任命公孙弘再次担任博士。

状貌甚丽。——《史记·平津侯主父列传》

汉武帝不仅喜欢靓女，也喜欢帅男。既喜欢小帅哥，又喜欢像公孙弘这样的老帅哥！看来，从古至今，美貌都是稀缺资源，善加利用，也可为成功增添一大砝码啊。

公孙弘的这次公选胜出，真正改变了他一生的命运！

进退相宜　为官三昧

公孙弘虽然以公选胜出，以他一介布衣，又风烛残年，怎么能当上丞相呢？

汉代，有一个明文规定：丞相必须是列侯！公孙弘此时离封侯显然相距甚远。

还有一个不利因素：年龄。公孙弘第二次参加公选时已经七十岁了，这个年龄放在今天，早该退休了，完全没有竞争力。所幸的是，公孙弘所处的那个时代，一不讲文凭，二不讲年龄。因此，公孙弘还有机会得到重用。

劣势有时候也可能转化为优势。中国历史上向来不缺少“枯木逢春”的例子。姜尚八十岁方拜为国师，而且，老来发迹，没有年少轻狂，没有少不更事，年轮的重叠让他们更加珍视机遇，岁月的磨砺让他们世事洞明、人情练达。七十岁的公孙弘自有一套处世之道。

第一，以儒饰法。

董仲舒提出了“罢黜百家，表章六经”的主张，深得汉武帝的赏识。但是，汉武帝既是一位雄才大略的皇帝，又是一个极端独裁的独夫。如果真按照儒家的仁政治国，汉武帝绝对不能接受。但是，汉武帝又不想像秦始皇一样落得一个独夫民贼的骂名。所以，汉武帝非常希望施行的是外儒内法的治国方略。用儒家学说装潢门面，骨子里还是独裁专制。

公孙弘是狱吏出身，长期在司法机关工作，深深懂得什么叫法律，知道什么叫以法治国。另外，四十岁之后他又学习了《公羊春秋》，也懂得公羊派的儒家经典。原来隔在法家和儒家之间的那堵墙，被公孙弘不仅打通了，还彻底拆掉了，两间屋子并为一间，腾挪的空间马上宽敞了。这间屋子挂的招牌非法非儒、亦法亦儒，可以叫作“外儒内法居”。

因此，通晓文书、法律、儒学的公孙弘，创造性地以公羊派的儒家学说对法律进行了一番冠冕堂皇的阐述，汉武帝最赏识的就是这一点。

习文法吏事，而又缘饰以儒术，上大说之。——《史记·平津侯主父列传》

公孙弘在处理政务时很动了一番脑子，他深知汉武帝“尊儒”，又深知汉武帝“爱法”，所以，他才发明了用儒家的一套冠冕堂皇的理论来阐释法律，用外儒内法的理论来逢迎汉武帝。结果，大得汉武帝欢心。

第二，察言观色。

公孙弘面对汉武帝主持的朝议，有三大法宝：

一是备列各种方案。

自己先不确定哪种方案最佳，而是让汉武帝在各种备选方案中自选，绝不固执己见而和皇上争得面红耳赤。给汉武帝吃这样的“自助餐”实在是非常聪明的

每朝会议，开陈其端，令人主自择，不肯面折庭争。——《史记·平津侯主父列传》

举措，方案效果好，是公孙弘献策有功；效果不好，是汉武帝自己挑的。不管汉武帝如何选择，公孙弘都不吃亏。

二是不率先发言。

公孙弘和大臣汲黯面见汉武帝时，总是让汲黯先发言。汲黯是汉武帝一朝中最耿直的大臣。每当汲黯发言完毕后，公孙弘总是细心观察汉武帝的表情、语言，判明汉武帝的态度，然后才发言。由于他观察汉武帝非常准确，所以他的发言往往博得汉武帝的赏识（所言皆听）。

三是投汉武帝所好。

大臣们和公孙弘面见汉武帝前一般都先商议好了集体意见。大臣们按照事先达成的共识发言，只有公孙弘不管这一套。共识归共识，他不管，他只管皇帝的倾向在哪里，然后按照汉武帝的心意发言。这种表态往往违背了原先与其他大臣达成的共识，使按照原先约定发言的大臣大跌眼镜。

第三，危机公关。

公孙弘这一套“紧跟”加“窝里反”的做派，让不少大臣吃尽苦头。时间一长，大臣们对公孙弘都有了看法，只是大多数人不发表意见罢了。只有汲黯忍不下这口气，汲黯一是耿直，看不惯公孙弘这套伪君子行径；二是实诚，吃公孙弘的亏最多。忍无可忍，无需再忍，于是汲黯两次站出来揭露公孙弘的虚伪。

第一次，汲黯当着公孙弘和汉武帝的面说，齐地之人擅长骗术，嘴里没有实话。公孙弘开始和我们商议朝政时，和我们的意见是一致的。但是到了朝上，公孙弘马上背叛了自己的意见，这是为人不忠。

汲黯的话一出口，大臣们的眼光都齐刷刷地聚焦在公孙弘的脸上。别看汲黯平日没什么心眼儿，关键时刻几句话就刺到了公孙弘的痛处。这对公孙弘来说是一大危机，如果处理失当，公孙弘将失去汉武帝的信任，也会失去朝中公议的信任。因为汲黯告的御状，关涉公孙弘是不是一个可信之人这么一个根本问题。

汉武帝一听，非常惊讶：“朕的身边竟然藏着这样一只老狐狸？”

汲黯庭诘弘曰：『齐人多诈而无情实，始与臣等建此议，今皆倍之，不忠。』——《史记·平津侯主父列传》

面对这场突如其来的信任危机，公孙弘出奇地冷静。他没有就具体问题进行解释，而是说：“了解我的人认为我忠诚，不了解我的人认为我不忠诚。”公孙弘不就事论事，而是抛开具体事务，不纠缠于具体争辩，两句话搞定，颇有些四两拨千斤的意味。

夫知臣者以臣为忠，不知臣者以臣为不忠。——《史记·平津侯主父列传》

为什么公孙弘两句话就能平息风波呢？第一，不纠缠于具体争辩；第二，以不了解为辩。其实公孙弘不是不为自己辩护，而是辩护得非常巧妙。一般人突遇此事，一是就事论事，二是攻击对方，这样处理是最傻的了。结果就是让旁观者感到不辨真相，更加难释其疑；同时，相互攻讦又显得有失水准。公孙弘却非常聪明，他反其道而行之，既没有辩解，也没有攻击汲黯，而是以“了解”和“不了解”为辞，让人感到公孙弘只是认为汲黯不了解自己才说出这样的话。这种处理，使汉武帝更信任公孙弘了。后来，每当大臣们说公孙弘的坏话时，汉武帝都不相信，认为是大臣们不了解公孙弘。公孙弘这种危机公关的能力使他躲过了第一场劫难。

第二次也是在朝堂之上，众目睽睽之下，汲黯说公孙弘身为三公之一的御史大夫，俸禄极多，却总是“装孙子”，盖的被子是布被子，是个标准的伪君子。

汉武帝一听，又是一惊，这只老狐狸如此“作秀”，到底有什么企图？

公孙弘镇定地说：“确实如此。九卿之中没有一个人像汲黯那样了解我的了，汲黯的话确实很对。我身为三公之一，盖一床布被子，的确是想博一个清廉的名声。当年齐桓公手下的名相管仲，有三处豪宅，奢侈的程度和君主相同，辅佐齐桓公成就了一代霸业。晏婴也是齐国名相，为人非常俭朴，一顿饭从没有吃过两份肉菜，不许他的妾穿丝绸衣服，生活标准和当时的百姓差不多，辅佐齐景公也成就了一番大业。可见，臣子生活是否奢侈与辅佐君王治理天下的能力并没有什么直接的关系。”最后，公孙弘还特意地强调：“汲黯是一个大大的忠臣，如果没有汲黯这样忠诚的大臣，陛下怎么能听到这么了解我的话呢？”

汲黯曰：『弘位在三公，奉禄甚多，然为布被，此诈也。』上问弘。弘谢曰：『有之。夫九卿与臣善者无过黯，然今日庭诘弘，诚中弘之病。夫以三公为布被，诚饰诈欲以钓名。且臣闻管仲相齐，有三归，侈拟于君，桓公以霸，亦上僭于君。晏婴相景公，食不重肉，妾不衣丝，齐国亦治，此下比于民。今臣弘位为御史大夫，而为布被，自九卿以下至于小吏，无差，诚如汲黯言。且无汲黯忠，陛下安得闻此言？』——《史记·平津侯主父列传》

大家想想，汲黯指责他利用欺骗的手段沽名钓誉，不论公孙弘如何辩解，汉武帝和在场的大臣都会认为公孙弘是在继续欺骗公众。公孙弘深知辩解的苍白，因此，他没有作任何辩解，反倒痛痛快快承认自己的确是沽名钓誉。这种承认，表面上是“认罪”，实际上是表明自己至少是现在没有欺骗，也就大大减轻了汲黯指责公孙弘欺骗舆论的分量。同时，公孙弘还对汲黯大加赞扬，说他忠诚可靠。这样，给皇帝和大臣们一个印象：公孙弘是大人大量。大家如果有了这样的心态，那么公孙弘就用不着再去辩解自己的沽名钓誉了，因为这充其量只是对名声的一种个人爱好。

公孙弘通过危机公关，再一次巧妙地渡过了难关，获得了汉武帝的更大信任。

第四，知难而退。

汉武帝开边给百姓带来了沉重的负担，民怨沸腾。公孙弘向汉武帝建议废止建立朔方郡，汉武帝对公孙弘的建议很不以为然，于是，派了身边的侍从朱买臣连续就是否要停建朔方城提出了十点责难，要求公孙弘回答。

公孙弘立即表示自己是个无知的人，确实懂得不多，现在如梦方醒，立即建议停止开发西南边陲，集中精力经营朔方城。公孙弘一百八十度大转弯，不仅否定了自己的初衷，还为汉武帝的想法一一提出佐证。汉武帝自然十分受用。

公孙弘阅历丰富，知识面广，“十难”再刁钻，总不至于“一难”也无法回答吧。但是他却放弃和汉武帝身边的侍从进行正面辩论，为什么公孙弘不进行辩难呢?

因为公孙弘深深懂得“退一步海阔天空”的道理。

首先，公孙弘身为外朝之官（御史大夫），不便和内朝之官公开辩论。

汉武帝为了削弱秦汉以来的相权，在自己身边集中了一批年轻的才俊，经常和这些才俊讨论国家大政，然后将讨论好的意见作为诏书颁布给丞相执行。这样，汉武帝中后期的丞相往往成为政令的执行者，而不是政令的制定者。这就是中国历史上鼎鼎大名的内外朝之制：内朝，就是以汉武帝为首、汉武帝身边的侍从为辅的决策集团；外朝，就是以丞相、御史大夫为首的执行机构。

公孙弘作为外朝的副丞相（御史大夫），深得为官三昧，所以，他不愿和内朝的朱买臣发生正面冲突。于是放弃辩论，设法提出双方都能接受的“折中”的新建议。

其次，公孙弘不愿和汉武帝正面冲突。

内朝朱买臣发来的“十难”是汉武帝反对公孙弘建议的明确信号，公孙弘当然不愿意因为国家利益而带来个人灾难。所以，他对“十难”避而不答，表面上承认自己无知，同时提出新建议以代替撤销所有开疆拓土行动的老建议。

由于公孙弘这一套做法深得汉武帝的信任，汉武帝任命公孙弘担任了丞相，并且封他为平津侯。

天子以为谦让，愈益厚之。卒以弘为丞相，封平津侯。——《史记·平津侯主父列传》

这在汉代历史上开了一个大大的先例。汉代开国以来，从来都是从列侯中选丞相，公孙弘却是先当丞相再因丞相而封列侯。此后，像公孙弘那样，先当丞相再封列侯的做法成为汉代的一种定制。

第五，散财养士。

公孙弘生活俭朴，他为丞相的俸禄用来做什么呢？一是用来周济老朋友(故人)，二是用来供养宾客，甚至到了“家无余财”的地步。公孙弘的这一套做法真是让人难以评价：如果说公孙弘散财养士达到“家无余财”的地步是为了沽名钓誉，那么用如此方法获取赞誉是不是成本太高？再加上盖布被，一顿饭不吃两样肉菜，如果不是追名逐利，公孙弘难道真有如此公而忘私的境界吗？

公孙弘的确是一位非常难以用“好”与“坏”来评价的人物。很难想象晚年声名显赫、隆恩泽被的公孙弘，居朝堂之上危机四伏，伴虎狼之君如履薄冰，是否真的体会到了当年作为“处江湖之远”的大孝子时所无法享受的幸福。“一入侯门深似海”，七十多岁“入仕”的公孙弘人生观、价值观已经“成熟”了，险恶政治环境的历练，对于他的天性真情有多少磨蚀，我们也只能猜想了。

公孙弘明白，汉武帝是一位极端的封建独裁者，只有哄牢了汉武帝，才能稳居高位，任何大臣都不能在政治上颠覆自己。

当然，公孙弘虽然为舆论不齿，但是，他既不是无才，也不是不干正经事，他甚至还做了些值得大书特书的好事。

一是谏阻汉武帝同时在几个方向开疆拓土。

当汉武帝在大修朔方城的同时还开拓西南地区时，公孙弘建议收缩战线，集中财力经营朔方城，客观上避免了国家财力的分散，也大大减轻了当时百姓的负担。虽然从历史上看，汉武帝开边功大于过，但是当时的百姓却为此付出了很高的代价。公孙弘建议集中精力解决匈奴问题，确实抓到了点子上。在汉朝与周边民族的关系上，威胁最大的是北方的匈奴，公孙弘的建议保证了汉朝中央政府集中财力办大事。

二是提出了为博士设立弟子五十名的具体建议。

为博士官置弟子五十人，复其身。
——《史记·儒林列传》

董仲舒率先提出了设立太学、“罢黜百家，表章六经”的主张，但是，董仲舒还没来得及将他的这些主张付诸实施，就被分发到基层的胶西国去了。

董仲舒没能完成的工作公孙弘做到了。他提出为博士设立弟子五十人，并且免除他们的徭役，还要让太常从百姓中挑选十八岁以上仪表端正的人，补充博士弟子，保证博士弟子的来源。这就将汉武帝的尊儒具体化了。

所以，到了西汉后期、东汉时期，礼乐教化从京师推向各地，儒生的人数迅速增长，推动了文化教育的发展。这一点，公孙弘功不可没。

公孙弘两次遭逢汲黯朝堂之上发起的挑战，将其巧妙地化解，巩固了自己的地位，博得了汉武帝更大的信任，危机公关的手法令人刮目；同时，他又极力夸奖汲黯忠诚，表现得非常宽容。那么，公孙弘真是一位宽宏大量的人吗？他能对自己的政敌毫无芥蒂吗？

请看：煽风点火。

公孙弘面对汲黯的两次揭露，沉着应对，化凶为吉，甚至还对当面揭露他的汲黯大加赞美。公孙弘果真是一位心怀宽广、不计私怨的贤臣吗？大汉英才辈出，威胁公孙弘相位的，又何止汲黯一人？风情无限的“齐大非偶”典故里，又暗藏着怎样一触即发的杀机？

二十二

私仇已怨　适时一击

汲黯两次告御状，差一点让公孙弘栽了大跟头。公孙弘表面上为汲黯大唱赞歌，内心真的放下汲黯这个大包袱了吗？只要一件事就可以洞穿这一切。

一天，汉武帝因为获得了所谓的西域名马“天马”，非常高兴，写了一首诗，这首诗可以配乐演唱，所以也称《天马歌》。

《史记》的“八书”之中有一篇叫《乐书》。学界认为：今本《史记》中的《乐书》是后人补作的，并非司马迁原作。今传《史记》的这篇《乐书》开了一个先例，在正史中记载音乐史。《史记·乐书》记录了汉武帝的这首《天马歌》：“天马来兮从西极，经万里兮归有德。承灵威兮降外国，涉流沙兮四夷服。”

魏晋之前，歌诗和音乐都是作为政教工具而存在的，在内容上需要具有高度的讽诫、教化功用。汲黯看见汉武帝得到所谓“天马”就兴奋得写歌，于是进谏说：“王者制作乐曲，上要继承祖业，下要感化百姓。如今陛下得到一匹马，就要作歌，还要作为祭祀先祖的歌，无关社稷和百姓，先帝和百姓怎能知道这首歌的含义呢？”汲黯当头一盆凉水，令汉武帝大为扫兴。皇帝得了心爱的玩意儿，本来十分高兴，乘兴写首诗，你不夸不捧也就算了，还一个劲儿泼冷水、拍板砖，还搬出祖宗社稷来扣大帽子，这事搁谁身上也都不会高兴，更何况是汉武帝这么一位有着“阎王脾气”的皇帝呢？汉武帝当即脸色铁青，而站在一旁冷眼静观的丞相公孙弘听了汲黯的一席话，看了汉武帝的一脸不高兴，马上进言：“汲黯诽谤圣朝制度，罪当灭族。”公孙丞相不说话是不说话，一说话就要汲黯的命啊！

司马迁用了“黯诽谤圣制，当族”七个字就把公孙弘对汲黯的报复写得淋漓尽致了。公孙弘岂是宽宏大度之人？他身为丞相，但绝对不是肚子里可以撑船的丞相，以前对汲黯的种种大度，都是一种姿态，一种假象。汲黯为人直率，揭露归揭露，揭露完就算了。但是，汲黯放下了包袱，讲恕道，公孙弘可从来没有忘记你汲黯这个“眼中钉”“肉中刺”。

汉武帝会听公孙弘的话吗？被汲黯一番话打断了兴头的汉武帝，听了公孙弘要对汲黯“当族”的谗言后，完全没有照着公孙弘的话去做，而是以沉默（默然不说）表达了自己的态度。

这则小故事让我们看到了三个人：忠诚坦率的汲黯，阴险狠毒的公孙弘，对汲黯宽容大度的汉武帝。

可见，公孙弘绝不是一个宽容的人，而是一个非常可怕的人！

他从不把自己的仇恨挂在脸上。汲黯当面揭露他，他却盛赞汲黯，丝毫没有恼怒之色。一旦时机成熟，他就要取其性命，杀一个还不解恨，还要诛杀汲黯全族。

公孙弘对付自己的政敌，不发则已，一发就直奔对方命门，置别人全族于死地。

中尉汲黯进曰：『凡王者作乐，上以承祖宗，下以化兆民。今陛下得马，诗以为歌，协于宗庙，先帝百姓岂能知其音邪？』上默然不说。丞相公孙弘曰：『黯诽谤圣制，当族。』——《史记·乐书》

他是在汉武帝非常不高兴的情况下，果断凶狠地咬了汲黯一口。公孙弘这张嘴，咬你一口，你全身的免疫功能就丧失了，打什么疫苗都不管用！但是，汲黯是个例外，他似乎先天地具有一种非常特殊的免疫功能，尽管汲黯被公孙弘这条狂犬咬了一口，还是非常幸运地活了下来。汉武帝以“苛政”闻名，因此才有汉武帝一朝十二个丞相在位期间死了六个的恐怖纪录。为什么这个“暴君”对不识时务、出言不逊的汲黯却能够网开一面、宽宏大量呢？

一颗质朴滚烫的心才是行走江湖、逢凶化吉的通行证。

汉武帝不高兴归不高兴，并没有治汲黯的罪。这种做派非常不容易：

一是汉武帝对汲黯的容人之量非常不易。

二是汉武帝没有上公孙弘的当非常不易。

公孙弘选择了汲黯触怒汉武帝的时候大进谗言，汉武帝如果稍有不慎，就会中了公孙弘的诡计，但是，掌控生杀大权的汉武帝能够在听到汲黯的严厉批评非常不高兴的时候，听到公孙弘的谗言还能如此清醒，不杀汲黯，汲黯命大啊！

公孙弘这次杀汲黯并没有成功，此后公孙弘也没有坚持要杀汲黯。因为公孙弘如果继续坚持杀汲黯，他的凶残、伪善就暴露无遗了。公孙丞相毕竟是公孙丞相，他当然知道凡事适可而止！

齐大非偶　一言丧邦

公孙弘杀汲黯没有得手，但是，他剪除政敌的“杀人计划”并没有停止，他还有第二个攻击目标：主父偃。

主父偃是谁？他和公孙弘有什么仇怨？为什么公孙弘非要杀主父偃呢？他杀汲黯未能得逞，杀主父偃是否一举成功了呢？

这就要从那个暧昧风情的典故“齐大非偶”说起。

春秋时期，齐僖公的女儿文姜和她的哥哥淫乱，齐僖公知道后就想把文姜嫁给郑国的太子忽，根除后患。郑国的太子忽开始答应，后来以“齐大非偶”为由推辞了这一婚姻。所谓“齐大非偶”是说，齐国是大国，郑国是小国，小国之人不敢高攀娶大国国君之女。因此，“齐大非偶”明里是辞婚，暗中隐含了女方兄妹乱伦的故事。

齐侯欲以文姜妻郑大子忽，大子忽辞。人问其故，大子曰：『人各有耦，齐大，非吾耦也。』——《左传·桓公六年》

主父偃的命运，就与这句“齐大非偶”息息相关。

齐厉王的母亲纪太后为了让她们纪氏家族世代受宠，就把她弟弟的女儿，也就是齐厉王的亲表妹强行嫁给了齐厉王。但是，偏偏这位齐厉王不喜欢自己的表妹，他的母亲纪太后知道这件事以后，就派自己的女儿，也就是齐厉王的姐姐进入厉王的王宫，整顿后宫。所谓整顿后宫，实质上就是不准其他宫女接近厉王，以便王后得到厉王的喜爱。可是，厉王是个不受伦理道德约束的人，在他姐姐入宫为他整顿后宫期间他竟然和姐姐通奸。这件事当然瞒不住宫中的人，因此，这一乱伦绯闻就渐渐传开了。

当时齐国有一个宦官叫徐甲，此人后来被派到宫中侍奉武帝之母王太后。

王太后的爱女修成君，早年吃过很多苦，太后很同情她。修成君有一个女儿叫娥，太后一心想给自己的外孙女娥找个诸侯王的丈夫。宦官徐甲知道王太后这个心事，主动向王太后保媒：我去齐国办这件事，一定让齐王上表娶娥。王太后非常高兴，就派徐甲前往齐国办这个差。谁知，徐甲的保密工作没有做好，这桩差事被嗅觉灵敏的主父偃抢先抓住。他怎么能放过这个机会呢？可怜天下父母心，主父偃也想为自己的女儿谋一门好亲事，于是再三恳求徐甲，说：“如果您这次到齐国去办得顺利的话，请您说一说让我的女儿也能进到齐王的后宫里。”徐甲眼睛眨都没眨，就答应了。

皇太后有爱女曰修成君。修成君非刘氏，太后怜之。修成君有女名娥，太后欲嫁之于诸侯。宦者甲乃请使齐，必令王上书请娥，皇太后喜，使甲之齐。——《史记·齐悼惠王世家》

是时齐人主父偃知甲之使齐以取后事，亦因谓甲：『即事成，幸言偃女愿得充王后宫。』——《史记·齐悼惠王世家》

徐甲到齐国后，先放了一个口风，试探一下齐国的反应。结果，纪太后听说这件事以后非常震怒：齐王已经有了王后，后宫的嫔妃车载斗量，我们不需要什么王后、嫔妃。何况徐甲是个什么东西？他是在齐国穷得活不下去了，才净身入宫当个宦官，进入汉宫。这种人现在又想来扰乱我齐王之家。再说，主父偃又算什么？竟然也想让自己的女儿入齐王宫！

纪太后这一闹腾，徐甲非常狼狈，事情肯定办不成了，只好回朝。但徐甲在宫闱多年，耳闻目睹了众多权谋斗争，也有一些心机和城府。为了给自己开脱，他向王太后说：“齐王已经同意了，但是，有一种后患需要太后考虑一下——我担心出现燕王那种事。”

此前，燕王刘定国刚刚因为和他的女儿、姐妹通奸被处死，封国被撤销。徐甲用这件事暗示王太后，齐王也有类似的乱伦之事。王太后一听，这还了得？这种品行不端的人怎么能做大汉帝国的女婿！立即吩咐：“今后绝不许再提嫁外孙女到齐国的事。”

还报皇太后曰：『王已愿尚娥，然有一害，恐如燕王。』燕王者，与其子昆弟奸，新坐以死，亡国，故以燕感太后。太后曰：『无复言嫁女齐事。』——《史记·齐悼惠王世家》

徐甲是过关了，他不会因为办事不力而受惩处，但是，这件事经徐甲一说，齐厉王和他姐姐乱伦一事就传到宫中了。

主父偃也因为纪太后这一折腾，攀龙附凤的如意算盘泡了汤，对齐王更加怀恨在心。本来，齐王宫如此淫乱不堪，女儿不进宫是免得往火坑里跳。可主父偃在气头上，哪里想得通？

于是主父偃对汉武帝说：“齐国的都城临淄有十万户人家，每天的贸易税收可以达到千金。人口之多，财产之富有，超过了京城长安。这种地方如果不是皇上的亲兄弟或者爱子，不应当在此为王。吕太后时齐国就想叛乱，吴楚七国之乱的时候齐孝王差一点参与叛乱，现在又听说齐王和他的姐姐有乱伦之事。”汉武帝听了主父偃的一番话，就派主父偃担任齐国的国相，查齐王乱伦一事。

乃从容言：『吕太后时齐欲反，吴楚时孝王几为乱。今闻齐王与其姊乱。』于是天子乃拜主父偃为齐相，且正其事。——《史记·齐悼惠王世家》

主父偃到了齐国，立即审问齐王后宫中帮助齐王到他姐姐翁主住所的宦官，让他们在供词和旁证中都要牵涉齐王。

主父偃查案这事立即被齐厉王知道了。齐厉王年轻，害怕因为罪大被逮捕、诛杀，吓得喝毒药自杀了。齐厉王在位刚刚五年，没有继位的儿子。这样，齐厉王死后，齐国撤销，齐地划归汉朝中央政府。

这样，齐厉王自杀的直接责任人成了主父偃：状是他告的，案是他办的，人是在他查案时死的。然而主父偃对齐厉王之死虽然谈不上“吾虽不杀伯仁，伯仁因我而死”《晋书·周顗传》，显然，主父偃的报复完全是逞一时之气，并未有将齐王置于死地的预谋。

人生在世，不如意者十之八九。主父偃的恼羞成怒可以理解，他恨之入骨的齐王自杀了，可谓大快己心。但是，主父偃做梦也想不到他要因此而付出惨重的代价。

麻雀没有飞升为凤凰，未尝不是一种解脱。得饶人处且饶人，谁能预料到悬在别人头上的利刃，随时会落到自己身上啊。

齐厉王自杀，只有一个人欢欣鼓舞，他就是权倾一时的公孙弘。因为，主父偃的性命已经牢牢地抓在他的手里了。正可谓“螳螂捕蝉，黄雀在后”。显然，主父偃利用查案之机，挟私复仇的罪名呼之欲出。那么，公孙弘能不能除掉这个心腹大患？

武帝宠臣　引火烧身

前文谈到过景帝朝有一位《诗》学博士辕固生，因贬低《老子》而和尊黄老的窦太后发生争论，被窦太后扔到野猪圈里与野猪玩肉搏，差一点丢了性命。

辕固生在汉代儒家学者中属于元老级，汉景帝时他已是一代名儒了。武帝即位后，又一次征召辕固生，但是，很多喜好阿谀奉迎的儒生都忌妒辕固生，纷纷在武帝面前诋毁辕固生老了，应当让他回家。

今上初即位，复以贤良征固，诸谀儒多疾毁固，曰『固老』，罢归之。——《史记·儒林列传》

如果想攻击一个人总是会找到理由的，同样，想重用一个人也总是会找到理由的。辕固生当时的确很老了，九十多岁了。凑巧的是，征召辕固生的时候，公孙弘也被召见。公孙弘当然知道辕固生是真正的《诗》学大儒，比起他这个四十岁才开始读《公羊春秋》的半路出家人，功底要厚得多。所以，公孙弘看见辕固生，斜着眼睛观察。辕固生尽管此时已经九十多岁了，但是，耳聪目明。看见公孙弘的这副眼神，这位九十多岁的老学者讲了一句名言："公孙子，务正学以言，无曲学以阿世！"《史记·儒林列传》意思是说："公孙弘你这小子，你要用严肃的态度研究儒学经典，不要曲解儒学经典迎合世俗。"

公孙弘此时已经六十岁了，相对于九十多岁的辕固生，仍然是小字辈。辕固生"曲学阿世"四个字被司马迁记载下来，成为对公孙弘的定评，也成为流传至今的一个著名成语。

司马迁在《史记·平津侯主父列传》中还说，公孙弘是一个疑心极重的人，表面上宽厚和气，实际上内心阴险恶毒。凡是他认为和自己有过节的人，他都表面上装作和此人关系很好，暗中却找机会报复他。读读司马迁的这几句评价，公孙弘是一个什么样的人我们应当清清楚楚了。

弘为人意忌，外宽内深。诸尝与弘有郤者，虽详与善，阴报其祸。——**《史记·平津侯主父列传》**

主父偃又是个怎样的人呢？

主父偃的人生道路和公孙弘一样，早年非常坎坷。

他在齐地游学的时候，齐地的士人都不喜欢他，而且还排斥他，导致他在齐地待不住，只好跑到北方的燕、赵、中山等地游学。但是，那些地方的人也不喜欢他，所到之处他从来没有受到过礼遇。主父偃这个人受不得气，但也不屑于自我反省。长期以来承受旁人排斥的巨大压力，使他的性格逐渐扭曲，苦大仇深的经历，也让他形成了极强的报复心理。

汉武帝元光元年（前134），走投无路的主父偃决定西入函谷关，托关系、走后门，拜见卫青。当时卫青已经因为姐姐卫子夫的缘故开始受到汉武帝的信赖，但是还没有大红大紫，他屡次向汉武帝推荐主父偃，汉武帝就是不见。

时间一长，主父偃入关时带的那点钱已经用完了，在京城长安也已经待了很长时间了，京城诸公的宾客也开始讨厌这个一事无成、仰人鼻息的人了。

主父偃觉得这样下去不行了，于是，情急生智的主父偃冒险向汉武帝写了一篇非常长的奏章。意外的是，主父偃的奏章早上呈送汉武帝，晚上汉武帝就召见了主父偃。主父偃的这篇奏章一共写了九件事，其中，八件事是有关法律的，司马迁的《史记》并无记载，只有一件是反对对匈奴作战之事（谏伐匈奴），司马迁记载得非常详尽（这和司马迁反对无节制地对匈奴作战有关）。

主父偃不主张对匈奴作战的理由有三点：

一是秦朝因为对匈奴作战导致百姓负担过重而亡国。

二是高祖皇帝因为仓促对匈奴作战而导致平城之围。

三是出现上述情况的根本原因是匈奴是游牧民族，居无定所，人自为战，难以征服。

主父偃进谏汉武帝之时，正是汉武帝准备重用卫青大规模讨伐匈奴的前夜，因此，尽管主父偃所言都不是游谈无根之言，有确切记载的历史事实佐证，但是汉武帝不可能采纳主父偃的意见。

汉武帝不采纳主父偃的意见并不意味着汉武帝不重用主父偃，据《史记》记载，与主父偃同时上书的还有徐乐和严安，三人的奏书呈送给汉武帝后，汉武帝迅速召见了他们三个人，并且非常激动地说：“你们都在哪儿？为什么我们相见得这么晚呢？”

书奏天子，天子召见三人，谓曰：『公等皆安在？何相见之晚也！』——《史记·平津侯主父列传》

从汉武帝急切的问话中可以看出，汉武帝是多么渴望主父偃这些人才的到来啊！因此，武帝虽然没有采纳主父偃停止对匈奴作战的建议，但仍不因言废人，任命主父偃等三人为郎中。郎中是皇帝身边侍从，官阶不高，但是，因为郎中经常陪侍在皇帝身边，对朝中大事有发言权，可以参与决策。实际上，主父偃等三人都成为汉武帝内朝的主要组成人员。

主父偃有了这么一个建言的机会，又有了第一次上书得到信用的经历，所以，主父偃当了郎中之后，多次上书，汉武帝随即任命主父偃为谒者。谒者是皇帝的传令官，与皇帝的关系非常亲近。虽然另外两个上书的人也受到汉武帝的亲信，但是，主父偃受到了汉武帝非常的礼遇，一年之中主父偃的职务四次得到提拔，这在汉代宫廷中非常罕见。

又臭又硬的汲黯，皇帝自然不喜欢。但就是这么一个人，公孙弘借机进言，落井下石，都没能置他于死地。对付这个一年内连升四级，备受重用的主父偃，公孙弘又有什么高招呢？只有耐心等待，等待机会，而有时机会真的是等来的。

第一，赵王告发。

主父偃早年游学燕、赵之地，受过许多白眼。他贵幸之后，首先揭发了燕王刘定国和他的女儿、姐妹的乱伦之事，导致燕王自杀。主父偃当年游学赵地时，赵国君臣对主父偃也不好；而且，赵王的太子和他的妹妹、姐姐也有乱伦之事（后来此事被江充告发），因此，赵王也担心主父偃会告自己。等主父偃被派到齐国去做国相，齐厉王自杀，赵王就来了个恶人先告状，上书汉武帝，告发主父偃两大罪状：一是接受诸侯王贿赂，二是挟私怨报复齐王。

汉武帝接到赵王的告发之后，立刻抓捕了主父偃。主父偃只承认自己接受了诸侯王的贿赂，坚决不承认自己逼杀齐厉王。

第二，树敌太多。

主父偃得势之时，大臣们都畏惧主父偃的嘴，贿赂他的钱达千金之多。有人劝主父偃说：“你太横行霸道了。”主父偃说：“我从束发游学以来已经四十多年，从未实现过自己的志向。父母不把我当儿子看，兄弟们不肯收留我，宾客们抛弃我，我穷困的时间太长了。况且大丈夫活着不能列五鼎而食，那么死时就受五鼎烹煮好了。我已经到了晚年，所以要倒行逆施。”

我厄日久矣！且丈夫生不五鼎食，死即五鼎烹耳！吾日暮途远，故倒行暴施之。——《史记·平津侯主父列传》

“五鼎食”指生活极为豪奢，“五鼎烹”指被处以极刑。屡遭人生困顿的主父偃一旦有了机会，便走了极端。他受穷的时间确实很长很长，遭受的冷遇也很多很多，一旦手中有权，就疯狂地敛财。而且，利用自己接近皇帝说话方便的条件，用一篇篇揭发奏章搞得当时的诸侯、大臣人人自危。主父偃这样行事，树敌太多，平时无事则已，一旦有事，没人会施以援手。

主父偃到齐国，把他的兄弟和宾客都招来，拿出五百金摔到他们面前，并数落他们说：“当年我穷的时候，兄弟不给我衣食，宾客不让我进门。如今我做了齐相，你们中有些人跑到千里以外去迎接我。

我同诸君绝交了，请你们今后不要再进我主父偃的家门！”

上拜主父为齐相。至齐，遍召昆弟宾客，散五百金予之，数之曰：『始吾贫时，昆弟不我衣食，宾客不我内门；今吾相齐，诸君迎我或千里。吾与诸君绝矣，毋复入偃之门！』——《史记·平津侯主父列传》

主父偃这种“得志便猖狂”的做派，比较韩信贵为楚王之后善待早年使其受胯下之辱的仇人，实在悬殊太大。世态炎凉，冤冤相报，想必任谁的一生也不免品尝其中三昧。

一旦飞黄腾达，选择睚眦必报，还是既往不咎，考验的是一个人的器量，但冥冥之中，似乎也在牵引着个体的命运。心态正常往往是人生成功的关键！主父偃的性格缺陷，致使他心态变形。公孙弘抓住他这一弱点，将他送上了不归之路。

由于齐厉王的自杀和赵王的告发，汉武帝抓捕了主父偃，但是，汉武帝并不想诛杀主父偃。这时的公孙弘是御史大夫，主管司法，他按捺不住地对汉武帝说：“齐王自杀，没有后代，封国被撤销而变成郡，归入朝廷，主父偃是这件事的罪魁祸首，陛下如果不杀主父偃，无法向天下百姓交代啊！”公孙弘的毒手终于伸向了主父偃。公孙弘和主父偃究竟有何矛盾？为什么公孙弘力主诛杀主父偃？汉武帝会听从公孙弘的意见吗？

是时公孙弘为御史大夫，乃言曰：『齐王自杀无后，国除为郡，入汉，主父偃本首恶，陛下不诛主父偃，无以谢天下。』——《史记·平津侯主父列传》

请看：借刀杀人。

借刀杀人

二十三

齐厉王的自杀让汉武帝怀疑主父偃滥用职权，逼杀齐王；加上赵王告发主父偃接受诸侯的贿赂，汉武帝龙颜大怒，把主父偃投入狱中。其实，汉武帝此时并没有诛杀主父偃之心，只是想调查一下齐王自杀一事。然而，公孙弘趁机大进谗言，诱劝汉武帝诛杀主父偃。主父偃能躲过这一劫吗？究竟是什么原因促使公孙弘一定要置主父偃于死地呢？

墙倒众推　鼓破乱捶

汉武帝抓捕主父偃是怀疑他“劫其王令自杀，乃征下吏治”《史记·平津侯主父列传》。主父偃入狱后只承认自己“受诸侯金”，但绝对没有“劫其王令自杀”。所以，汉武帝开始并没有杀主父偃。

上欲勿诛。——《史记·平津侯主父列传》

公孙弘对汉武帝说：“齐王忧愤而死，又没有后代，国土已归朝廷，如果不诛杀主父偃，无法给天下人一个说法。”

这是一道引向死亡的咒语！公孙弘在主父偃的生死盘上加上了最后一个砝码，天平迅速倾斜。主父偃的生命终于算是走到了头。

汉武帝听了公孙弘的这番话，终于下定决心，赐主父偃一死。

主父偃为巩固中央集权提出推恩之策，率先建言成立朔方郡，做了不少有益的事情，应当是有功之臣，而且，深得汉武帝信任。为什么最终会被汉武帝所杀呢？

一是赵王告状。

这是主父偃被杀的一个诱因。对齐王有怨而整治齐王，因为游历燕国不受礼遇而告发燕王，终使赵王感到威胁而恶人先告状。

二是树敌太多。

主父偃得势之时，公然声称自己要倒行逆施，不加掩饰地疯狂敛财，疯狂报复，横行霸道，因此官声恶劣，树敌太多。本来，齐厉王和他姐姐乱伦一事，如果齐王不自杀，也将会受到严厉惩罚，这是完全可以摊开在桌面上讲的事，单凭这一点，还不足以置主父偃于死地。但是，由于他平日里的“疯狂”举止，使得众叛亲离。因此，在赵王状告主父偃的关键时刻，没有一个人愿意为主父偃说一句话。

主父偃贵幸之时，家中宾客好几千，主父偃被杀，竟没有人愿为他收尸。最后，只有一位叫孔车的人为他收了尸。孔车因此大得汉武帝赞赏，称之为厚道人。可见世情之薄，亦可见主父偃多么不得人心。

三是公孙弘进谗。

公孙弘时任御史大夫，主管司法。在墙倒众人推的情况下，公孙弘给了主父偃致命的一记勾拳，成了名副其实的夺命人。

四是汉武帝冷酷。

汉武帝一方面千方百计地招揽人才，同时，又毫不犹豫地残杀人才。汉武帝的冷酷无情，是导致主父偃最终被杀的关键因素。

因此，上述四方面因素的合力终使主父偃被杀。天作孽，犹可脱；自作孽，不可活。天网恢恢之下，刀光剑影之中，主父偃之死，已属大势所趋。贪婪与疯狂最终成为主父偃的夺命者。

主父方贵幸时，宾客以千数。及其族死，无一人收者，唯独洨孔车收葬之。天子后闻之，以为孔车长者也。——《史记·平津侯主父列传》

公孙设计　仲舒走险

公孙弘借汉武帝之手诛杀主父偃，这一“借刀杀人”的毒计，他已经不是第一次使用，之前还有一次预演，不过功败垂成。

公孙弘治《春秋》不如董仲舒。——《史记·儒林列传》

据司马迁《史记·儒林列传》记载，公孙弘四十岁才开始学《公羊春秋》，因此经学功底远远不及董仲舒扎实。但是，公孙弘会奉迎汉武帝，所以官一直做到公卿之位。一个是凭真才实学获赏，一个是凭心计和权术受识，于是二人是你瞧不起我，我不待见你，死活不对眼。

董仲舒曾提出“天人三策”大受汉武帝重视。公孙弘却趁机对汉武帝说：“只有董仲舒可以担任胶西王的国相。”汉武帝采纳了公孙弘的建议，把刚刚被推举为“贤良方正”的董仲舒派到胶西国担任国相了，真是一肚子墨水，比不过一张巧嘴啊。

而弘希世用事，位至公卿。董仲舒以弘为从谀。弘疾之，乃言上曰：『独董仲舒可使相胶西王。』——《史记·儒林列传》

公孙弘建议董仲舒去担任胶西王的国相，究竟是何居心？

一是让他远离权力中枢。

政治上的作为离不开权力中枢，众所周知，离权力中枢越近，个人得到重用的机会就越大。如果董仲舒留在中央政府，他的才学远胜公孙弘，这对公孙弘来说无疑是一种威胁。因此，公孙弘打发董仲舒到诸侯国任国相，就是让董仲舒远离权力中枢。这样，董仲舒再有学问，也不可能威胁到公孙弘的权力和地位。

二是欲借刀杀人。

胶西王刘端是汉景帝的儿子、汉武帝的哥哥，吴楚七国之乱以后他以皇子的身份被封为胶西王。刘端为人残暴凶狠，他曾经宠幸的一位年轻郎官因为和胶西王刘端的后宫宫女有淫乱行为，刘端杀了这个郎官，还诛杀了他的儿子和母亲。

公卿大臣多次要求汉武帝严惩刘端，但是，汉武帝因为胶西王是自己的哥哥，不忍降罪。于是文武百官便建议削减胶西王的封地，汉武帝接受了这个建议，胶西王国领土失去了大半。刘端因此心生怨恨，开始消极对抗中央政府。王国的府库因为失修而大面积坍塌，大量财产腐烂，他不管。不准收租，撤销王宫警卫，封闭宫门，只留下一个门供他一人出入。虽然他年纪不小，却最喜欢“玩失踪”，频频改换姓名，摇身一变“贫民贵公子”，跑到别的封国去浪荡闲游。

数犯上法，汉公卿数请诛端。天子为兄弟之故不忍，而端所为滋甚。有司再请削其国，去太半。端心愠，遂为无訾省。府库坏漏尽腐财物以巨万计，终不得收徙。令吏毋得收租赋。端皆去卫，封其宫门，从一门出游。数变名姓，为布衣，之他郡国。——《史记·五宗世家》

前前后后到胶西国任职的二千石的高官，如果遵照汉朝法律办事，刘端总要找个罪名上报朝廷加以诬告；如果找不到罪名，他就用毒药毒死这些高官。刘端的鬼点子多得很，他的蛮横足以拒绝别人的劝谏，他的智谋足以掩饰自己的过失。因此，胶西国虽然是个小诸侯国，但是因为这个小国而被杀害的高官非常多。所以，武帝时期如果朝廷派某个官员去胶西国任职，基本上就等于判这位官员死刑了。

相、二千石往者，奉汉法以治，端辄求其罪告之，无罪者诈药杀之。所以设诈究变，强足以拒谏，智足以饰非。相、二千石从王治，则汉绳以法。故胶西小国，而所杀伤二千石甚众。——《史记·五宗世家》

公孙弘向汉武帝建议派董仲舒去这么一个无法无天、阴险狡诈的胶西王身边担任国相，无非是想借胶西王之手杀董仲舒，用心之狠毒可想而知。

所幸的是，胶西王刘端尽管残暴成性，但是，面对一代大儒董仲舒，他表现了一定程度的克制，没有立即寻衅滋事。董仲舒担心这个国相做得时间长了会有麻烦，不久就借口有病辞官回家，全身而退。

回过头来再想，公孙弘杀董仲舒的理由太简单了：一是董仲舒认为公孙弘品行不端，引发了公孙弘的极端不满；二是公孙弘的学问不如董仲舒，引发了公孙弘的强烈嫉妒。这么两条理由公孙弘就要取人性命！对董仲舒的下手是公孙弘第一次借刀杀人，但是，这一次借刀他没有得逞。

为什么公孙弘借胶西王刘端之手杀董仲舒没有成功呢？

在佛经故事中，世上最穷凶极恶的强盗也曾经挽救过一只小蜘蛛的生命。向善向美是人类的天性，很难彻底泯灭，只是每每被欲望和仇恨灼烧、扭曲。然而纯正的灵魂、纤弱的生命总能够唤醒这一切，虽然只是某一瞬间。

所以，胶西王刘端再恶，他也知道董仲舒是一代大儒，不愿下狠手。董仲舒很清醒，从不指望刘端改邪归正，选择了辞去高官的避祸方略。

刀光剑影　在劫难逃

主父偃没有董仲舒那么幸运，最终死于公孙弘的第二次“借刀杀人”，死于公孙弘的第二次强烈的嫉妒之心。

当年公孙弘担任御史大夫时，主父偃只是个郎中、谒者。公孙弘的出道比主父偃早，职位比主父偃高，这种官阶上的明显差别一般来说不会让他们产生利益之争。事实上，他们两个人发生正面冲突的只有一件事，即设立朔方郡一事。

元朔二年（前127），卫青取得了河南之战的巨大胜利，夺取了匈奴长期占领的河套地区。这个地区水草丰茂，是匈奴的畜牧业基地。主父偃因此提出了一个重大建议：在河套地区组建朔方郡。他慷慨陈词：“河套地区，外有黄河天险，内有千里沃土；秦朝大将蒙恬当年就曾在此修筑长城。如果在这一带发展农业，就不用从内地向该地区运送粮食，大大节省了转运粮食的费用，这正是我们消灭匈奴的根本大计啊。”

偃盛言朔方地肥饶，外阻河，蒙恬城之以逐匈奴，内省转输戍漕，广中国，灭胡之本也。——《史记·平津侯主父列传》

汉武帝看了主父偃的奏章，非常感兴趣，便转给大臣们朝议。

公卿大臣都不同意在河套之地修城建郡，公孙弘的反对尤为强烈：当年秦朝调动三十万人筑城建郡，最终都没有成功，我们为什么还要重复做此“无用之功”？

秦时常发三十万众筑北河，终不可就，已而弃之。

——《史记·平津侯主父列传》

其实，秦朝在河套已经建立了九原郡，公孙弘为了自己的主张，即使歪曲历史事实也在所不惜。

最终，汉武帝还是力排众议，坚持采纳了主父偃的建议，决定修筑朔方郡。

这是公孙弘与主父偃唯一的一次正面交锋，而且还是因为公事而非私事。但是，公孙弘对主父偃的胜利非常反感。因为主父偃虽然行事荒唐，却才气逼人，深得汉武帝的信任，这让公孙弘妒火中烧。

此外，主父偃还曾经上交给汉武帝一个足以与董仲舒“独尊儒术”地位相当的提案。

主父偃说：“古代的诸侯国大不超过百里，因此，非常容易控制。如今的诸侯国，动不动就是几十座城，土地往往是方圆几千里。天下形势宽缓之时，他们骄奢淫逸，一旦形势危急就会仰仗势力的强大，联合起来。如果你想削减他们的封地，他们就像晁错削藩时那样引发叛乱。

“当今的诸侯王，他们的儿子、兄弟，少则十几个，多则几十个，但是，只有嫡长子才能世世代代继位为王，其他的人虽然也是诸侯王，却不可能有任何一点点土地，这不符合仁孝之道。

“如果陛下能降一道诏令，让诸侯王可以推广恩德，把他的土地平均分封给他的子孙，这种施以恩德的分封，肯定会得到大多数诸侯王子弟的喜爱。而实际这样又分割了诸侯王的国土，不用削减他们的土地，却削弱了他们的势力。”

这就是著名的推恩策。推恩策得到了众多诸侯王子弟的热烈拥护，因为，他们可以由此得到一块属于自己的封地。同时，天下的诸侯国越分越小，各个诸侯国仅能自保，再也无力对抗中央政府。

困扰西汉王朝长达数十年的诸侯割据势力，因为主父偃四两拨千斤的一番推恩，就此瓦解。这是主父偃对汉武帝彻底解决西汉同姓诸侯王问题所献出的最高明的一策，也是主父偃在中国历史上最著名的贡献。然而，主父偃越是聪明绝顶，越是深得汉武帝信用，越是不得公孙丞相见容。为什么？

这就好像我们在日常生活中上下公交车。

站在站台上等公交车的人，特别希望能够挤上自己看到的第一班车，因此，要求上车机会的均等。但是，上了车的人却不这样想，看着车门口拥挤不堪的人群，他最想的是让车门早一点关上，车子早一点开走，自己好早一点赶到目的地。同样一个人，站在车上和站在车下，完全是两种心态，为什么呢？位置决定思想！

愿陛下令诸侯得推恩分子弟，以地侯之。彼人人喜得所愿，上以德施，实分其国，不削而稍弱矣。——《史记·平津侯主父列传》

车上，车下，两种不同的位置引发了两种不同的思想：车上的人是既得利益者，他们总想保住自己的既得利益。这就是人性的褊狭与自私。

公孙弘当然是既得利益者，他贵为副丞相（御史大夫），深得汉武帝的赏识，应当说没有太大的政治危机。但是，公孙弘从主父偃身上感受到了主父偃对他的威胁，看到了主父偃急不可耐地要赶上自己搭乘的“东方快车”。于是，公孙弘始而嫉妒，终而愤怒。因为，主父偃要是上了这列“东方快车”，自己能否保住现有的权位就很难预料了。

我们不得不承认，虽然主父偃官声极差，却从来不缺乏才华。建立朔方郡是主父偃的主意，在多数朝臣的反对声中汉武帝力挺主父偃也足见他能够得到皇帝的信任。推恩策是主父偃的主意，而且效果非常好。凭主父偃的能力以及这种能力造成的晋升势头，公孙弘确确实实地感受到了一种压力。主父偃这种良好的发展势头使他有可能在某一天盖过公孙弘，这是公孙弘最不愿看到的。

而且，主父偃是内朝重臣，公孙弘虽然贵为副丞相，却是外朝之臣。内朝之臣和外朝之臣的区别非常大。就地位、资历、声望而言，外朝之臣样样比内朝之臣要强，但是，外朝之臣的决策权却远不如内朝之臣那样大。

汉武帝时期的内外朝制的施行是中国政治史上非常有名的重要事件，其实，这件事再简单不过。封建帝国的最高统治者是皇帝，皇帝愿意让丞相参政，丞相就有权；皇帝不愿让丞相参政，丞相就没有权。丞相的位置我不动你，你还是当你的丞相，但是，议论国家大政时我不让你参加，我另外找一帮人来议政，商量定了后你丞相来执行。被汉武帝经常召集参加议政的人就是内朝的一班新秀，原来可以议政现在却只能执行的人就成了外朝之臣。事情就这么简单，丞相的权力一下子被剥夺大半。

事情来得那么巧。在公孙弘为自保绞尽脑汁之时，机会来了！主父偃由于处事不慎，在查办齐厉王乱伦一案时发生齐厉王自杀、赵王借机发难事件。公孙弘当然不能放过这个天赐良机。主父偃自己的倒行逆施、公孙弘的嫉妒怨恨、众人的凉薄冷眼、汉武帝的袖手旁观，这一股一股无形的力量终于化成一股巨大的舆论力量，促使汉武帝下决心杀了主父偃。

司马迁对这段历史非常熟悉，他不仅在《史记》中真实地记录了事件的过程，还唯恐后人看不明白，清楚无误地写道："杀主父偃，徙董仲舒于胶西，皆弘之力也。"《史记·平津侯主父列传》

这就是历史的力量！这就是历史的审判！司马迁秉笔直书，毫不掩饰地揭露了公孙弘借齐王之死杀害主父偃一案。

为什么汉武帝要杀他一向非常欣赏的主父偃呢？他看穿了公孙弘借刀杀人的阴谋吗？

这件事从理论上讲有两种可能：

一是汉武帝没有看穿公孙弘借刀杀人的阴谋而出于某种考虑采纳了公孙弘的意见。

二是汉武帝看穿了公孙弘借刀杀人的阴谋而出于另一种考虑采纳了公孙弘的意见。

我们先看第一种可能：汉武帝没有看穿公孙弘的阴谋。

这种可能性有没有呢？完全可能！

汉武帝是一个个性非常张扬的人，加上手中拥有至高无上的权力，因此，如果汉武帝知道公孙弘想借自己的手除掉主父偃，一定不会饶过公孙弘。这样，公孙弘的图谋不但不能成功，反而会惹来一身麻烦。所以，笔者认为汉武帝没有看穿公孙弘的图谋。

汉武帝为什么不能力保主父偃呢？他怎么甘心失去如此得力的宠臣呢？

其实，汉武帝是借主父偃以平息诸侯不满。

汉武帝一直想剿除地方诸侯的势力，巩固中央集权，齐厉王之死和齐国并入中央政府的版图，完全符合汉武帝的心愿。但是，齐厉王之死在当时的诸侯中引发了一股不大不小的震动。这些诸侯王无非是兔死狐悲，想借齐厉王事件给汉武帝施加点压力。面对天下诸侯的不满，汉武帝当然愿意借主父偃之头平息天下诸侯的不满。

汉武帝违背自己的心愿诛杀大臣绝非仅此一例。建元新政时，汉武帝在王太后的压力之下杀掉了丞相窦婴。就其本心来说，汉武帝并不想杀窦婴，东宫廷辩的目的就是想以朝臣之嘴封堵王太后之口，救出窦婴。但是，朝臣的畏惧，王太后的施压，加上所谓的“遗诏”事件，汉武帝最终判处窦婴死罪。

话又说回来，死个大臣算什么？在汉武帝眼里，无论杀哪位大臣，都不太关乎汉武帝的感情。作为一位封建君主，他本来就视大臣如奴仆，想杀就杀。

汉武帝杀人无数，他有一套自己的“理论”：人才杀不尽，放心杀吧!

这是往汉武帝头上扣屎盆吗？不是。看看汉武帝与汲黯的一番对话，或许对我们认识汉武帝，理解汉武帝诛杀主父偃有所帮助。

上招延士大夫，常如不足，然性严峻，群臣虽素所爱信者，或小有犯法，或欺罔，辄按诛之，无所宽假。汲黯谏曰："陛下求贤甚劳，未尽其用，辄已杀之。以有限之士恣无已之诛，臣恐天下贤才将尽，陛下谁与共治天下乎！"黯言之甚怒，上笑而谕之曰："何世无才，患人不能识之耳。苟能识之，何患无人！"《资治通鉴》卷十九

汲黯认为汉武帝一方面广招人才，另一方面滥杀人才。这样下去，天下人才会被杀光的。你把天下人才杀光了，你还和谁一块儿治理天下？汉武帝听汲黯这一问，笑了！你汲黯真是个傻瓜！天下的人才多得很，杀都杀不尽！只要你能识才，何患无人？

能够识才，确实人才无尽！但是，人才无尽绝对不能成为专制独裁者滥杀的"理论"！每一个生命都是一个独立的个体，都值得人们尊重，谁都无权随意剥夺他人的生命。

主父偃在历史上最大的贡献在于他为解决困扰汉朝中央政府的诸侯王割据出了一个奇谋：推恩分封。但是，主父偃最终却因诸侯群起攻之而被杀!

"成也萧何，败也萧何。"命运总是如此捉弄人。

至于说主父偃是不是小人，该不该杀，这两个问题其实既不难

回答，又不好回答。说它不难回答，是主父偃的为人做派让社会的主流舆论非常反感，因此，主父偃在历史上经常被指责为小人。社会主流舆论认为的“小人”，其实就是不遵从社会规范的人。如果说主父偃是汉武帝朝的“小人”，汉武帝一朝的“小人”何止主父偃一人？公孙弘难道不是“小人”吗？

从某种意义上讲，汉武帝把“小人”当人才使用，才建立了不朽的历史功勋。

“小人”与“君子”只是对人才的一种道德判断，并非对人才能力的判断。“小人”并非一定无才，“君子”亦非一定有才。何况，在一个人身上，往往既有“小人”的基因，亦有“君子”的基因。

至于说主父偃是“小人”，该杀，也缺乏分析。大半生的困顿使主父偃对人生产生了错觉。他认为自己倒霉的时间太长了。所以一旦得势就肆无忌惮地聚敛财富，为所欲为地羞辱百官，即使今后因此被杀，也在所不惜。

人生是一场漫长而艰辛的长跑比赛，有时领先，有时落后，但只要还在路上，就有机会。然而“及时行乐”的处世之道好像一针兴奋剂，点燃了幸福的华彩，更促成了生命的衰竭。

主父偃的政治智慧绝不在公孙弘之下，但在谋身固宠上他比公孙弘差得太远了。

元狩元年（前122），淮南王刘安、衡山王刘赐先后叛乱之时，公孙弘正在病中。他认为自己身为丞相，又在病中，容易受到人们的指责。于是，公孙弘哆哆嗦嗦地向汉武帝上了一道奏章，大意说：“丞相理应辅佐明主把国家治理好，如今诸侯叛乱，这是丞相的失职。”

因此，上书请求退还封侯，退休回家，以免挡了贤人的路。结果，汉武帝亲自下诏，不但不许公孙弘辞封、退休，还要他安心养病，还赐给他假期，赏了公孙弘好多东西。公孙弘病了几个月，又恢复了健康，继续任职。第二年（元狩二年，前121），八十岁的公孙弘病死在丞相之位上。

淮南王刘安、衡山王刘赐因谋反罪被查询而自杀，事情并不牵涉公孙弘，而且公孙弘还在病中。但是，公孙弘却以此为由，提出退还封侯和退休让贤。结果，不但没有得到汉武帝的批准，反而受到汉武帝的嘉奖、赏赐。

这手腕主父偃哪能赶得上呢？

直至公孙弘病死，汉武帝都没有看出公孙弘的庐山真面目。一代英主为什么会犯如此低级的错误呢？

越是极端自负的君主，越容易受到公孙弘之流的蒙蔽，原因在于最自负的君王最自以为是，最听不进他人之言。公孙弘的逢迎，既给了汉武帝一个自负的平台，又为自己赢得了一块免死金牌。所以公孙弘当了六年丞相，最终病死在丞相之位上，创造了武帝朝丞相善始善终的一个奇迹。而且，公孙弘是汉武帝当作重臣看待和使用的，这是公孙弘的幸运。有些臣子，名声很大，汉武帝也非常欣赏，但就是不当作重臣看待、使用。其中，有一位汉赋巨擘就是如此，此人是谁？他究竟是一个什么样的人？

请看：琴挑文君。

二十四

在中国戏曲史上，“琴挑”是一出非常有名的折子戏，不少剧本都不约而同地以它命名。其实，戏曲中“琴挑”一词最早源自汉武帝时期一位大文豪的浪漫爱情故事。这位文学家与史学家司马迁并称为“西汉两司马”。不过，此司马非彼司马，他一生名利双收，可谓命运的宠儿。那么，这位司马先生又是谁？他的“琴挑”究竟隐藏着多少鲜为人知的故事呢？

这位与司马迁并称为“西汉两司马”的文学家就是武帝朝的司马相如。

司马相如，字长卿，幼年时，他的父母怕他有灾，所以给他取了个小名叫“犬子”，据说孩子取个贱名容易成活。长卿完成学业后，知道了蔺相如的故事，为了表示自己对蔺相如的倾慕，便更名为司马相如。

司马相如的家境富有，因而当了“郎”，“郎”是皇帝的侍从。汉承秦制，规定家中有钱的人可以为郎。汉初曾以“十算”(十万)为起点，到了景帝朝改为“四算”(四万)为起点。这样做有两个目的，一是对衣食足而知礼仪的认同，二是有一定资产可以备得起官服。

以赀为郎。——《史记·司马相如列传》

司马相如初出道时，担任汉景帝的武骑常侍(骑兵侍卫)，他本人并不喜欢这个职业。司马相如喜爱的是写赋(一种文体)，但是，汉景帝偏偏不喜爱赋。所以，景帝朝司马相如的才华得不到施展，干得很郁闷。

后来，梁孝王进京，随同他一块儿来的有邹阳、枚乘、庄忌等人，司马相如和这几位辞赋高手志趣相投，非常谈得来。于是，他干脆以有病为由辞去了景帝朝的“郎”官，随梁孝王到了梁国。梁孝王让司马相如和邹阳、枚乘等人一同居住，享受同等待遇。在此期间，司马相如创作了著名的《子虚赋》，声名鹊起。

但是好景不长，不久(景帝中元六年，前144)，梁孝王病卒，门客各奔东西。司马相如的文学创作小团队不得已解散了，他只好离开梁地，回到家乡成都。《史记 · 司马相如列传》记载：“会梁孝王卒，相如归，而家贫，无以自业。”《汉书 · 司马相如传》记载：“会梁孝王薨，相如归，而家贫无以自业。”

这部分记载非常可疑。如果司马相如真是“家贫无以自业”，他当初怎么能够“以赀为郎”呢？但是，司马迁、班固两个人都这么写，我们今天已经无法知道事情的真相了。

合谋设局　琴心挑之

正在这时，临邛县（今四川邛崃市）令王吉邀请司马相如到临邛。王县令与司马相如是莫逆之交，司马相如来到临邛后，王吉将他安顿在县城的宾馆（都亭）里。

一场“琴挑”的浪漫剧由此拉开序幕。

临邛县令王吉安置好密友司马相如之后，故意装出一副谦恭的姿态，天天到宾馆来看望司马相如。司马相如开始还每天见见县令王吉，后来司马相如一律谢绝。司马相如越是谢绝，王吉越是恭敬，照样天天来访。

临邛令缪为恭敬，日往朝相如。相如初尚见之，后称病，使从者谢吉。吉愈益谨肃。——《史记 · 司马相如列传》

司马相如的表现令人生疑。一位落魄士人，衣食无着，受好友照顾，寄居临邛。依照常理，相如当对王吉感激不尽。何况这位好友王吉天天来宾馆看望相如。无以谋生而受人照料，形如再生父母。岂有落魄士子不愿见恩公之理？“初尚见之”属正常，“使从者谢吉”不是脑子进水了，就是别有用心。俗话说“拿人手短，吃人嘴软”，司马相如吃别人的、住别人的，还让恩公吃闭门羹，不是狂妄，就是有“阴谋”！

王吉身为县令，对落魄的司马相如施以援手，竟然碰了一鼻子灰，岂非咄咄怪事？其实只要王吉拒付，宾馆立即会将付不起住宿餐饮费的司马相如逐出大门。更怪的是，王吉不生气，照旧天天乐此不疲地跑去吃闭门羹。对于这种奇怪的现象，司马迁给了我们暗示：“缪为恭敬。”四个字非常值得玩味，所谓“缪为恭敬”，就是故意装出一副毕恭毕敬的姿态，可见王吉是在作秀。王县令为什么要装出这副毕恭毕敬的姿态？司马相如和王吉葫芦里卖的什么药呢？

临邛县有两位钢铁大王，都以炼铁暴富，一位是卓王孙，一位是程郑，是临邛两位著名的民营企业家，卓王孙是全国首富，家中的奴仆有八百多人，程郑家中的奴仆也有数百人。两位民企老总听说王县令天天去宾馆看望一位贵客，还屡屡碰壁，非常好奇，很想见识一下。思来想去，便想出一计：既然是县令的贵客，我们理应表示一下，不如备下一桌酒宴，好好款待一下人家，顺便也宴请一下县令。两人一合计，说干就干，于是挑了一个黄道吉日，发出数百张请帖，把县里的大小

二人乃相谓曰：『令有贵客，为具召之。』并召令。
——《史记·司马相如列传》

名人请了个遍，排场铺得大大的，就等着一睹司马相如的风采。

到了宴请这天，王县令先来到卓王孙家中。此时，上百位宾客已经入席，等到中午，卓王孙才派人去请司马相如前来赴宴。但是司马相如却推说有病不能赴宴。本来，等陪客们都到了才去请主宾，是对客人非常尊敬的一种做法，但是主宾不来，卓王孙别提多难堪了。王县令一听司马相如不来，菜都不敢吃一口，立即登门去请。这下可吊足了观众的胃口，司马相如到底是何方神圣，见他一面居然这么难，要县令亲自去请！司马相如见王县令如此盛情，不好推脱，只好勉强成行。司马相如一到，在座的宾客个个伸长了脖子去看：这位传说中的人物果然不同凡响，他的风采立刻震撼了酒宴中的整个临邛上流社会。

卓氏客以百数。至日中，谒司马长卿，长卿谢病不能往，临邛令不敢尝食，自往迎相如。相如不得已，强往，一坐尽倾。——**《史记·司马相如列传》**

有趣的是，《汉书》和《史记》记载王县令亲请司马相如一事有二字之差：《史记》写的是“相如不得已，强往”，《汉书》写的是“相如为不得已而强往”。“为”者“伪”也。原来，司马相如故作清高，假装不愿去赴宴。班固写得比司马迁透彻犀利，他揭示了司马相如和密友王县令的确是策划了一个“大阴谋”。司马相如和密友王县令究竟想从这个“阴谋”中得到什么呢？

通过《汉书》这个“为”字，我们基本上可以知道，司马相如这次临邛之行，绝对不是一般的探亲访友，更不是为了混吃混喝打秋风，而是有备而来，要办成一件事。这件事和卓王孙有关。

王县令将司马相如安顿在宾馆里天天去拜会，就是造势，制造新闻热点，吸引卓王孙的眼球。果然，这出戏引得卓王孙上钩了：亲摆家宴宴请司马相如。赴宴之际，司马相如又故作神秘，“千呼万唤始出来”，吊足了卓王孙的胃口，哄抬了自己的身价。

酒宴进行到高潮时，王县令把一张琴恭恭敬敬送到司马相如面前，说：“听说长卿的琴弹得极好，希望能弹一曲‘自娱’一下。”司马相如一再推辞，王县令一再相邀，拗不过的司马相如便顺手弹了两支曲子。

酒酣，临邛令前奏琴曰：『窃闻长卿好之，愿以自娱。』相如辞谢，为鼓一再行。——《史记·司马相如列传》

《史记·司马相如列传》记载：“相如口吃而善著书。”王县令让司马相如抚琴，一是让司马相如回避了自己的弱项口吃，二是发挥了自己的强项弹琴。

做了这么多的铺垫，让司马相如弹这两支曲子，到底是为了什么呢？

原来，卓王孙有一个宝贝女儿叫卓文君，这位文君小姐年方十七，刚刚守寡，回娘家暂住。她酷爱音乐，特别精通琴瑟。所以，司马相如“醉翁之意不在酒”，是想用琴音挑动卓文君的芳心。

是时卓王孙有女文君新寡，好音，故相如缪与令相重，而以琴心挑之。——《史记·司马相如列传》

应该特别注意到“相如缪与令相重，而以琴心挑之”中的“缪”字，司马相如有意装出来为王县令抚琴一曲，实际上此曲绝非为县令大人所奏，而是为了让一位小姐芳心暗许。

不是人人都“玩物丧志”，但在“志同道合”的名义下，爱好往往是人际关系中的突破点。卓文君酷爱音乐，精通琴瑟，这恰恰成了卓文君的软肋。司马相如其实早就把卓文君给琢磨透了，弹奏一支饱含爱慕之情的琴曲，曲中之意唯有卓文君能解。这样既契合了卓文君的爱好，又给她无处安放的浪漫一个完美的着陆点。

相如之临邛，从车骑，雍容闲雅甚都。——《史记·司马相如列传》

原来司马相如故弄玄虚、排兵布阵多时，要谋的就是卓王孙的掌上明珠——卓文君啊！

司马相如应临邛县令王吉的邀请来临邛之时，跟随他来的车马非常多，来到之后举止处处表现得从容、大方、文雅，加上他英俊帅气，整个临邛县无人不知。寡居在家的卓文君早就听闻，只是无缘相会。等到司马相如到宴席间饮酒弹琴，文君从门缝里看见司马相如风流倜傥的样子，内心十二分仰慕，生恐自己配不上他。两支求婚小夜曲更是让文君小姐听得如醉如痴，心动不已。

文君窃从户窥之，心悦而好之，恐不得当也。——《史记·司马相如列传》

这就是为后人津津乐道的段子：“琴挑文君”——用琴声挑动文君的春心。

酒宴结束之后，司马相如派人用重金买通卓文君的侍女，直接表白爱慕之情。卓文君此时正被司马相如迷得七荤八素，想着怎么结交这位风流大才子呢！听自己的侍女说司马相如倾慕自己，当下简直要疯了，居然有这等好事！“两情相悦”的确令人幸福到冲昏头脑。卓文君奋不顾身，连夜从家中出逃到司马相如下榻的宾馆。司马相如一见卓文君到来，按捺不住心中的狂喜，当夜带她立即离开临邛，回到成都自己家中。司马相如情场得意是因为他的浪漫。他不惧两家经济地位的巨大悬殊，不畏担当恶名，精心谋划，该出手时就出手，终于抱得文君归。

既罢，相如乃使人重赐文君侍者通殷勤。文君夜亡奔相如。——《史记·司马相如列传》

到了司马相如在成都的家中，卓文君才发现，司马相如的家中一贫如洗，只有四面墙。

家居徒四壁立。——《史记·司马相如列传》

“家居徒四壁立”这句话与前面的“以赀为郎”，后面盛大的车马随从颇不相符，真不知道司马相如家中的经济状况到底怎样。

卓王孙听说自己的女儿与司马相如私奔，而且两个人已经离开临邛回成都了，气得他嗷嗷直叫。作为大汉帝国首富的卓王孙，自然有他的撒手锏：经济制裁——一个子儿都不给！有人劝卓王孙，文君是自家亲骨肉，何必苦苦相逼呢？但是，卓王孙经济制裁的决心非常坚决，一定要惩戒一下这个任性的女儿！

卓王孙大怒，曰：『女至不材，我不忍杀，不分一钱也。』人或谓王孙，王孙终不听。——《史记·司马相如列传》

两个“恋爱大过天”的年轻人度过蜜月后，被爱情冲昏的头脑渐渐清醒了，立即感受到生活的艰辛与窘迫，卓王孙的经济制裁非常有效啊！第一个喊出受不了的是卓文君！卓文君自幼长于豪门，富日子过惯了，哪能过得惯穷日子？她对司马相如说：“假如你愿意和我一块儿回临邛，就是向我的兄弟们随便借点钱，也足以维持生活了，何苦天天在这儿受穷呢？”

文君久之不乐，曰：『长卿第俱如临邛，从昆弟假贷犹足为生，何至自苦如此！』——**《史记·司马相如列传》**

司马相如同意了爱妻的建议：变卖了自己的车马，在临邛买了一处房子，开了个酒馆。他让卓文君亲自站柜台卖酒，自己穿戴上大围裙，和伙计们一块儿洗涤酒器。

相如与俱之临邛，尽卖其车骑，买一酒舍酤酒，而令文君当垆。相如身自著犊鼻裈，与保庸杂作，涤器于市中。——**《史记·司马相如列传》**

《西京杂记》卷二记载得更富有戏剧色彩：司马相如和卓文君回到成都之后，生活非常艰难，卓文君只得拿自己的高档皮衣去赊一点酒，夫妻二人同饮。喝完酒，卓文君抱着司马相如的脖子哭着说：“我这一生过的都是富贵日子，现在落到了用裘皮大衣换酒的地步。”于是，两个人商定到临邛开酒馆，司马相如亲自穿着围裙干活儿，有意让卓王孙丢人。

司马相如初与卓文君还成都，居贫愁懑，以所著鹔鹴裘就市人阳昌贳酒，与文君为欢。既而文君抱颈而泣曰：『我平生富足，今乃以衣裘贳酒！』遂相与谋于成都卖酒。相如亲著犊鼻裈涤器，以耻王孙。——**《西京杂记》**

司马相如与卓文君回到成都的日子过得非常紧巴，我们看《史记》《汉书》《西京杂记》的记载，都说是卓文君率先提出要回临邛，然后，两个人商量好开酒馆。

卓王孙可不是一般地富有，司马迁《史记·货殖列传》专门记述了卓王孙在秦灭赵国之后，从赵地主动要求迁徙，最后到临邛炼铁致富的全过程。“卓氏……富至僮千人。田池射猎之乐，拟于人君。”卓王孙应当是当时汉帝国的富商之最。放在现在，就是福布斯中国排行榜的首富。

卓王孙的千金回临邛开酒馆，并亲自“当炉”卖酒；卓王孙的女婿司马相如身穿大围裙，和用人一样打杂干活儿。这不是打卓王孙的脸嘛！实在是太让卓王孙丢人了，卓王孙因此大门都不敢出。

卓王孙闻而耻之，为杜门不出。

——《史记·司马相如列传》

卓王孙之所以觉得羞耻不敢出门，原因大概有如下三点：

一是自己引狼入室。

司马相如之所以能拐走自己的女儿，是因为卓王孙让司马相如到自己家中赴宴，此事又是王县令做的婚托儿。所以，卓王孙有苦难言。

二是卓文君不顾礼仪。

自己的女儿放着万金大小姐不做，竟然不知廉耻，与司马相如私奔，让全国首富卓王孙颜面尽失。

三是丢人丢到家门口。

女儿和司马相如的酒馆如果开在成都，至少舆论不至于这么大。可他们竟然把酒馆开到临邛，生意做到自己家门口。在临邛这么个小县城里，自己又是国中首富，这不是丢人现眼吗？！

此时的卓王孙是又羞又气，还无处发泄，毕竟是自己的亲女儿所为。

卓王孙的兄弟和长辈纷纷从中斡旋：“卓王孙啊，你只有一个儿子两个女儿，家中又不缺钱；文君现在已经成了司马相如的妻子，司马相如又是个人才，并非无能之辈，完全可以依靠。再说他还是王县长的贵客，你又何必如此想不开呢？”

卓王孙实在是受不了这份窝囊气，只好花钱消灾，分给文君一百名僮仆、一百万钱，并给了她一大批出嫁的衣物。

有了这一百万钱，司马相如和卓文君立即关闭酒馆，打道回成都，买田买地，成为成都的大富翁。

昆弟诸公更谓王孙曰：『有一男两女，所不足者非财也。今文君已失身于司马长卿，长卿故倦游，虽贫，其人材足依也，且又令客，独奈何相辱如此！』卓王孙不得已，分予文君僮百人，钱百万，及其嫁时衣被财物。文君乃与相如归成都，买田宅，为富人。——**《史记·司马相如列传》**

爱情神话　孰痴孰谋

司马相如琴挑卓文君成为中国古代才子佳人故事中的一个典型。但是，这个美丽的爱情故事里还有许多疑问需要解答：

第一，司马相如为什么想到与卓文君回临邛开酒馆宰卓王孙的计划呢？

司马相如是在无法维持生计的落魄之时应密友王吉之邀来到临邛的。他来临邛之前也许并没有一套完整的方案，但是，到了临邛后，特别是在与密友王吉密谈后，司马相如制订了一个周密的计划。只是这个计划司马迁没有将其挑明，而是暗中点出。

司马迁为什么不把司马相如这个阴谋揭示出来呢？道理很简单，司马迁对司马相如偏爱有加，特别是偏爱他的文采。司马迁在《史记·司马相如列传》中全文引用了司马相如的大赋和文章，这在《史记》一百一十二篇人物传记中是绝无仅有的。既然司马迁如此偏爱司马相如，他就不想用直笔来写司马相如当年这一段不大光彩的婚史。但是司马迁作为一代良史，又不能违背史学家的道德底线，必须将他最喜爱的这位大作家的这桩婚事如实写出来。因此，司马迁只能用曲笔来写，《史记·司马相如列传》中"临邛令缪为恭敬"与"故相如缪与令相重，而以琴心挑之"两句，仔细看看这两个"缪"字，这个阴谋就昭然若揭了。

所以，司马相如到临邛后大肆摆谱、制造声势，实际上是与王吉县令联手钓卓王孙上钩。虽然最后一钩钓出了两位老总：卓总与程总，但是，司马相如锁定的目标非常明确——卓王孙。

既然司马相如能够制订出一个如此周密的"钓鱼"计划，让商场上精明老到的卓王孙和其女卓文君双双上钩，说明司马相如确有老谋深算的一面，岂能想不到回临邛开酒馆，让卓王孙丢人现眼，逼他出血，狠宰一把呢？肯定不可能。

但是，司马相如为什么不主动说回临邛呢？

一是丢人啊。一个男人要靠女人吃饭，在中国古代大男子主义盛行的社会中肯定让人轻视。即使在今天，恐怕也让人觉得这种爱情得加一个引号。

二是万一卓文君拒绝了怎么办？如果卓文君非常有志气，宁肯受穷，决不开口向老爸要钱，这事此后就再难提起。

三是负面影响。如果司马相如提出来要回临邛开酒馆，狠宰卓王孙一把，可能会让卓文君怀疑他当初上演“琴挑”这出戏之时是否已经有了这个计划。这将会带来一个更大的问题：你司马相如究竟爱的是我卓文君，还是爱我老爸的钱？你是为我而琴挑，还是为了宰我老爸而琴挑？

因此，司马相如绝对不能说出要回临邛开酒馆宰卓王孙这个计划。最好的办法只有一个：苦熬！熬到卓文君自己受不了，卓文君主动提出来，自己再来个顺水推舟。

果然，在咬着牙度过了一段艰难的日子后，受不了穷困的卓文君终于主动提出回临邛。司马相如此时一定是内心一阵狂喜——苦日子到头了！

如果我们将此事向前再推一点，还有一个问题——第二，司马相如琴挑卓文君究竟为的是什么？

我们之所以提出这一问题，是因为这一问题实在太重要了，它关乎我们对这个美丽的爱情故事的评价。

首先，卓文君究竟美不美？

为什么要谈卓文君的美丑呢？如果卓文君是一位丑女，那么，一切都明明白白了：司马相如琴挑一位全国首富的丑女，目的岂不是司马昭之心——路人皆知了吗？

《史记· 司马相如列传》《汉书 · 司马相如传》都没有记载卓文君是否为国色天香。只有《西京杂记》卷二记载：

文君姣好，眉色如望远山，脸际常若芙蓉，肌肤柔滑如脂。十七而寡，为人放涎风流，故悦长卿之才而越礼焉。长卿素有消渴疾，及还成都，悦文君之色，遂以发痼疾。乃作《美人赋》，欲以自刺，而终不能改，卒以此疾至死，文君为诔，传于世。

如果这个记载可信，卓文君一定长得非常漂亮。国色天香，十七妙龄，司马相如十分仰慕，才有了与王县令密谋琴挑文君一事。而且，司马相如有糖尿病，由于喜爱卓文君，不加克制，导致自己病情加重，最后死在糖尿病上。那么，为赢得美人耍点小计谋，怎么看都是情有可原吧。

但是，《西京杂记》的可信度远远不及《史记》与《汉书》，写文君之美，恐不可全信。

《史记》绝非不写人物的美丽。《陈丞相世家》写陈平的美貌，司马迁用了五个字："平人长，美色。"陈平个头高挑，非常漂亮。《史记·司马相如列传》记载司马相如是帅哥时，用了"甚都"二字。"都"，美也。卓文君美吗？"及饮卓氏，弄琴，文君窃从户窥之，心悦而好之，恐不得当也。""不得当"就是不般配。卓文君对司马相如一见钟情，但却非常不自信，担心自己配不上司马相如。卓文君如果真是国色，岂能有此担心？

此外，即使如《西京杂记》记载的那样，卓文君非常漂亮，也只能说明琴挑文君的目的之一是抱得美人归，不能排除司马相如劫色之后还有其他目的。如果先劫色后劫财，比起只劫财而言是人财两得的双丰收啊，就人品而言，也更为人不齿。

第三，司马相如回临邛是否为了劫卓王孙的财呢？

首先，《史记》《汉书》的司马相如传都没有提到。但是，自己的女儿女婿在家门口摆摊卖酒，确确实实让卓王孙“闻而耻之”。《西京杂记》更是写了非常值得玩味的四个字：“以耻王孙。”如果我们相信《西京杂记》的记载属实，那么司马相如在临邛开酒馆就是为了宰卓王孙。

其次，酒馆开在哪儿不行啊，非开在临邛，不就是为了让卓王孙丢人嘛！让卓王孙丢人干什么，还不是为了卓王孙的钱嘛。

再次，《史记》《汉书》都记载，司马相如拿到一百万钱和一百个奴仆后，立即关闭酒馆，带着太太回成都了。

根据以上三条看，司马相如回临邛开酒馆，目的就是宰卓王孙。

第四，司马相如宰卓王孙的计划在琴挑之前还是在琴挑之后？

我们先来看看下面这五个命题能否成立：

第一，司马相如深知卓王孙是全国首富。

第二，司马相如深信自己可以用一个周密的计谋琴挑文君归己。

第三，司马相如深知自己“家徒四壁”，根本不可能养得住万金小姐卓文君。

第四，司马相如深信卓文君受不了穷，一定会主动提出回临邛逼其父出血。

第五，司马相如深信卓王孙丢不起人，一定会极不情愿地出血。

如果上述五个问题我们都不得不承认是事实的话，那么，就可以得出一个肯定的结论：司马相如琴挑卓文君之前已经有了劫财的准备。因此，这个美丽的爱情故事原来竟是一个先劫色后劫财的骗局。

笔者个人非常希望“琴挑文君”这个浪漫的爱情传奇名副其实，但是，我爱美丽，更爱真理。历史事实告诉我们：王子和公主只能生活在童话故事里，是后人的以讹传讹和对浪漫爱情的美好期许才使这场爱情骗局蒙蔽了人们两千多年。

司马相如如愿以偿地抱着美人，劫了巨款，回到成都，志得意满。但是，通过劫色达到劫财的“浪漫婚姻”会幸福吗？

请看：情变之谜。

二十五

恋爱中的女人智商为零。一曲《凤求凰》，撩拨得卓文君决心夜奔，追随底细不明的司马相如；一介穷酸文人司马相如成功运作，娶了全国首富卓王孙的宝贝女儿。卓文君难道永远看不到“王子”的真实面目吗？这么一段先天不足的婚姻又该如何继续演绎呢？

真情假意　文君蕙心

司马相如一首琴曲抱得美人归，劫了巨款，志得意满，回到成都，人财双丰收。司马相如的劫财劫色计划卓文君知道吗？

满怀憧憬的卓文君跟随司马相如回到成都家中，推开门，发现了一个天大的秘密：这是一个怎样的家啊！家徒四壁，一贫如洗。“王子”宣布：这里，将是我们“爱的小屋”！卓文君脑袋轰地就炸了：晕！假的，全是假的。

王子公主式的爱情从这一刻开始崩坍。

司马相如好像童话里的青蛙王子，巫婆的魔杖随意一点，风度翩翩的王子突然变成枯井旁一只孤独猥琐的大青蛙。卓文君的脑海里此时闪现的是什么？司马相如在临邛高调亮相时的豪华宾馆，他招摇过市的名贵“私家车”，如果他根本就是一个一文不名的穷小子，为什么需要一身如此漂亮的伪装？如果他完全养不起自己这样的万金小姐，又何苦如此义无反顾地带她夜奔故乡生活？

如果你是卓文君，养尊处优于深闺，十七新寡，为了心中的“王子”，天真烂漫的富家女当然愿意说服自己：为赢得爱人而耍点小计谋，怎么看都是情有可原的吧。然而，生活的艰辛与窘迫一天天缠绕着这个落难的公主，甚至不得不依靠变卖裘皮衣勉强度日，她的“王子”却依然不解释，无提议，什么都不在乎。

卓文君还能深信爱情的力量吗？一个家徒四壁的男人曾经制订了周密的计划，将自己钓上钩，收入网中，如此精于谋略，为什么不肯动动脑筋，想想怎样渡过眼前巨大的经济困难呢？是不计任何后果的二百五？不能。是居心叵测的老狐狸？她更不愿相信。

司马相如到底悦我文君之容，还是爱我老爸之财？卓文君决心一试。于是率先提出回临邛开酒馆的建议。话说回来，富家子弟从小养尊处优，钱财来得容易，我们可不能指望卓文君像普通劳动妇女那样勤劳勇敢，勤俭持家；她要找老爸要点钱花花，也属人之常情。

结果司马相如举双手赞成啊！司马相如在景帝朝做过郎，在梁孝王刘武身边做过文学侍从，一个有头有脸的文化人，现在竟然混到开酒馆谋生的境地，他没有顾忌。而且，这次开酒馆，竟然开到了对他咬牙切齿、拒不承认其身份的老丈人临邛卓王孙身边，他不怕丢人。事实上，司马相如为了开酒馆，变卖私家车，穿上工作服，干下人的脏活儿累活儿。这种放下身段、不惧丢人的心态，这种精神振奋、全力配合的行动，司马相如越主动，卓文君是越心寒：风度翩翩的王子却有一颗满是铜臭的心。

既然卓文君知道自己心目中的白马王子竟然是一位先劫色后劫财的老狐狸，她为什么不揭穿这一切呢？为什么还要主动说出司马相如想说而不敢说的话呢？

我想至少有如此两个方面的原因：

第一，爱情。

此时的卓文君其实承受着极大的心理压力：社会舆论的谴责已经让私奔的卓文君不堪重负了，更何况自己做出重大付出之后，才发现这是一次有重大瑕疵的爱情。爱不是说来就来，说走就能走的。自古痴情女子薄情郎，卓文君放不下司马相如，愿意成全他，愿意做一个爱情的傻瓜。

第二，感化。

面对一个动机不纯的王子和一段充满铜臭味的爱情，文君该怎么办？选择分手最为简单。但是，文君于心不忍，她心中放不下司马相如。司马相如毕竟还不是在封建官场上浸泡多年、已经泡黑泡臭不可救药之人。因此，卓文君选择了挽救，挽救一位王子，也是挽救一场婚姻。当一出爱情童话破灭之时，文君希望用自己的勇敢和智慧，重新打造一出更美好、更浪漫的新童话。

所以，文君没有揭穿司马相如，而是主动说出了回临邛开酒馆，逼迫老爸出血的计划。在夫妻二人的联袂主演之下，如愿以偿地拿到百万大钞，富甲一方。

也许你会认为，卓文君何苦委曲求全，干脆大闹一场，跑回娘家，让司马相如竹篮打水一场空，怎么样？

这样，一时之间是痛快了，可是“损人不利己”。复仇是一把双刃剑，伤了人也伤了自己，何况损的是你最爱的丈夫，失去的是你最难割舍的一段情。你又得到了什么？

原谅有时比惩罚更有力量。它不是丧失原则，而是一种更高境界的坚守，一种不曾剑拔弩张，依旧恪守尊严的艺术。

第一次“情变”至此画上了圆满的句号，卓文君和司马相如相敬如宾、恩爱有加。眼看真情慢慢取代假意，新的童话拉开大幕。

天子来呼　鼎力相助

这种平静生活过了不久，又一件关乎文君家庭的大事降临了：

汉武帝要召见司马相如！

司马相如怎么会进入汉武帝的视野呢？

原来，有一天，汉武帝无意中读到司马相如的《子虚赋》，非常震撼，遗憾地说：“我怎么不能和这位作家生活在同一个时代？真是可惜啊！”此时，汉武帝的狗监（管理猎狗的官）杨得意刚好在汉武帝身边侍奉汉武帝，此人是司马相如的蜀地老乡，听汉武帝这一番感慨，忙对汉武帝说：“我的老乡司马相如说过，他曾经写过一篇《子虚赋》。”汉武帝一听，大吃一惊，忙传旨召见司马相如。

上读《子虚赋》而善之，曰：『朕独不得与此人同时哉！』得意曰：『臣邑人司马相如自言为此赋。』上惊，乃召问相如。——**《史记·司马相如列传》**

《子虚赋》是司马相如在梁孝王身边时所作，但是，当时的皇上汉景帝不喜欢辞赋，司马相如这一身绝活儿硬是得不到认可。汉武帝生来喜爱辞赋，而杨得意刚好知道这篇赋是同乡司马相如所作：这就是机遇！

我们常说，千里马常有而伯乐不常有。因为伯乐拥有认可千里马的权力，而未被认可的千里马总是处在劣势，除了要拥有一日千里的才能，还要谨小慎微，静候机遇。这也是最终被认可为千里马的重要条件之一。

汉武帝的召见对司马相如来说是一次人生机遇，但是对卓文君瓷器般珍贵易碎的婚姻何尝不是一种巨大的威胁啊！这样一位才貌双全、八面玲珑的夫君进入官场，会不会生出什么变故来呢？

司马相如如果不从政，单凭卓文君从老爸那儿得到的百万巨资，甭说一辈子，两辈子也花不完。但是，司马相如擅长辞赋、喜爱辞赋、有志于写作辞赋，如果不放司马相如进京，婚姻倒是安全了，只是对司马相如来说，一定活得非常难受。卓文君不愿意这么自私，况且，她深谙夫妻相处之道，为了婚姻的安全而委屈司马相如，只会使婚姻产生一种新的不和谐。

这一次，卓文君又将如何选择？

第一，支持司马相如的选择。

司马相如如期赶到京城，应当说得到了卓文君的大力支持。司马相如进京面君，看见汉武帝如此喜爱《子虚赋》，立即对汉武帝说：“这篇赋只写了诸侯的事，不值得一提，我再给皇上写一篇《上林赋》！”《上林赋》写完一呈献汉武帝，汉武帝那个高兴劲儿就甭提了，立即下令：从今以后，尚书负责为司马相如提供写赋的“笔札”，并任命司马相如为侍从(郎)。

> 相如曰：『有是。然此乃诸侯之事，未足观也。请为天子游猎赋，赋成奏之。』上许，令尚书给笔札。——《史记·司马相如列传》

汉武帝时期的尚书是皇帝的专任秘书，负责为皇帝收发文书、保管图书，职责是为皇帝服务，但是，汉武帝竟然特许自己的秘书负责为司马相如提供“笔札”，这是非常隆重的礼遇啊！

司马相如这两篇赋被后人合称为《天子游猎赋》，成为汉代大赋的代表作品，在中国文学史上地位崇高。但是，司马相如完全迎合汉武帝口味，并未真心劝谏汉武帝节俭。因此，扬雄批评该赋“劝百而讽一”，鼓励远远大于讽谏。

后来，司马相如奉命出使西南夷，蜀郡的主要领导举行了盛大的欢迎仪式：太守在郊外恭候，县令在前方开路，一路浩浩荡荡，蔚为壮观。相比之下，过去金光灿灿的卓王孙也黯然失色了，不过，这回老丈人心里可甜滋滋的了：一位民企老总有了这么一位在皇帝身边做官的女婿，今后生意肯定更是节节高了。神清气爽的卓王孙马上做起了“自我批评”：是我老糊涂了，那么晚才认可文君和相如的婚事。于是，又划拨了一大批财产给卓文君，而且绝不“重男轻女”，和他的儿子统一分配，数额相等。这样，司马相如沾了爱妻的光，也分得了一大笔财产。

至蜀，蜀太守以下郊迎，县令负弩矢先驱，蜀人以为宠。于是卓王孙临邛诸公皆因门下献牛酒以交欢。卓王孙喟然而叹，自以得使女尚司马长卿晚，而厚分与其女财，与男等同。——《史记·司马相如列传》

第二，用经济实力为司马相如买得官声。

《史记》记载司马相如对官场并不热衷，常常称病闲居，因此司马迁说他“不慕官爵”。其实，司马迁这次也上了司马相如的当了。司马相如要是“不慕官爵”，又何必奔到长安呢？他之所以称病闲居，是另有原因的。

与卓氏婚，饶于财。其进仕宦，未尝肯与公卿国家之事，称病闲居，不慕官爵。——《史记·司马相如列传》

一是经济上的富有为司马相如带来了一定的独立性。他没有必要在官场上摸爬滚打，你挤我扛。他人为官是为了谋财，但是司马相如为官仅仅是为了证明自己的才华，满足一下自己的心理需求。如此步入官场，自然会赢得“不慕官爵”的官声。

二是文学侍从的身份使司马相如失去了锐进之心。尽管汉武帝非常欣赏司马相如，但是这种欣赏仅仅限于司马相如的文才而非文治。因此司马相如在官场上并不如情场那般得意，几番进取失利，就干脆在家吟风诵月，潜心诗赋创作。

看来，经济的独立是人格独立的前提。做不到“不为五斗米折腰”，有时不是没有决绝的气魄，而是缺少决绝的实力以及拥有这种实力之后的泰然。

卓文君深知夫妻之间需要互相帮衬，她甘心做那片不起眼的绿叶，以自己的经济力量支撑起司马相如显赫的官声。但是，这种付出却带来了一个不对称的回报。

闻君二意　文君力阻

《西京杂记》卷三载:“相如聘茂陵人女为妾，卓文君作《白头吟》以自绝，相如乃止。”

也许是到了“七年之痒”，司马相如对卓文君出现了审美疲劳，他吞吞吐吐说出了想聘一位茂陵女子为妾的心事。这一次，卓文君还会成全她的“王子”吗？事实是，卓文君立马写了一首《白头吟》，坚决表示反对。为什么？性质不同啊！司马相如你爱钱财、爱辞赋，那是人之常情，我可以满足你；可是你这次是夺走我卓文君最重要的，我的婚姻我的真爱啊！这可是原则性问题。所以，这一次卓文君不能再包容了：有她没我，有我没她！而司马相如一看到《白头吟》，幡然醒悟，立刻放弃了纳妾的打算。

这就是司马相如与卓文君的第二次情变。这首《白头吟》，宋人郭茂倩编纂的《乐府诗集》有记载：

皑如山上雪，皓若云间月。闻君有两意，故来相决绝。
今日斗酒会，明旦沟水头。躞蹀（xiè dié）御沟上，沟水东西流。
凄凄复凄凄，嫁娶不须啼。愿得一心人，白首不相离。
竹竿何袅袅，鱼尾何簁簁。男儿重意气，何用钱刀为？

这首《白头吟》是不是《西京杂记》中所记载的卓文君所作的《白头吟》呢？最早记录这首诗的《玉台新咏》并没有明确说这是卓文君所作，诗名为《皑如山上雪》。《乐府诗集》据王僧虔的《技录》，认定这首诗是卓文君所作。

王僧虔是生活在南朝宋齐之际的著名音乐家，他生活的时代距离司马相如、卓文君生活的时代已有五百年之久，我们不知道王僧虔根据什么文献得出了这个结论。相距这么长的时间，王僧虔又没有提供他所依据的文献，而且有一个更加有力的证据证明此《白头吟》极有可能是后人伪作，即卓文君生活的西汉中期不可能产生这样的五言诗。因此王僧虔《技录》的结论难以为学界相信。

尽管我们不相信今传《白头吟》就是卓文君当年所作《白头吟》，但是，这首传世《白头吟》的内容，与卓文君的经历应该非常相似。

为什么这样说？

一是情变事件的真实性。

《西京杂记》是一部笔记体杂史，或称为笔记体小说。笔者个人认为：这则笔记是可信的。

第一，司马相如对卓文君最初的感情就有着明显的铜臭味，因此，这段婚姻在经历了一段时间之后出现情变的可能性较大。

第二，司马相如与卓文君的情变一事受到了后人的广泛关注。

虽然，“吸引眼球”并不能决定事实真相，但至少说明：大多数人相信情变之事是可能的。否则，谁还会再去关注情变事件？

第三，《史记 · 司马相如列传》记载：“相如既病免，家居茂陵。”可见，司马相如晚年是在茂陵度过的，因此，打算纳一位茂陵女为妾也是比较合乎情理的。

二是事件发生的时间。

《西京杂记》没有记载这一事件发生的时间。从常识判断，这一事件不应当发生在司马相如与卓文君新婚不久，而应当是婚后相当长一段时间。爱情过了保鲜期，就开始慢慢发生了变化。《史记 · 司马相如列传》记载司马相如赴京之前有“居久之”三字，因此，这段情变还是在司马相如从政之后。

三是事件的结局。

由于卓文君的异常决绝，司马相如立即来了个急刹车，放弃新欢，选择旧爱。

卓文君的态度是结束这一事件的关键，她之所以如此坚决地反对，取决于她对这场浪漫婚姻的认识。我认为卓文君对自己和司马相如婚姻的认识有一个过程：

最初阶段，卓文君迷恋司马相如的才貌，此时的感情具有很大的盲目性，其表现是不计后果，私奔。

第一次情变，卓文君看到“家徒四壁”的司马相如借酒消愁，不思奋斗，偏偏要等着自己提出来回临邛开酒馆，计宰卓王孙。童话破碎了，卓文君清醒了，但她选择了成全，相信爱可以感化“浪子的心”。

第二次情变，卓文君苦心经营的美满婚姻再一次出现危机，司马相如竟然要纳妾！卓文君的态度是：原则问题，半步不让！

不放弃，不放任。正是这第二次情变，最令后世唏嘘感喟。所以有关这次绯闻，后世流传有不少的文学演绎，其中，最为著名的是下面这一则：

这厢风流才子司马相如温柔乡里卿卿我我，那厢留守女士卓文君几年望眼欲穿，终于放下富家女的矜持，一封心灵的呼唤，切盼郎归啊！司马相如一看，略一沉吟，挥笔写下“一二三四五六七八九十百千万”十三个数字，算是回了信。卓文君满怀欣喜，小心翼翼展开卷轴：一二三四五六七八九十百千万。唯独没有“亿”字！顿时如堕冰窟：无“亿”，无“意”！长卿已如断线风筝，飘至天际，对自己无“意”了啊。

卓文君自怜自伤，把司马相如写的这些数字连缀成一首诗，用“特快专递”寄给了司马相如：

一别之后，二地相思；只说是三四月，又谁知五六年。七弦琴无心弹，八行书无可传，九连环从中折断，十里长亭望眼欲穿，百般思想，千般系念，万般无奈把郎怨。

万言千语说不完，百无聊赖十依阑，九月重阳看孤雁，八月中秋月圆人不圆，七月半烧香秉烛问苍天，六月伏天人人摇扇我心寒。五月榴花如火，偏遭冷雨浇花端；四月枇杷未黄，我欲对镜心已乱；急匆匆，三月桃花随水转；飘零零，二月风筝线儿断。噫，郎呀郎，恨不得下一世你为女来我作男。

卓文君把司马相如写来的十三个数字顺着写一遍，倒着写一遍，首尾连环，将自己心中的怨恨表达得低旋浅回。司马相如由此打消了纳妾的念头。

这段非常优美的数字诗，颇具元曲风韵，完完全全、彻彻底底是伪造。它和司马相如、卓文君的故事毫不相干。但是，这首数字诗却因其独特的结构，征服了无数读者，成为司马相如、卓文君故事的一个组成部分。

浪子回头　为情所困

话说回来，中国封建时期，男人有个三妻四妾无可厚非，更何况司马相如这样英俊潇洒的大才子。为什么卓文君一否决，司马相如就撤退呢？

因为，卓文君很生气，后果很严重。想当年，司马相如之所以费尽心机要娶卓文君，一个重要目的就是获得财富。如果他因为纳妾而遭遇离婚，财富肯定会大打折扣。我们不知道汉代夫妻离婚有没有“财产公证”，不过，司马相如区区文学侍从，如果真和卓文君打起离婚官司，卓王孙肯定会迅速介入。因为卓王孙最不愿看到的是自己的财产落入司马相如之手，特别是落入琴挑之后又迅速情变的司马相如之手。以卓王孙全国首富的经济实力，料想司马相如打这场离婚官司很难取胜。如此一来，岂不是前功尽弃？司马相如没有那么痴，会为了区区一个茂陵女子丢了自己的富贵荣华。

《西京杂记》还有一段记载：

长卿素有消渴疾，及还成都，悦文君之色，遂以发痼疾。乃作《美人赋》欲以自刺，而终不能改，卒以此疾至死，文君为诔，传于世。

司马相如有糖尿病（消渴疾），回到成都后，因为喜爱卓文君，引发了他的糖尿病。于是，写了一篇《美人赋》告诫自己，但还是无法控制自己的浓浓爱意，最终因糖尿病致死。司马相如死后，卓文君悲痛欲绝，写作了一篇相当感人的祭文。

虽然野史的真实性无从考证，但无一例外的，人们给卓文君和司马相如的第二次情变，安置了一个“浪子回头”的光明的尾巴。为什么？因为大众需要美梦，需要大团圆，需要完满的爱情。群众的眼睛是雪亮的，我认为，这样的结尾确实更符合司马相如的性格，更接近历史真相。

尽管“劫财劫色”在先，但司马相如并非心狠手辣的老江湖，说到底他的一生为情所困，具有传统知识分子的幼稚和软弱。

首先，为皇恩所困。

史载司马相如病危之时，汉武帝曾专门派所忠去他家中索书，结果来晚了一步，司马相如已经撒手人寰。所忠正欲败兴而归，突然发现司马相如为汉武帝留下了遗作——《封禅书》。汉武帝一看，非常惊讶（天子异之）。

司马相如至死还念念不忘迎合汉武帝的泰山封禅之心。我们不禁要问，司马相如为什么要如此迎合汉武帝？是有所期待吗？前面讲到，司马相如衣食无忧，也没有多少锐取之心，拍马屁也不至于如此“鞠躬尽瘁”吧！笔者想，从追逐富家小姐的小白脸，到出入皇宫的座上宾，司马相如的逢迎恐怕更多发自内心的感恩，是“士为知己者死”的文人气质在作怪。

其次，为美人恩所困。

司马相如悦文君之貌，还是图卓王孙之财？笔者以为兼而有之。否则司马相如婚后又何必与文君恩爱甜蜜？纳妾为何要先试探卓文君的反应？最后又因卓文君死于糖尿病？如果一定要把这一切解释为赤裸裸的金钱关系，那么，司马相如将无异于卓文君的高级奴隶。事实上，卓文君为司马相如的事业、志趣做出了极大的牺牲，哪里见过这样反客为主的奴隶？说到底，还是司马相如的多情与软弱，让他有所顾忌。

后人常常将司马相如与司马迁并称为“西汉文章两司马”，但是，此司马非彼司马。司马迁家中无财，不得不接受宫刑。司马相如由于成功运作，娶了全国首富卓王孙的万金小姐卓文君，衣食无忧，可谓“情圣”。

其实，一直在打造美丽爱情童话的是卓文君，一直在维护婚姻恒温的也是卓文君。正是卓文君的聪慧和财富，才成就了司马相如的风流倜傥。爱意味着付出，也意味着放弃。卓文君深知这一切，由此成为司马迁《史记》中一位自尊、自重、自爱的女性形象。

褒贬不一　盖棺难定

卓文君与司马相如的婚姻在历史上引起了持久的诟病，而且，这种诟病的矛头一致指向司马相如。

第一个对司马相如提出诟病的是稍后于司马相如的另一位汉赋大家扬雄。扬雄在其名作《解嘲》中批评司马相如“窃赀”：“司马长卿窃赀于卓氏，东方朔割炙于细君。仆诚不能与此数公者并，故默然独守吾《太玄》。”扬雄的《解嘲》震动天下，是扬雄传世名作中的翘楚，因此，扬雄提出的司马相如“窃赀”说流传非常广泛。

什么叫“窃赀”？赀，财也。窃，指以欺诈手段非法获得。扬雄指责司马相如用婚姻为手段逼迫卓王孙出钱是“窃赀”。并且说，自己既不像司马相如一样拿全国首富开刀，窃取金钱，又不能像东方朔一样公开在朝堂上擅自割肉回家给老婆(细君)吃。所以，只能独守贫困，写作《太玄》。

扬雄的这种诟病是一人之见还是后人的共识？

东汉崔骃著《达旨》率先响应扬雄对司马相如的评价：“窃赀卓氏，割炙细君。斯盖士之遗行，而云不能与此数公者同，以为失类而改之也。”

魏晋时期葛洪《抱朴子外篇·博喻》在“窃赀”之外又提出了“窃妻”说：“抱朴子曰：小疵不足以损大器，短疾不足以累长才。日月挟虫鸟之瑕，不妨丽天之景；黄河合泥滓之浊，不害凌山之流。树塞不可以弃夷吾，夺田不可以薄萧何；窃妻不可以废相如，受金不可以斥陈平。”虽然葛洪意在“窃妻”不能够否定司马相如的贡献，但提出卓文君夜奔司马相如是司马相如“窃妻”。在“窃赀”之外司马相如又多了一项“窃妻”罪。

南朝齐梁时期的著名批评家刘勰在《文心雕龙 · 程器》纵论古今文人之短时也提出司马相如“窃妻”:“略观文士之疵，相如窃妻而受金。”

这样，司马相如琴挑卓文君遭到了两方面的指责：一是相如琴挑文君是“窃妻”，二是文君受金是司马相如“窃赀”。北齐颜之推的《颜氏家训 · 文章》再次肯定扬雄的“窃赀”说:“自古文人多陷轻薄：屈原露才扬己，显暴君过；宋玉体貌容冶，见遇俳优；东方曼倩滑稽不雅；司马长卿窃赀无操。”

唐人司马贞所著的《史记索隐》中也说:“相如纵涎，窃赀卓氏。”《史记索隐》是《史记》三家注之一，名气极大。古今读《史记》者几乎无人不读此书。所以，司马贞的批评流传很广。

唐人刘知幾是著名的史学家，他的《史通》被公认是中国古代史学理论和史学批评的名著之一。《史通 · 自序》云:“而相如自序，乃记其客游临邛，窃妻卓氏。以《春秋》所讳，持为美谈。虽事或非虚而理无可取，载之于传，不其愧乎？”刘知幾也认可“窃妻”说。

批评司马相如婚姻的声音至宋代达到顶峰：

宋人魏天应编选的《论学绳尺》曰:“司马相如、王褒皆蜀产也，‘雍容闲雅者’不足覆窃赀之丑。”

宋人魏庆之的《诗人玉屑》卷十二“诸公品藻”条，摘录前人多项评论，批评司马相如的三句是：“司马相如窃妻涤器，开巴蜀以困苦乡邦，其过已多。”

宋人对司马相如批评最激烈的是苏轼。他在《东坡志林》卷四中说：“司马相如归蜀，临邛令王吉缪为恭敬，日往朝相如。相如称病，使者谢吉。及卓氏为具，相如又称病不往。吉自往迎，相如观吉意欲与相如为率钱之会尔。而相如遂窃妻以逃，大可笑。其《谕蜀父老》云：以讽天子。以今观之，不独不能讽，殆几于劝矣。谄谀之意，死而不已，犹作《封禅书》。相如，真所谓小人也哉！”

苏轼痛骂司马相如为谄媚小人，并且尖锐地指出：司马相如视临邛县令王吉邀请他赴卓氏之宴是“率钱之会”。“率”为“聚集”“聚敛”，“率钱之会”即敛钱之宴。苏轼认为这次赴宴就是一个地地道道的敛钱之宴。苏轼尽管在文中怒斥王吉，但司马相如是这次敛钱的元凶。苏轼是第一位将司马相如“窃妻”与“窃赀”两项罪名放在一篇短文中对司马相如大加挞伐的文人。

可见，自西汉扬雄开始，历代文人对司马相如与卓文君的婚姻多有微词，指斥司马相如琴挑文君是“窃妻”，让卓文君在临邛“当垆卖酒”迫使卓王孙出钱是“窃赀”。

另一方面，在宋元话本小说和元杂剧、明清传奇等戏剧中，删掉了原《史记 · 司马相如列传》《汉书 · 司马相如传》中司马相如和临邛县令王吉谋划卓王孙、卓文君的细节。这一删，司马相如与卓文君的故事立即发生了根本转变，卓文君成就中国古代才女第一奔！对司马相如的诟病成为对司马相如的褒扬。

这种变化首先出现在宋元话本《警世通言》的《卓文君慧眼识相如》一篇中。此后，更多的戏剧作品演绎了司马相如与卓文君的爱情故事，突出了卓文君不以穷富选夫君，终成连理的故事。

元代戏剧中出现了《卓文君夜奔相如》。

明代演绎司马相如、卓文君故事的剧目更盛。明人佚名氏《汉相如献赋题桥》杂剧完全阉割了司马相如密谋卓王孙、卓文君的历史记载，倒成了县令王吉撮合二人成婚，卓王孙也由反对文君婚姻变为夜梦月老托梦，主动成全二人婚姻。

朱权的《卓文君私奔相如》写成都司马相如少有大志，听说汉武帝招贤，赶往长安求仕，路经升仙桥，发誓不成功名，不过此桥。至富户卓王孙家投宿，因听说卓家有一女，色艺俱佳，席间弹奏《凤求凰》曲；卓文君久闻司马相如才情，躲在屏风后窥视相如，顿生倾慕之心。夜间相如再弹《凤求凰》，二人双双私奔。文君和相如逃到临邛市上卖酒。此时皇上因读司马相如《子虚赋》，又得狗监杨得意举荐，派人征聘相如。陈皇后失宠，千金买相如一赋，由是司马相如平步青云，夫贵妻荣，衣锦还乡，遇茂陵女，司马相如欲聘为妾，文君作《白头吟》，相如作罢。过升仙桥，见了卓王孙，卓王孙与他僮仆百人，锦帛百万。二人凤凰双飞，荣华富贵。

清代司马相如、文君的故事有增无减，但基本内容与宋代以来的剧情大致相同。

近代以来，司马相如与卓文君的故事契合了爱情自由、婚姻自由的时代潮流，成为宣传忠贞爱情的古代精华。

著名作家李准编剧的京剧剧目《文君当垆》讲的是司马相如、卓文君的故事，金少梅曾演出于上海。尚小云演出的京剧《卓文君》(又名《当垆艳》)在地方戏之川剧、评剧、越剧均有剧目。当代演司马相如、卓文君最为著名者尚有吴祖光编剧的京剧剧目《凤求凰》，剧情大致同前。

宋元话本、元代杂剧、明清传奇、近代京剧及种种地方戏的推波助澜，使司马相如与卓文君的故事得以广泛流传，成为中国老百姓了解相如、文君故事的基本途径。司马相如与卓文君的故事亦因此成为定式，即使《史记·司马相如列传》有案可查，但在民间，只有戏剧、小说中的司马相如与卓文君才是真实的，至于《史记》的记载几近无人知晓。

一对佳人，两种传播，司马相如终于在对历史的消费中被炼成了一代“情圣”。

武帝一朝人才济济，各色人等齐备。汉武帝需要司马相如附庸风雅，也需要有人为他拾遗补阙，还需要有人为他充当打手，因此，在《史记·酷吏列传》中才出现了一批武帝朝的酷吏。在这批酷吏之中，有一位酷吏非常厉害，他居然死后还能杀人。此人是谁？他究竟如何以死杀人？

请看：以死杀人。

二十六

所谓"以死杀人"，有两种含义：一是用自杀杀人，二是用被杀杀人。两者有一个共同点：就是用自己死亡的方式杀人。但是，后者比前者更困难。"自杀杀人"如我们听到的自杀式爆炸袭击，也就是"鱼死网破""同归于尽"。而被杀后还能杀人，我们几乎找不到例证，除非惊悚诡异故事中的冤魂复仇。因为，在现实世界中，杀人总有一个基本前提，即杀人者必须是一个活人。个体生命都不存在了，杀人的行为如何付诸实施？汉武帝时代却偏偏出现了这样一个死后还能杀人的人，这个人是谁？他因为什么事被杀？他又有什么特异功能可以用被杀杀人呢？

君要臣死　不得不死

日汤且欲奏请，信辄先知之，居物致富，与汤分之。——《史记·酷吏列传》

元鼎二年冬，汉武帝在位时期的第八任丞相庄青翟手下的三位代理长史联名上书，告发御史大夫（副丞相）张汤：“圣上有所不知，每次您颁布新的经济政策时，张汤总是事先将这些绝密的商业情报提供给商人田信，田信便马上囤积货物。等到政策一出台，田信大捞一把，张汤也从中分得一半。您的英明还没来得及惠及百姓，已经让这俩小子赚得盆满钵满了。”

汉武帝一听，将信将疑，便找张汤来探探口气：“我有件事情老想不明白，为什么每次我准备提出的经济政策，商人总能事先猜到，疯狂地囤积货物，好像有人把我的想法告诉了他们一样。”张汤惊讶地说：“那一定是有人这样泄密了。”

上问汤曰：『吾所为，贾人辄先知之，益居其物，是类有以吾谋告之者。』汤不谢，汤又详惊曰：『固宜有。』——《史记·酷吏列传》

紧接着，汉武帝朝的另一位酷吏减宣也告状来了。这次揭发的还是张汤。减宣说：“皇上！张汤和御史李文有矛盾，张汤的亲信鲁谒居写了污蔑御史中丞李文的匿名信，导致李文抱屈而死。作为答谢，鲁谒居生病时，张汤亲自到他家中为他做足疗。请圣上明察！”

“众口铄金，积毁销骨。”即便之前三位代理长史的告状已经令汉武帝大吃一惊，但他依然对这些言论保持将信将疑的态度，并未打算深究。然而，有关张汤的负面新闻不断曝光，汉武帝再也坐不住了。于是，动用八批使者按照记录在案的罪证，轮番审问张汤。张汤拒绝承认自己有罪。

天子果以汤怀诈面欺，使使八辈簿责汤。——《史记·酷吏列传》

这一次，审问张汤的是另一个酷吏赵禹。赵禹见到张汤后，意味深长地说："张兄怎么这么糊涂呢？你平生审理案件，使多少人灭族，难道不知道其中的利害？如今有人告你，件件证据确凿，皇上又如此兴师动众，你又何必苦苦辩解呢？"

张汤听了赵禹的话，恍然大悟。是啊，君要臣死，臣不得不死啊。于是要求给汉武帝写一封信。信中说："张汤没有尺寸之功，从文书小吏起家，不才得陛下宠幸，位列三公。如今我却辜负了皇上的期望，只好先走一步了。然而，您要知道，是丞相的三位长史陷害了我。"张汤写完信后就自杀了。

禹至，让汤曰：『君何不知分也。君所治夷灭者几何人矣？今人言君皆有状，天子重致君狱，欲令君自为计，何多以对簿为？』汤乃为书谢曰：『汤无尺寸功，起刀笔吏，陛下幸致为三公，无以塞责。然谋陷汤罪者，三长史也。』遂自杀。——《史记·酷吏列传》

张汤死的时候，家产的总值不超过五百金，都是所得的俸禄和皇上的赏赐，并没有其他的产业。张汤的兄弟和儿子们都想厚葬张汤，张汤的母亲却说："张汤是天子的大臣，遭到诬告而死，何必厚葬呢？"于是就用牛车拉着棺材，没有外椁（guǒ，外椁就是棺材外的大棺材），弄到荒郊野外，草草下葬。张汤乃当朝御史大夫，位列三公，结局竟然是走投无路，自杀身亡，家人草草下葬，这在当时的人们看来，太匪夷所思了。

汉武帝听说这个消息后，非常震撼："没有如此深明大义的母亲，生不出这样清廉俭朴的儿子啊。"同时，也深感张汤一案定有隐情。于是，再次深入追查，一桩冤案终于水落石出，三个长史全部被杀。丞相庄青翟此时已经被收监，想到自己前有文帝陵园陪葬钱被盗的失职之过，后有属下三位代理长史陷害张汤，这次想必难逃一死，于是也在狱中自杀了。

天子闻之，曰：『非此母不能生此子。』乃尽案诛三长史。——《史记·酷吏列传》

这就是武帝一朝"以死杀人"的冤案。此案的确离奇，仅靠张汤死前留下的一封信，竟然导致在他死后，汉武帝一口气连杀丞相手下的三位长史，最后，逼得丞相也自杀了，一命换四命啊！

这封短短几十字的遗书不禁让人浮想联翩。为什么张汤临死前不给家人留下几句嘱托，而一定要给皇上写信呢？汉武帝因为张汤"家产五百金"就判定了三长史诬告。要证明自己清白，张汤大可不必自杀，查查固定资产就行了。真正让张汤打碎幻想、决心一死的，正是赵禹那句："君何不知分也（你难道不知道其中的分寸）！"

积怨积仇　屈而不冤

张汤怎么不知道其中的利害？这利害就是人心的

背弃，命运的捉弄。作为武帝一朝的首席酷吏，张汤树敌无数，杀人如麻，卷入了太多的是非恩怨，没人能保证他能每次“全身而退”。上天有好生之德，圣人有忠恕之道。而张汤视生命如草芥，长期对生命的践踏和漠视，使得他积怨积仇深厚，虽说以子虚乌有的屈死而终，但他的死确实是屈而不冤，他的死是命运的召唤，这是在以死还债啊！

看起来，这桩“以死杀人”案已经真相大白。可是，张汤陷入了什么样的斗争旋涡，促使丞相庄青翟手下三位长史联名告状，置他于死地？同为酷吏的减宣为什么一定要“手足相煎”，压上张汤之死的最后一根稻草？冤案背后究竟隐藏着什么样的玄机？

原来这是多起连环事件引发的“案中案”。

事情缘起于张汤冤案之前发生的一桩案件：有人偷挖了汉文帝陵园中的陪葬钱。本来，丞相庄青翟和御史大夫张汤应当对此事负有责任，所以，二人事先商定，上朝时一起向汉武帝认个罪，请求从轻发落就完了。但是，等到上朝面见汉武帝的时候，张汤突然变卦。张汤认为：每个季度去巡视一次陵园是丞相的职责所在，而自己只是御史大夫，不能代替丞相承担职责。所以，有罪的是丞相，而不是自己这个副丞相。这样，面见汉武帝的时候，丞相庄青翟坦诚谢罪，御史大夫张汤却不愿承担任何责任。事已如此，丞相庄青翟的失职之过已是板上钉钉，只能是一人承担责任，接受处置。于是，汉武帝就派御史去查这个案子，让御史大夫张汤主抓此事。张汤最初只想不承担责任以求自保，并无陷害丞相之心。但是，随着事情的发展，张汤认为可以借此机会治丞相庄青翟一个知情不报、有意放人的罪。丞相庄青翟一下子成了被告，心中很郁闷。

会人有盗发孝文园瘗钱，丞相青翟朝，与汤约俱谢，至前，汤念独丞相以四时行园，当谢，汤无与也，不谢。丞相谢，上使御史案其事。汤欲致其文丞相见知，丞相患之。——《史记·酷吏列传》

庄青翟手下的三位长史原来就非常恨张汤，现在一看丞相遭殃，便想找个理由反制一下张汤。

三长史中第一位是朱买臣。朱买臣是会稽人，攻读《春秋》，庄助向汉武帝推荐朱买臣，二人因赋《楚辞》同时得到汉武帝的信用，朱买臣任侍中，升迁为太中大夫，成为汉武帝“内朝”的重要成员之一，非常有权力。那时，张汤还只是个在朱买臣等人面前听候差遣的小官。后来，张汤当了廷尉（全国最高司法长官，九卿之一），审理淮南王案件时，陷害自己的恩人庄助，这使朱买臣内心非常恨张汤。

始长史朱买臣，会稽人也。读《春秋》。庄助使人言买臣，买臣以《楚辞》与助俱幸，侍中，为太中大夫，用事；而汤乃为小吏，跪伏使买臣等前。已而汤为廷尉，治淮南狱，排挤庄助，买臣固心望。——《史记·酷吏列传》

等到张汤当了御史大夫，朱买臣也从会稽太守的任上调任主爵都尉（主管列侯），位同九卿，二人算是平起平坐了。但是，几年以后，朱买臣因为犯法被降级，做了丞相府的代理长史。见张汤，张汤端坐在上，张汤的手下人都对朱买臣极不礼遇。丞相府的另外两位长史王朝和边通，也都是“落毛的凤凰不如鸡”，以前的官阶都比张汤高，却都被贬留在丞相府任长史。张汤深知丞相府的这三位长史，原来地位很高，自尊心强，

汤坐床上，丞史遇买臣弗为礼。——《史记·酷吏列传》

就有意羞辱他们三个人。

所以，三长史这次一定要想方设法出口恶气，于是对丞相庄青翟说：“张汤开始和丞相商定一块儿向皇帝谢罪，可是，转身就出卖了您，现在又想借陵园之事治您的罪。看来他的醉翁之意就是取代您当丞相，您放心，我们绝对不会让他得逞，因为他还有把柄在我们手上。”于是，三长史在丞相的支持下派人抓了张汤的商界朋友田信等人。

汤数行丞相事，知此三长史素贵，常凌折之。——《史记·酷吏列传》

接着三长史给汉武帝写奏章，说张汤向田信等富商泄露国家商业机密，于是才有了我们前面所讲的汉武帝向张汤质询国家商业机密是否泄露一事。

以故三长史合谋曰：『始汤约与君谢，已而卖君；今欲劾君以宗庙事，此欲代君耳。吾知汤阴事。』使吏捕案汤左田信等。——《史记·酷吏列传》

不过，汉武帝认定张汤欺诈是两件事合力的结果，除了我们前面所讲的三长史上书，还有一位官员减宣也告发张汤有罪。那么，减宣告发张汤又是因为什么呢？其中还牵扯什么恩怨瓜葛呢？

原来，河东（今山西夏县）人李文曾经和张汤有矛盾，后来，李文当了御史中丞（御史大夫的属官），心中恼恨张汤，多次从御史台的文书中寻找可以打击张汤的材料，不留任何余地地加以使用，让张汤很被动。张汤有一个心腹下属叫鲁谒居，他知道张汤心里非常讨厌李文。于是，便派人以非常事件为理由，向汉武帝写了一封匿名信告李文的图谋不轨。汉武帝派张汤审理此案，张汤有了这个机会，就借机杀了李文。当然，张汤知道告李文的就是自己的部下鲁谒居。

河东人李文尝与汤有郤。已而为御史中丞，恚，数从中文书事有可以伤汤者，不能为地。汤有所爱史鲁谒居，知汤不平，使人上蜚变告文奸事，事下汤，汤治论杀文，而汤心知谒居为之。——《史记·酷吏列传》

后来鲁谒居有病，张汤到他家中探望，并且亲自为他做足疗按摩。这件事被赵王刘彭祖知道了。

谒居病卧闾里主人，汤自往视疾，为谒居摩足。——《史记·酷吏列传》

赵王为什么关心张汤给鲁谒居做足疗这件事呢？

原来，元狩四年（前119）以后，汉朝施行盐铁官营，不许地方诸侯和任何私人从事盐铁经营。而赵国以冶炼铸造作为支柱产业，中央不许诸侯国冶铁，沉重打击了赵国的经济，也断了赵王的财路。所以，赵王刘彭祖屡次寻衅滋事，张汤因此常常在朝堂之上打击他，赵王于是四处搜集张汤的隐私。

赵王抓住张汤为鲁谒居做足疗这件事，上书告发张汤，身为大臣，他的下属鲁谒居有病，张汤竟然到他家中为鲁谒居做足疗，我怀疑他们俩一定做了什么大坏事。

汤，大臣也，史谒居有病，汤至为摩足，疑与为大奸。——《史记·酷吏列传》

汉武帝将这件事交给廷尉审理，鲁谒居刚好病死了，案件又牵涉鲁谒居的弟弟，于是，就把鲁谒居的弟弟关押在导官署（属少府，掌皇室粮米）。张汤凑巧到导官署审理案件，看见了鲁谒居的弟弟，就想暗中救他，所以，表面上假装不认识鲁谒居的弟弟，也不去看他。但是，鲁谒居的弟弟想必是个糊涂的急性子，并不知道张汤这样做的真实意图，认为张汤薄情寡义，就对他十分愤恨，等不及张汤出手相救，便派人上书将张汤和鲁谒居合谋诬告李文一事抖了出来。这桩案子被分到了减宣的手中，减宣本来和张汤有宿怨，得了这份差事，便深入追查，把案情查得水落石出，只是还没有来得及上报。

> 事下廷尉。谒居病死，事连其弟，弟系导官。汤亦治他囚导官，见谒居弟，欲阴为之，而详不省。谒居弟弗知，怨汤，使人上书告汤与谒居谋，共变告李文。事下减宣。宣尝与汤有郤，及得此事，穷竟其事，未奏也。——《史记·酷吏列传》

所以，当三长史举报张汤泄露国家机密之后，减宣也告发张汤合谋杀大臣，这才使汉武帝认定张汤是欺诈之辈，接连派八批使者质询，一定要治其死罪。于是回到了我们开篇所讲的张汤自杀。这就是“以死杀人”案的始末。原来张汤是在攻击政敌的过程中，不慎把自己搭进去的啊。

其实，张汤谋害丞相庄青翟，凌辱三长史，积怨太多；枉杀李文，法理不容。虽然张汤并未泄露商业机密，其死为冤案，但是其为人太差，终至有此恶报。

故事讲到一半总是最动人的。我们可以痛痛快快合上书，任意憧憬一个完美的偶像，给全篇编织一条光明的尾巴。然而，历史的大书却必须读下去，因为现实的戏剧性往往胜于虚构。只有直面偶像的坍塌，才可以正视人生的苍凉。

严刑酷吏　治世能臣

除去偶像的外衣，真实的张汤究竟是一个什么样的人呢？

据司马迁《史记·酷吏列传》记载，张汤是杜陵（今陕西西安市东南）人，他的父亲是长安县的县丞（主管县中司法）。

幼年时的一天，张汤的父亲外出，留下还是小孩的张汤看家。等父亲一回来，发现家中买的肉被老鼠偷走了。父亲很恼火，就把张汤当出气筒，给揍了一顿。张汤无故挨打，心里非常窝火，一定要找到“元凶”，才能为自己出气啊！于是，张汤就在屋里找鼠洞，果然找到了偷肉的鼠和被偷的肉。现在“鼠赃并获”，且看小张汤怎么办。只见他坐在堂屋中间，从拷打审问老鼠开始，记录审讯过程，宣布判决书，最后当堂定案，把老鼠分尸处死。整套程序按部就班，一丝不乱！

张汤的父亲目睹了张汤审鼠的全过程，看到他宣读的判决书简直就是一位老到的法官所为，大为震惊。“三岁看老”，他开始意识到这个人小鬼大的儿子是块做狱吏的料，于是，让他学习判案的文书。

> 张汤者，杜人也。其父为长安丞，出，汤为儿守舍。还而鼠盗肉，其父怒，笞汤。汤掘窟得盗鼠及余肉，劾鼠掠治，传爰书，讯鞫论报，并取鼠与肉，具狱磔堂下。其父见之，视其文辞如老狱吏，大惊，遂使书狱。——《史记·酷吏列传》

父亲故去后，张汤当了很长一段时间的长安县小吏。

后来，张汤因为工作出色，被调任茂陵（汉武帝的陵园）尉，主持陵墓的修建，开始了他的宦海生涯。

张汤从小就是一个做事有步骤、头脑很精明的“鬼精灵”，如今居朝堂之上，他又将怎样规划自己的仕途呢？

一是投靠权门。

张汤发迹，缘于田胜。田胜是汉武帝的母亲王太后的同母弟弟。在长安县时，田胜因事入狱，张汤竭尽全力营救田胜。等到田胜出狱，被封周阳侯，立即和张汤深交，并将张汤引见给众多当朝权贵，通过其兄田蚡的提携，让张汤做了内史（主管京城治安）的下属。由于田家兄弟的强力推荐，张汤最终被汉武帝任命为茂陵尉，并负责汉武帝陵寝的修建。田蚡当了丞相，调张汤为丞相府的文秘。

周阳侯始为诸卿时，尝系长安，汤倾身为之。及出为侯，大与汤交，遍见汤贵人。汤给事内史，为宁成掾，以汤为无害，言大府，调为茂陵尉，治方中。武安侯为丞相，征汤为史，时荐言之天子，补御史。——《史记·酷吏列传》

二是严刑峻法。

张汤一直在司法部门工作，他处理案件不是实事求是，而是力图株连大众，执行酷吏政治，最典型的莫过于处理陈阿娇的巫蛊案件。阿娇的巫蛊事件让汉武帝很恼火，但是，因为阿娇是长公主的女儿，又是自己的亲表妹，汉武帝尚有网开一面的意思。张汤洞悉圣意，除了放过陈阿娇，对其他涉案人员，极尽株连之能事，致使长安城内风声鹤唳，草木皆兵，数十豪门家破人亡。

张汤因为处理陈皇后（阿娇）巫蛊事件，深挖同党，被汉武帝称为能干，并逐渐提拔他担任太中大夫，和酷吏赵禹一块儿制订严刑峻法，严密控制在职官员。

治陈皇后蛊狱，深竟党与。于是上以为能。——《史记·酷吏列传》

汉代为什么会出现这么多酷吏？答案很简单，帝王的支持，权力的诱惑。答案也很复杂，在幼年张汤第一次将嘴馋的小老鼠游戏般地“五马分尸”时，残忍、狭隘的种子就已经萌发。“人性本善”还是“人性本恶”，我们苦苦争论了数千年。可对于一个懵懂小孩，如果当时有一个人告诉他去爱，春风化雨般有温度地爱，任由哪个恶魔能够寄居他的灵魂？

显然，司马迁发现了这个恶魔，并对此深恶痛绝。他经历过李陵之祸，深知严刑酷吏的恐怖，所以，他对张汤刻意株连无辜的做法进行了无情的揭露。他也清醒地认识到，酷吏依循的并非律法，而是帝王的意志。这就是张汤“恶魔法则”的第三条。

三是迎合汉武帝。

张汤得到重用，从根本上讲是得到了汉武帝的欣赏。一个刀笔小吏，是如何得到汉武帝的器重和欣赏的呢？要做到这一点可不容易。但是，张汤自有一整套“作战计划”。

首先是奉迎汉武帝的尊儒。

汉武帝从根本上讲并不喜欢儒家的一套学说，从他极端的独裁政治，可以看出他更欣赏法家。但是，汉武帝表面上又喜欢打出儒家的旗号作为装潢。汉武帝这一套把戏，有三个大臣看得很清楚，一是我们前面讲过的公孙弘，二是张汤，三是汲黯。公孙弘迎合汉武帝“尊儒爱法”，后半生是星光大道，顺风顺水。

张汤也像公孙弘一样巧妙地利用了汉武帝的这门心思。张汤判决大案之时，往往想方设法附会儒家学说，并且聘用了一些攻读《尚书》《春秋》的博士弟子补为廷尉的文秘，负责检查疑案，有疑案则上报汉武帝。这样，张汤附会儒学断案的做法得到了汉武帝的欣赏。

其次是奉迎汉武帝的自尊。

尊儒只是做给世人看的。像汉武帝这么一位有雄才大略的皇帝，他最尊崇的还是他自己。司马迁惨遭李陵之祸，根本原因还是汉武帝感到自尊受到了伤害，恼羞成怒，造成冤狱。张汤和司马迁不同，他特别善于奉迎汉武帝的自尊。

张汤判案，一定事先剖析案情，汉武帝认为对的，他就接受并记录下来，作为以后判案的法令，并且加以公布，宣传汉武帝的英明。

如果汉武帝批评了他，他就会马上认错，并且说：“我手下的官员曾经提出过类似的意见，就像皇上责备我的那样，我没有采纳，竟然愚蠢到这种程度。”因此，他的错误常常被汉武帝所宽恕。

所以拍马屁不难，要拍得被拍的人浑然不觉才是境界啊。

是时上方乡文学，汤决大狱，欲傅古义，乃请博士弟子治《尚书》《春秋》补廷尉史，亭疑法。奏谳疑事。——《史记·酷吏列传》

张汤处理案件，有四种模式：

第一，如果他认为是汉武帝想严办的人，他就交给执法严酷的人去审理。

第二，如果他认为是汉武帝想宽恕的人，他就交给执法宽松的人去审理。

第三，如果他审理的对象是豪强，那么，他一定变着法子给予重判。

> 所治即上意所欲罪，予监史深祸者；即上意所欲释，与监史轻平者。所治即豪，必舞文巧诋。——《史记·酷吏列传》

第四，如果审理的对象是平民百姓，他常常向汉武帝口述，虽然按法律条文应当判刑，但请皇上明察裁定。于是，皇上往往就宽释了张汤所说的人。

> 即下户羸弱，时口言，虽文致法，上财察。于是往往释汤所言。——《史记·酷吏列传》

可见，张汤审案，完全是揣摩汉武帝的心理倾向办案，毫无执法的公平性可言。

张汤多少有些“草根情结”，所以对于一般平民，相对比较宽宥。但是他对于豪强的打击，不能片面、天真地看作是劫富济贫、平民思维。他之所以如此这般，根本上还是为了取悦汉武帝。

所谓豪强，就是地方势力，他们的最大特点是打破了国家对暴力机器的垄断，在一定范围内行使“政府”职能，制定规则，维护秩序，形成豪强势力大于国家势力的局面。所以，汉武帝对豪强势力一直采取“严打”政策，以维护社会稳定，巩固高度的中央集权，这就需要大批酷吏“以刑怖天下”。就这样，张汤和同时代的许多酷吏一道，怀着或公或私，或高调或卑微的各种目的，加入了汉武帝的专制统治机器。

从此，那个能哭会笑的张汤渐渐被他人遗忘，也被自己丢失。取而代之的是汉武帝手中寒光闪闪的“利剑”张汤，那个诛杀异己、绝不宽恕的杀人工具。一个感受不到疼痛、流不出眼泪的人是可怕的，因为他失去了血肉，变成了一把“双刃剑”，一面刺向他人，一面毁灭自我。

再次是奉迎汉武帝的对匈奴用兵。

张汤是汉武帝对匈奴作战的坚定支持者，而且他还利用支持汉武帝的对匈奴作战为自己大大捞取了一笔政治资本。

一次，匈奴的使者来请求和亲，汉武帝召集大臣们商议此事。有一位叫狄山的博士率先发言：“和亲有利。”汉武帝问他：“利在何处呢？”狄山回答：“武器是凶器，不能屡屡动用。如今皇上兴兵攻打匈奴，国库空虚，边地的百姓困苦不堪。由此看来，用兵不如和亲。”

今自陛下举兵击匈奴，中国以空虚，边民大困贫。由此观之，不如和亲。——《史记·酷吏列传》

汉武帝听了狄山博士的一番话，这不是明摆着挑朕的不是吗？于是想让牙尖嘴利的张汤治治他。张汤不紧不慢地说：“这是愚蠢的儒生之言。”如果

此愚儒，无知。——《史记·酷吏列传》

狄山这时有张汤平日一半察言观色的悟性，就此住嘴也就没事了。偏偏这个狄山也不示弱，反唇相讥张汤说：“我固然是愚忠，但是，御史大夫张汤却是伪

忠。张汤处理淮南王、江都王两案，严刑峻法，离间骨肉，使天下诸侯都自感不安。”

狄山曰：『臣固愚忠，若御史大夫汤乃诈忠。若汤之治淮南、江都，以深文痛诋诸侯，别疏骨肉，使蕃臣不自安。臣固知汤之为诈忠。』——《史记·酷吏列传》

“打狗还要看主人”啊！汉武帝一听，脸色都变了，问狄山：“我派你守一个郡，你能阻挡住匈奴入侵吗？”狄山说：“不能。”“给你一个县呢？”狄山回答：“不能。”汉武帝又说：“给你一个边地要塞呢？”狄山想：如果自己词穷而无法回答，一定会被投入狱中，只好硬着头皮说：“可以。”于是，汉武帝派博士狄山到边地驻守一个要塞。过了一个多月，匈奴攻下要塞，杀了狄山，砍下了博士狄山的头。消息传来，群臣震惊，从此，再没有人敢于反对用兵匈奴。

于是上作色曰：『吾使生居一郡，能无使虏入盗乎？』曰：『不能。』曰：『居一县？』对曰：『不能。』复曰：『居一障间？』山自度辩穷且下吏，曰：『能。』于是上遣山乘鄣。至月余，匈奴斩山头而去。自是以后，群臣震慑。——《史记·酷吏列传》

狄山的确很倒霉。古人讲到向皇帝提意见，种类繁多，最厉害就是死谏、尸谏，说得粗俗点就是“一哭二闹三上吊”。对唯我独尊的皇帝，这么不依不饶、一条道走到黑地讲道理，他能受得了吗？

从次是奉迎汉武帝的财政改革。

汉武帝的对匈奴作战造成国库空虚，国家的财政危机成为汉武帝最为头疼的大事。

张汤看准了汉武帝的这一大心病，力主进行财政改革：一是更换货币，二是盐铁国营，三是征收资产税。同时，严厉镇压乘改革之机大肆贪污的各级官僚。这一时期，张汤一上朝就跟汉武帝大谈财政改革，一谈就是一天，太阳落山了，皇上都忘了吃饭，丞相此时倒成了一个摆设，国家大事都取决于张汤。

汤每朝奏事，语国家用，日晏，天子忘食。丞相取充位，天下事皆决于汤。——《史记·酷吏列传》

虽然财政改革的具体措施多非出自张汤，但是，如果没有张汤在汉武帝面前的大力鼓吹，没有张汤对贪官的严厉打击，这些措施都很难执行。

最后是以顶撞相迎合。

张汤在当时绝对是一个绝顶聪明的人，他真是把汉武帝给琢磨透了，张汤并非事事都顺着汉武帝的心思去办。有时，他也顶撞汉武帝，但是，张汤顶撞汉武帝给他带来的不是汉武帝反感，而是更大更深的信任。

比如张汤审理淮南王、衡山王、江都王谋反的案件，一律穷追到底。其中，严助（庄助）和伍被两人，汉武帝本来都想宽恕他们。张汤却和汉武帝争辩说："伍被本来是策划谋反的人，严助是皇上亲近宠幸的人，是出入宫廷禁门的护卫大臣，竟然这样私交诸侯，如不杀他们，以后就不好管理臣下了。"于是，汉武帝只好同意张汤的判决。

严助及伍被，上欲释之。汤争曰：『伍被本画反谋，而助亲幸出入禁闼爪牙臣，乃交私诸侯如此，弗诛，后不可治。』于是上可论之。——《史记·酷吏列传》

为什么张汤顶撞汉武帝，坚持己见，不但没有引起汉武帝的不满，还会受到汉武帝重用呢？

像汉武帝这样刚愎自用的人，并非百依百顺就能博得他的青睐。他需要被人时不时无伤大雅地挑战一番。“无伤大雅”是不要像狄山一样，一根筋地触犯他的基本尊严，而是让他体会一点英雄惜英雄的豪情。其实，张汤的顶撞是在为维护汉武帝的中央集权服务，策划谋反的人、私自与诸侯相交的大臣，从根本上说都和汉武帝极力要维护的中央集权背道而驰。张汤坚持严惩谋反者、私交诸侯者，表面上是和汉武帝过不去，但是却与汉武帝的根本利益相一致。因此，这种顶撞让汉武帝感到张汤是真正的直臣、忠臣。所以没有引发汉武帝的不满，反而使他更信任张汤。

汤尝病，天子至自视病，其隆贵如此。

——《史记·酷吏列传》

张汤的这一系列奉迎得到了汉武帝的高度信任，张汤生病之时汉武帝还亲自到他家中探望，可见，张汤当时多么受到尊宠。

讲到这里，我不禁想起那位“白发人送黑发人”的张汤的老母亲。孩儿生病最挂心的是她，孩儿屈死最痛心的是她。皇恩浩荡也好，薄幸寡恩也罢，一切尘埃落定，孩儿不再锋芒四射，很好，又可以在母亲的记忆中哭哭笑笑，跑跑跳跳了。

武帝一朝当面顶撞汉武帝最为严重的并不是张汤，而是另一位大臣；但是，这位大臣顶撞汉武帝却没有张汤这么幸运，却又比张汤幸运。这位大臣是谁？他为什么要顶撞汉武帝？汉武帝会怎么对待他呢？

请看：童言无忌。

二十七

能否想象这样一对君臣：臣子不满皇帝提拔后进，大大咧咧地说："陛下用群臣就跟乡下人垛柴火一样，越是后来的越要放到上面（后来居上）！"皇帝呢，也懒得生气："人哪，就是要多读书，听听他都说了些什么，越来越不像话！"看着他们斗嘴，谁都会忍俊不禁。君臣之间，诚惶诚恐哪里去了？朝堂之上，明枪暗箭哪里去了？是哪位明君有如此容人雅量？又是哪位直臣敢这样出言不逊？

直言无忌　天子容人

朝堂之上这温情一幕的两位主角就是汉武帝和汲黯。一君一臣，一个刚愎自用，一个性倨少礼，是真的其乐融融，还是假意粉饰太平？的确有些扑朔迷离，令人担忧。那么，真相到底是什么？担忧有没有道理呢？

第一，汲黯抗旨。

封建时代皇帝的旨意必须无条件地执行，否则就叫作抗旨。抗旨在封建专制制度下是杀头之罪，但是汲黯却上演了好几出抗旨之戏。

第一次，建元三年（前138），闽越王（建都东冶，今福建武夷山市）进攻东海王（建都东瓯，今浙江温州市）。原来，当年吴王刘濞发动吴楚七国之乱时，东海王也是同谋，后来当吴王刘濞兵败之后，东海王诱杀吴王刘濞，将功赎过，得到了汉景帝的宽恕。刘濞的儿子记恨东海王，于是鼓动闽越王攻东海王，以报当年诱杀吴王刘濞之仇。

汉武帝接到东越相攻的战报之后，派汲黯去视察情况。汲黯走到吴地（今江苏苏州市，当时的会稽郡郡治）就回来了，报告汉武帝说：“越人之间打打杀杀，是他们的习俗，根本不值得我们大汉天子的使者亲自去看。我们要真的连这事都去管，也太掉价了。”

东越相攻，上使黯往视之。不至，至吴而还，报曰：『越人相攻，固其俗然，不足以辱天子之使。』——《史记·汲郑列传》

皇上布置的任务他还挑三拣四，这个汲黯胆子还真不小。

汉武帝有什么反应呢？史书没有记载，不过，汲黯还有第二次抗旨。所以可以猜想，至少是汉武帝没有给予让汲黯刻骨铭心的惩罚。

第二次，河内郡（郡治在今河南沁阳市）发生大火灾，烧了几千户人家，汉武帝派汲黯前去视察。汲黯回朝向汉武帝报告说：“老百姓家里失火，由于房屋密集，烧了不少人家，不值得皇上忧虑。但是，我路经河南郡（郡治在今河南洛阳市）时，看见当地百姓受水旱之灾，灾民多达万余户，有些甚至于发生父亲吃儿子的惨剧。我未经请示，即以钦差大臣的名义，打开河南郡的国家粮仓，赈济当地的灾民。现在我交回符节，情愿接受假传圣旨的罪名。”

河内失火，延烧千余家，上使黯往视之。还报曰：『家人失火，屋比延烧，不足忧也。臣过河南，河南贫人伤水旱万余家，或父子相食，臣谨以便宜，持节发河南仓粟以振贫民。臣请归节，伏矫制之罪。』——《史记·汲郑列传》

假传圣旨，其罪当斩啊！而且这个汲黯口气还这么冲！皇帝该做什么不该做什么，一个管收发文件的谒者要指手画脚。这回汲黯难逃严惩了吧！

事实是，汉武帝听了汲黯的一番话，没有一句责怪，免了汲黯假传圣旨的罪，还调任他担任荥阳县的县令。

上贤而释之，迁为荥阳令。——《史记·汲郑列传》

汲黯在汉武帝身边是个谒者，调他任县令是升迁，但是，汲黯又“耻为令”，以有病为由辞官不干。汉武帝听说后，又将辞职的汲黯调回身边任太中大夫。

奇怪！一向血气方刚的汉武帝怎么突然变得这么能够容忍？是一句“不足以辱天子之使”抬举了大

汉天子，让汉武帝顺了气；还是擅自开仓放粮是甘冒风险为天子分忧解难，所以汉武帝既往不咎？

不管怎么说，这些都是细节问题，没有触及大政方针。这个汲黯嘛，脾气是臭了一点，刺儿也比别人多，好歹也是在为我们大汉办实事，结果是好的嘛。

但是，汲黯也有反对过大政方针的时候，而且还是汉武帝最为得意的政绩之一。

是时，汉方征匈奴，招怀四夷。黯务少事，乘上间，常言与胡和亲，无起兵。——**《史记·汲郑列传》**

第二，汲黯批评汉武帝的对匈奴作战。

汉武帝在位五十四年，对匈奴作战达四十四年，可以说对匈奴作战是汉武帝一生中投入精力最多的事业，也是汉武帝一生争议最大的一个问题。

汲黯对于汉武帝的对匈奴作战一贯持反对态度，一直主张和亲，因此，汲黯一有机会就向汉武帝提出和亲。

汲黯和汉武帝因为对匈奴作战的矛盾，一年之中闹出了两件事：

第一次是元狩二年（前121）秋，匈奴浑邪王担心自己屡屡战败而被大单于所杀，干脆率众向汉朝投降。这是汉武帝对匈奴作战以来第一次接受匈奴大规模投降。因此汉武帝非常重视，动员了两万辆车迎接匈奴降者，花费极大。古时一车四马，两万辆车需要八万匹马。但是，连年战争已使汉朝的经济不堪重负，国家没钱，只好向百姓借马。百姓可不乐意，纷纷将马藏起来，因此汉武帝要求准备的两万辆车因为马匹不够而装备不起来。

汉武帝一听说，非常恼火，就想处死完不成任务的长安县县令。

汲黯听说此事，对汉武帝说："长安县的县令没有罪，只有杀了我汲黯，百姓才愿意将马献出来。何况，匈奴浑邪王背叛他们的大单于投降汉朝，朝廷可以让沿途各县有序准备车马，将他们接过来。怎么能够闹得全国骚动，让全国百姓疲惫不堪地去侍奉匈奴降者呢？"此时汲黯担任右内史，长安县令是他的属下，汲黯这样说是站出来为他的下属承担责任。

汲黯这话非常尖锐，而且和汉武帝的意见完全相左，但是，汉武帝仅仅是沉默不语（上默然），并未降罪汲黯。

第二次是浑邪王率部到长安之后，又出了一件震惊朝野的大事：许多商人在投降汉朝的四万匈奴人到达长安后，纷纷与匈奴投降者做生意。汉法规定：汉人不能和匈奴人私自做生意。但是汉族商人以为在长安的匈奴降者可以例外，所以与到达长安的匈奴投降者进行贸易的人颇多。结果，五百多个商人因为与匈奴人通商被判死刑。

汲黯听说此事后，要求汉武帝单独接见，他对汉武帝说："匈奴攻打我们的要塞，断绝和亲，我们

居无何，匈奴浑邪王率众来降，汉发车二万乘。县官无钱，从民贳马。民或匿马，马不具。上怒，欲斩长安令。黯曰：『长安令无罪，独斩黯，民乃肯出马。且匈奴畔其主而降汉，汉徐以县次传之，何至令天下骚动？罢弊中国而以事夷狄之人乎！』——**《史记·汲郑列传》**

派兵征讨，战死、受伤的人不计其数，花费巨万，我要求将抓获的匈奴人全部作为奴隶赏给出征死亡的将士家属，俘获的匈奴财物也应当赏给为国战死者的家庭，以安慰对匈奴作战牺牲的人。即便做不到这一点，浑邪王率数万之众来降，我们也不应该拿自己仓库的粮食、钱财去养活他们，拿老百姓的血汗钱侍候他们，把他们当宠儿一样。再说，无知的百姓怎么知道卖东西给匈奴人就会被法律视为走私出关而定为死罪呢？陛下即使不能把匈奴的财物用来报答百姓，也不能把不懂法律的五百多个百姓判为罪犯，这实质上是‘保树叶而伤树枝’啊，我私下认为陛下不应该这么做。”

及浑邪至，贾人与市者，坐当死者五百余人。黯请间，见高门，曰：『夫匈奴攻当路塞，绝和亲，中国兴兵诛之，死伤者不可胜计，而费以巨万百数。臣愚以为陛下得胡人，皆以为奴婢以赐从军死事者家；所卤获，因予之，以谢天下之苦，塞百姓之心。今纵不能，浑邪率数万之众来降，虚府库赏赐，发良民侍养，譬若奉骄子。愚民安知市买长安中物而文吏绳以为阑出财物于边关乎？陛下纵不能得匈奴之资以谢天下，又以微文杀无知者五百余人，是所谓「庇其叶而伤其枝」者也。臣窃为陛下不取也。』——《史记·汲郑列传》

汉武帝沉默了好大一会儿，没有答应汲黯的要求。汲黯走后，汉武帝非常感慨地说：“我很长时间没有听到汲黯说话了，今天又听到他说昏话了。”

上默然，不许，曰：『吾久不闻汲黯之言，今又复妄发矣。』——《史记·汲郑列传》

第三，汲黯抨击汉武帝的宠臣。

我们在“以死杀人”一章讲过，那个迂腐的狄山就是忘记了“不可批评皇帝的红人”这一为官大忌，向张汤开炮，触怒了汉武帝，自取灭亡的。那么，汲黯这一炮又是怎么打的呢？

张汤爬上廷尉（最高司法长官）的高位后，着手变更汉初的法律。汲黯知道后，当着汉武帝的面斥责张汤：“你身为国家正卿（正部级干部），上不能弘扬先帝的功业，下不能遏止百姓的邪念，两方面一无所成。相反，明知不对你还非要做，为的就是成就自己的事业，尤其不能容忍的是你怎么敢把高祖皇帝定下的法令乱改一气呢？你这样做早晚会断子绝孙的。”

张汤方以更定律令为廷尉，黯数质责汤于上前，曰：『公为正卿，上不能褒先帝之功业，下不能抑天下之邪心，安国富民，使囹圄空虚，二者无一焉。非苦就行，放析就功，何乃取高皇帝约束纷更之为？公以此无种矣。』——《史记·汲郑列传》

瞧瞧，连骂街的话都出来了。这可难住了酷吏张汤：跟他对骂？在皇帝面前成何体统！据理力争？汲黯这架势根本就没打算跟你讲道理！张汤在判案时那一套不讲情面的唬人招数完全派不上用场。

汲黯经常和张汤吵架，张汤总爱在细节上雄辩滔滔，汲黯则在大问题上坚持原则。汲黯说不服张汤，怒不可遏地骂张汤说：“天下人都说绝不能让刀笔吏出身的人居公卿之位，果真如此。如果非要依你张汤定的法律办事，一定让天下人吓得腿不敢迈步，眼不敢前看了。”

黯时与汤论议，汤辩常在文深小苛，黯伉厉守高不能屈，忿发骂曰：『天下谓刀笔吏不可以为公卿，果然。必汤也，令天下重足而立，侧目而视矣！』——《史记·汲郑列传》

看来，汲黯不是每次吵架都能够全胜而归，不过，他也够狠的了，一下子骂到了张汤的痛处。这还没够呢，就连对他宽宥有加的皇帝，他也要揭揭丑。

第四，汲黯揭露汉武帝的表里不一。

汉武帝推崇儒术，亲自策问董仲舒，成就了董仲舒著名的“天人三策”。后世无人不知汉武帝“罢黜百家，独尊儒术”，但是汉武帝骨子里其实最喜欢的是法家。武帝一朝有三位大臣看出了汉武帝的外儒内法，而且采取了截然不同的做法。

公孙弘看出了这一点，创造性地以公羊派《春秋》阐释法律，因此，大得汉武帝的欢心。

习文法吏事，而又缘饰以儒术，上大说之。——《史记·平津侯主父列传》

张汤也看出来了，我们在“以死杀人”一章中讲到张汤聘用通晓《尚书》《春秋》的博士弟子补充到廷尉府任秘书，发明了以“儒学”断案的新方法，同样大得汉武帝的赞赏。

公孙弘和张汤都是精明人，他们看出了汉武帝外儒内法的实质，并且利用汉武帝的外儒内法为自己捞取政治资本，使他们在人生的大道上大放异彩。

汲黯也看出来了汉武帝的外儒内法，但是，汲黯不但没有利用这一点迎合汉武帝，反而毫不客气地揭露汉武帝：“陛下心里欲望极多，表面上还要侈谈仁义，怎么能够仿效唐尧虞舜呢？”

天子方招文学儒者，上曰吾欲云云，黯对曰：『陛下内多欲而外施仁义，奈何欲效唐虞之治乎！』——《史记·汲郑列传》

汲黯这一次大伤汉武帝的自尊，汉武帝居然还能保持沉默，但是满脸怒容，怒气冲冲地退朝而去，大臣们都为汲黯担心极了。汉武帝退朝之后，对左右的侍从说：“汲黯闹得太过分了。”有的大臣数落汲黯说话太放肆，汲黯回答说：“天子养我们这些大臣，是让我们专门看着皇帝的脸色办事？难道是让我们陷皇帝于不义之中吗？何况，我们身居高位，即使我们担心惹怒了皇帝对自己不利，但是，如果由于我们未尽职责而给朝廷带来耻辱，那该怎么办？”

上默然，怒，变色而罢朝，公卿皆为黯惧。上退，谓左右，曰：『甚矣，汲黯之戆也！』——《史记·汲郑列传》

群臣或数黯，黯曰：『天子置公卿辅弼之臣，宁令从谀承意，陷主于不义乎？且已在其位，纵爱身，奈辱朝廷何！』——《史记·汲郑列传》

这一次汲黯的确弄得有些过分。官场上多少事情“只可意会不可言传”啊，何况是对当今圣上。“言传”了还不算，还要当着那么多人“言传”，并且讲得那么露骨，生怕别人听不懂。什么皇上“骨子里要法家，表面上要儒家”。这还没完，还要立场鲜明地批判一番。这个汲黯也太不懂批评的艺术了，任谁也受不了啊！无怪乎汉武帝听了此话是一脸怒容，拂袖而去。

看来，汲黯不仅不是“以顶撞相迎合”，甚至还很有点不成熟。想说就说，爱闹就闹，什么天子威仪，朝堂肃穆，他都看不见，也管不了。但是，你就是不能讨厌他，而且笔者还觉得他很可爱，因为他很真实，就是那点孩子气非常可爱。

气壮理缺　忠耿得褒

汲黯对汉武帝的批评让汉武帝始终能够听到

一种不同的声音，这对于一位极端的独裁者应当是有益的。但是汲黯的批评果真字字珠玑，句句在理吗？

其实，对汲黯的各种批评应当区别对待，有所分析。

关于两次抗旨：

第一次，东越相攻，汉武帝派汲黯视察，打算进行干预，应当说此举表现了汉武帝的大国意识——他把东越视为自己管辖之地进行干预。但是，汲黯却并没有理解汉武帝的这种大国意识。汲黯所持的观点其实是华夷之辨——华夏与夷人不同，越人的习俗就是好斗，他们打打杀杀关我们大汉何事？

第二次，河内郡百姓失火，烧了好多人家，汉武帝派汲黯去视察，表现了一位君主对百姓生死的关注，同样显示了汉武帝一代明君的形象。但是，汲黯竟然置此于不顾，虽然在河南矫诏救灾值得称道，但是，河内百姓的生死同样重要，怎么可以置一郡百姓于不顾，却对另一郡百姓倍加呵护呢？

两次抗旨，汲黯做得都有缺失，只是汉武帝对汲黯比较宽容。

关于对匈奴作战：

汲黯与汉武帝相当重要的一个矛盾是如何看待对匈奴作战。汉武帝对匈奴进行反击，一洗汉朝建立七十多年来的屈辱历史，应当给予充分肯定。至于对匈奴作战后期汉武帝一味追求匈奴的臣服，导致战争久拖不决，那是汉武帝的重大失误。汲黯是反对所有的对匈奴作战，不论是前期的反侵略战争，还是后期的征服性战争。应当说汲黯的这种做法并不妥当，至少是缺乏分析。

具体来讲，匈奴浑邪王部四万余众降汉，这是汉武帝对匈奴作战的一个重大胜利。如何处置这四万多匈奴降者确实是一难题。如果处理不妥，会造成很大的后遗症。汉武帝开始将浑邪王部四万余人迁到长安，最后安置在河套地区新组建的朔方郡，应当说是英明决策。

汲黯要求将匈奴降者全部赏给对匈奴作战的死亡者家属做奴隶，明显不妥。汉匈两个民族之间的矛盾不可能采取睚眦必报的方式处理，汲黯的这种提议只能增加两个民族之间的仇恨，不利于汉匈两个民族和谐相处。

既然汲黯的道理本身有漏洞，又屡屡与汉武帝高唱反调，汉武帝为什么能够容忍他的多次顶撞呢？

第一，汉武帝看到了汲黯的耿直和忠诚。

汲黯两次抗旨，多次“逆龙鳞”，汉武帝都没有降罪，这非常不易。就是因为汉武帝看到了汲黯的忠诚、耿直。这是武帝的英明，也是汲黯的幸运。但并不是每位大臣都有这种幸运！司马迁一言不当，惨遭宫刑；狄山稍有出格，沙场送死。汲黯当面揭露汉武帝，汉武帝对汲黯一是“上默然”，二是“上默然”，至多是“上默然，怒，变色而罢朝”。《史记·汲郑列传》汉武帝是什么脾气？阎王脾气！说杀就杀，说罚就罚，唯独对汲黯，明知他说得不合己意，也不愿真的处置了他。这种容人之量对刚愎自用的武帝来说，实属不易啊！

汲黯是幸运的。因为汉武帝并非多么仁慈，汉武帝执政五十四年，真正能容忍得下的也仅仅汲黯一人。凭什么得理不饶人的汲黯就这么讨汉武帝的欢喜？为什么面对他的顶撞汉武帝每次都宽宥？忠臣也不是独此一人。这是为什么呢？

看看汉武帝是怎么回应汲黯“咄咄逼人”的。“我很长时间没有听到汲黯说话了，今天又听到他说昏话了。”“人不能无学识，听听汲黯都说了些什么，越来越不像话！”如此亲切，就像对待一个不听话的孩子。汲黯的耿直和忠诚，放肆无礼，汉武帝都当作童言无忌，谁会和一个“笨小孩”计较呢？而且，汉武帝又极其自负，一旦形成了自己的看法，别人很难改变他。正是汉武帝的这种看法成全了一代直臣汲黯。

汲黯反对汉武帝对匈奴用兵，而汉武帝对匈奴用兵却屡屡取得重大胜利，所以，汲黯的意见汉武帝绝不会采纳。非常可贵的是，汉武帝不采纳汲黯的意见，并不认为汲黯不忠诚，不可用。如果临朝之人是吕后，别说一个汲黯了，十个汲黯也得被杀光。高祖刘邦临终前托付赵王刘如意于周昌，因为刘邦在世时，周昌是一代直臣。但是到了吕后专权，直臣周昌不见了。有什么样的领导，才会有什么样的下属啊！一个杀人魔王手下哪会出现直臣！

汉武帝不因汲黯反对自己而加罪汲黯，但是他也不会重用汲黯。汲黯是景帝朝的旧臣，入仕比公孙弘、张汤早得多，当汲黯位同九卿之时，公孙弘、张汤还是一名小吏。后来公孙弘、张汤爬上来，和汲黯并列九卿，平起平坐。再往后公孙弘当了丞相，封平津侯；张汤当了御史大夫，任副丞相。甚至于原来汲黯手下的人都得到了重用，有些还超过了他。汲黯是直肠子，当然不会只心中郁闷而不明说，所以，他见到汉武帝时就说：“陛下用群臣就像垛柴火，越是后来的越要放到上面。”这种牢骚话哪个皇帝都不愿

陛下用群臣如积薪耳，后来者居上。——**《史记·汲郑列传》**

听，汉武帝照样是“上默然”。唯一不同的是，汲黯退下之后，汉武帝说了一句话：“人不能无学识，听听汲黯都说些什么，越来越不像话。”好像拂去薄尘，笑笑罢了。

人果不可以无学，观黯之言也日益甚。——《史记·汲郑列传》

这就是本章开头的那个小故事的全貌。现在再听，大家还像最初那么轻松愉快吗？

有人说话被看作童言无忌，有人说话会被认为居心叵测。话没有问题，人也不是关键，区别只在于听话人的心态。我们很难说“童言无忌”就是一种幸运，因为这个对话的前提就是不平等的，它隐藏着强者一种“孙悟空飞不出如来佛手掌心”的无边法力。

第二，汉武帝看到了汲黯的原则性。

汲黯是一个非常有原则的人，他在汉景帝朝任太子洗马时，就“以庄见惮”，因为汲黯说话、办事的严肃使汉景帝感到了一种心理压力。

汉武帝见到汲黯也有心理压力，有一次汉武帝坐在大帐之中，汲黯刚好来上奏章，汉武帝一看见汲黯来了，自己没戴帽子，如果这样见汲黯，肯定要受汲黯的批评，所以汉武帝赶快藏到内帐中，让人立即恩准汲黯的奏章。可见汉武帝怕汲黯引经据典、正经八百地批评他。但是，汉武帝接见其他大臣就不是这个样子。比如

上尝坐武帐中，黯前奏事，上不冠，望见黯，避帐中，使人可其奏。其见敬礼如此。——《史记·汲郑列传》

见大将军卫青，汉武帝是“踞厕而视之”《史记·汲郑列传》。这个“厕”就是卫生间，汉武帝在卫生间里接见卫青，说明汉武帝与卫青交往相当随意。同样，丞相公孙弘在宴会

上见汉武帝，汉武帝连帽子都没戴（丞相弘燕见，上或时不冠）。唯独见汲黯，汉武帝没戴帽子绝不敢见（至如黯见，上不冠不见也）。

第三，汉武帝认可汲黯的政治才干。

汲黯由于屡屡直言谏诤，弄得汉武帝很烦，所以任命汲黯担任东海郡（郡治今山东郯城县）太守。眼不见为净，还是离远一点好。汲黯信奉的是黄老之学，为官做事喜好清静少事，他把事情交付给下属处理。他为政不过是督察下属按大原则办事，不苛求小节。他体弱多病，常躺在卧室内不出门。但一年多的时间，东海郡便被治理得十分清平，好评如潮。汉武帝知道后，召汲黯回京任主爵都尉（主管侯国事务），享受九卿的待遇。

迁为东海太守。黯学黄老之言，治官理民，好清静，择丞史而任之。其治，责大指而已，不苛小。黯多病，卧闺阁内不出。岁余，东海大治，称之。上闻，召以为主爵都尉，列于九卿。——《史记·汲郑列传》

汲黯晚年，汉武帝进行货币改革，当时百姓私自铸钱的非常多，楚地尤其是私印伪钞的重地。汉武帝认为淮阳（今河南周口市淮阳区）是楚地的交通要道，于是任命汲黯为淮阳太守。汲黯接到任命后，趴在地上推辞不起来，汉武帝要他必须赴任，汲黯这才勉强接受了任命。汉武帝接见汲黯时，汲黯伤心地哭诉："我原以为我死之前不能再见到陛下了，没想到陛下还要任用我。但是我身体有病，不能担任地方官，我希望在朝中做个中郎（侍从），当个顾问。"汉武帝听了汲黯的话，问他："你是不是觉得淮阳这个地方太小？你先上任，我很快就会把你调回来。淮阳的主要问题是官民关系紧张，我是想借重你的名望，你身体不好就躺在家里处理政务吧。”

居数年，会更五铢钱，民多盗铸钱，楚地尤甚。上以为淮阳，楚地之郊，乃召拜黯为淮阳太守。黯伏谢不受印，诏数强予，然后奉诏。诏召见黯，黯为上泣曰：『臣自以为填沟壑，不复见陛下，不意陛下复收用之。臣常有狗马病，力不能任郡事。臣愿为中郎，出入禁闼，补过拾遗，臣之愿也。』上曰：『君薄淮阳邪？吾今召君矣。顾淮阳吏民不相得，吾徒得君之重，卧而治之。』——**《史记·汲郑列传》**

汲黯到了淮阳，卧而治之，整个淮阳郡很快得到治理，政通人和，一片兴旺。汲黯在淮阳做了七年太守，最后病死在淮阳太守任上。

第四，汉武帝认可汲黯是社稷之臣。

汲黯多病，常常一病数月，按照汉法规定，病满三个月就要免官。但是，汉武帝常常是在汲黯病了将近三个月的时候恩准他假期，让他继续休养。因为经过皇帝恩准后，满三个月病假也不会免官。有一次，汲黯病得很重，庄助替他请假，汉武帝问庄助：“汲黯是个什么样的人？”庄助回答：“要是让汲黯在一般情况下当官，显示不出他有多少过人之处；但是如果让他辅佐少主，他会一心一意，任何力量都不能动摇他。即使有人自称是战国时期的著名勇士孟贲、夏育，也不可能让他改变主意。”汉武帝听完之后，频频点头：“是啊，古代有能与国家共存亡的忠臣，汲黯就是这样的人。”

『然至其辅少主，守城深坚，招之不来，麾之不去，虽自谓贲育，亦不能夺之矣。』上曰：『然。古有社稷之臣，至如黯，近之矣。』——**《史记·汲郑列传》**

汉武帝的这种认定，对汲黯来说极为重要。作为国家一把手的皇帝认可汲黯是“社稷之臣”，在皇权至上的封建专制制度下，汲黯在官场中还会有什么风险吗？

汲黯有无政治风险取决于两个因素：一是汲黯有没有什么毛病有可能被别人利用，二是汲黯会不会遭到权臣的暗算。

当然，汉武帝最终并没有对汲黯下手。

汉武帝不杀汲黯，不等于权臣们不想杀汲黯，其中，最先出手的是善于借刀杀人的公孙弘。公孙弘曾想借胶西王之手杀董仲舒，又借齐王自杀事件除掉了政敌主父偃。汲黯屡屡揭露公孙弘是伪君子，公孙弘能放过汲黯吗？当然不能！那么，公孙弘会怎样陷害汲黯呢？

公孙弘利用丞相的职位，向汉武帝建议调任汲黯担任右内史。

公孙弘为什么要调汲黯为右内史呢？

右内史管辖的京城地区有诸多达官贵人和皇室宗亲居住，非常难管理，或者治理无效，或者因治理有效而得罪一大批权贵，干好干不好都难收场。公孙弘以此地难以治理为由，要选调有声望的大臣汲黯担此重任。公孙弘这话讲得有一定道理，但是，他建议让汲黯担任此职绝对是没安好心。事实是，汲黯当了几年右内史，政事处理得井井有条，也没有出现贵戚闹事的情况。公孙弘的算盘落空了。

上愈益贵弘、汤，弘、汤深心疾黯，唯天子亦不说也，欲诛之以事。弘为丞相，乃言上曰：『右内史界部中多贵人宗室，难治，非素重臣不能任，请徙黯为右内史。』为右内史数岁，官事不废。——《史记·汲郑列传》

我们不知道汲黯如何担任此职的，但是，我们只知道公孙弘借刀杀人（汲黯）的阴谋没有得逞。公孙弘的阴谋为什么没有得逞？当地的权贵为什么没有向汲黯叫板？

当年，淮南王刘安准备谋反之时，最害怕的就是汲黯。淮南王刘安说：“汲黯喜爱直言相谏，又固守臣节，甘愿为正义捐躯，很难用什么手段诱惑他。至于游说丞相公孙弘，就像揭掉一块布或者把将落的叶子振掉那么容易。”可见，骄横不法的淮南王都畏惧汲黯的刚直。因此，汲黯担任右内史治理京城之所以不出乱子，原因大概与此相仿，即京城的权贵素闻汲黯的大名，不敢向汲黯叫板。

淮南王谋反，惮黯，曰：『好直谏，守节死义，难惑以非。至如说丞相弘，如发蒙振落耳。』——《史记·汲郑列传》

童言无忌终究敌不过巧言令色。虽然汲黯、公孙弘都未因淮南王谋反而失节，但一代直臣汲黯老死在淮阳太守的任上，而企图加害他的公孙弘却终于丞相之位。那么，这个震惊武帝朝野的淮南王谋反又是怎么一回事呢？

请看：淮南大案。

二十八

元朔五年（前124），淮南王刘安的中郎（侍从）雷被（pī）连夜逃奔京城长安，上书汉武帝，状告淮南王对自己的迫害。奴才告主子，司空见惯，汉武帝却没有马虎，迅速将此事批转给廷尉、河南郡联合审理。淮南王刘安闻讯，立即密谋造反。雷被到底有何冤情，只有天子才能为其做主？淮南王难道罪不可恕，只有选择造反？一桩家务事如何牵动汉武大帝日夜辗转？一腔书生意气又怎样引发了一场诸侯叛乱？

儿子逞气　其父失地

淮南王刘安的这场大难缘自太子刘迁（在汉代，不是只有继承皇位的皇帝之子叫作太子，继承诸侯王王位的王储也叫作太子），那么，淮南王太子怎么会给父王惹来这样一场大难呢？

元朔五年（前124），淮南王刘安的太子刘迁学习舞剑，学了一段时间后，刘迁觉得自己的剑术突飞猛进，无人可敌（其实，都是别人让着他）。一天，他听说父亲手下有一位中郎雷被，剑术极为高明，人称淮南第一剑客。太子刘迁听说后，心里很不是滋味，便想召雷被来比试一番。显然，刘迁想通过这次比剑打败雷被，提升自己在武术领域内的知名度。

雷被听说太子刘迁要找自己比剑，死活都不想参加。因为他知道赢不起。赢了太子，自己怎么在淮南王手下工作？但他也不想输，如果输了，就毁了自己淮南第一剑客的英名，于心又实在不甘。思来想去，最好是不比赛。于是，他极力推辞这次凶多吉少的比赛。但是太子刘迁不干啊！你不参加，就是看不起本太子。最终雷被硬着头皮参加了这次比剑。比赛中雷被一再退让，但是太子并不知趣，步步紧逼，最后雷被一不小心刺伤了太子。太子勃然大怒，雷被更是吓得一身冷汗，不知怎么收场。

此时正是卫青打赢漠南之战、军中拜大将军的元朔五年，汉武帝的对匈奴作战已经取得了很大的胜利。因此，汉武帝下令，国中只要有人愿意从军，即可到京城报名参战，地方政府不得擅自截留人才，否则，以违抗中央论处。

雷被误伤了淮南王太子，觉得自己在淮南王手下是混不下去了，打算到京城参军，避开淮南这个是非之地。但是太子刘迁受伤之后，自感面子上非常难堪，心中非常恼恨雷被，多次在父王刘安面前诋毁雷被。淮南王刘安看到自己的宝贝儿子受了伤，又听儿子多次说雷被如何如何坏，便让郎中令严厉训斥了雷被，并将雷被撤职，亲自下口谕：“严禁中郎雷被入京从军，淮南国人以此为戒。今后谁再惹是生非，休想以从军为名一走了之。”

挥就一部俊逸出尘《淮南子》、善鼓琴而亲百姓的淮南王刘安，仅仅因为心疼爱子，就将曾经的座上宾视如落水狗般痛打。偏听偏信，是为君失察；娇生惯养，是为父失职。多少英雄豪杰为情所误，这正是人性的一根软肋。

就这样，走投无路的雷被选择了赴京上诉之路。这才有了我们开篇所讲的雷被上书，告发淮南王一事。

> 元朔五年，太子学用剑，自以为人莫及，闻郎中雷被巧，乃召与戏。被一再辞让，误中太子。太子怒，被恐。此时有欲从军者辄诣京师，被即愿奋击匈奴。太子迁数恶被于王，王使郎中令斥免，欲以禁后，被遂亡至长安，上书自明。诏下其事廷尉、河南。——《史记·淮南衡山列传》

淮南王刘安是汉高祖刘邦的孙子，汉武帝是汉文帝的孙子，淮南王刘安的辈分比汉武帝还要高出一辈，在当时刘姓宗室中是辈分最高的，而且贵为淮南王，汉武帝将会怎样处置叔叔的这桩案件呢？

原来，汉武帝对吴楚七国之乱的印象极为深刻，他即位之后，极力加强中央集权，削弱诸侯王的势力。元朔二年(前127)，汉武帝采纳了主父偃的推恩之策，在推恩的旗帜下，将诸侯国逐步缩小。但是汉武帝的推恩令并没有强制性，有些诸侯国执行了，有些诸侯国并未执行，淮南王刘安的淮南国就没有执行推恩令。因此，淮南王的一举一动，汉武帝都看在眼里，记在心上，从来没有一丝马虎。这一次接到雷被的上诉，汉武帝更是心头一颤。

“严禁雷被入京从军”可不是鸡毛蒜皮的虐仆事件。根据汉律，凡阻挠执行天子诏令者，应被判弃市死罪。汉武帝即刻下令调查事件真相。

听说雷被至京告状，又听说汉武帝下令调查，淮南王刘安坐卧不安，非常紧张。后来又听说河南郡(郡治洛阳)要抓捕太子刘迁到洛阳受审，刘安更是忧心如焚，绝不能让宝贝儿子面临牢狱之苦啊。便和王后商量，一旦河南郡抓捕太子就举兵造反。但是，造反可不是件小事，淮南王犹犹豫豫了十几天，迟迟没有动手。

由中央政府直接任淮南王的国相看见淮南国的太子迟迟没有被抓捕，就抱怨寿春县丞不执行中央命令，有意偏袒包庇，于是向中央政府举报寿春县丞。

寿春是淮南国的国都，寿春县丞是淮南王任命的，所以他袒护刘迁其实是要偏袒淮南王。

中央势力和地方势力第一轮角力开始。

淮南王刘安得知淮南国国相要上告寿春县丞，便给国相打招呼，要他取消弹劾寿春县丞的上书。但是，国相不为所动。

淮南王一看事情有点失控，便抢先告淮南国相违法，汉武帝下令让廷尉审理。但是玩火者终自焚，这个案子一追就追回到淮南王自己的头上来了。

紧接着，淮南王又听说，公卿大臣们一致要求逮捕他。

淮南王觉得这样整日担惊受怕不是办法，便和太子刘迁商议：干脆一不做，二不休，假如汉朝使者来逮捕淮南王，就杀了汉使；太子同时派人杀死淮南国主管军事的中尉，举兵造反。

汉武帝处理雷被控告淮南王一事颇有章法，他虽然想一举荡平淮南国，但是，他并不想操之过急，毕竟淮南王是自己的长辈。即使不顾及叔叔的尊严，也要考虑自己的声誉。于是他先派了一位中尉（主管京城治安）到淮南国亲自向淮南王问明事情真相。

汉使到了王庭，淮南王看见中尉和颜悦色，而且只询问雷被的事，并未说到惩戒。因此，他没有动手杀中尉。

中尉回朝，向汉武帝报告了询问的情况，公卿大臣们议论纷纷，要求处死淮南王。

汉武帝没有采纳朝臣们的意见。

于是，大臣们又提出第二种处理办法：削去淮南国五个县以示惩罚。这个意见汉武帝只是部分采纳，决定削去淮南国的两个县，仍然派前次去询问情况的中尉到淮南国宣布处罚。

淮南王开始听说公卿大臣们纷纷要求处死他，并不知道最后的宣判是削地，听说中尉又来了，便和太子刘迁商量，这一次不能再手软了，一定要刺杀使者，起兵叛乱。中尉毫不知情，到了王庭，一见淮南王就连声道贺：淮南王死罪已免，最终只削了两个县。刘安一颗悬着的心这才放回肚里。中尉再次逃过一劫，叛乱也不了了之。

王、王后计欲无遣太子，遂发兵反，计犹豫，十余日未定。会有诏，即讯太子。当是时，淮南相怒寿春丞留太子逮不遣，劾不敬。王以请相，相弗听。王使人上书告相，事下廷尉治。踪迹连王。王使人候伺汉公卿，公卿请逮捕治王。王恐事发，太子迁谋曰：『汉使即逮王，王令人衣卫士衣，持戟居庭中，王旁有非是，则刺杀之，臣亦使人刺杀淮南中尉，乃举兵，未晚。』是时上不许公卿请，而遣汉中尉宏即讯验王。王闻汉使来，即如太子谋计。汉中尉至，王视其颜色和，讯王以斥雷被事耳。王自度无何，不发。中尉还，以闻。公卿治者曰：『淮南王安拥阏奋击匈奴者雷被等，废格明诏，当弃市。』诏弗许。公卿请废勿王，诏弗许。公卿请削五县，诏削二县。使中尉宏赦淮南王罪，罚以削地。中尉入淮南界，宣言赦王。王初闻汉公卿请诛之，未知得削地，闻汉使来，恐其捕之，乃与太子谋刺之如前计。及中尉至，即贺王，王以故不发。——**《史记·淮南衡山列传》**

毕竟，挥笔抚琴的双手要举起匕首并不容易，文学艺术的熏陶虽不足以让人弃恶扬善，但至少更怜惜生命。天意如此——因为淮南王的优柔，叛乱没有及时发动，保全了中尉，更保全了他自己。但是，仇恨总是比善念更易膨胀，遮天蔽日，让人迷失自我。

恨意绵绵　耳不进言

淮南王刘安触犯汉法，其罪当诛。但是，汉武帝并没有将其一棍打死，给了他一个赎过的机会，淮南王会珍视这个机会吗？他会从此一心向学，继续仁政吗？

淮南王没有想到汉武帝力排众议，免了自己的死罪，只削了两个县以示惩戒，这当然是一个惊喜。但是惊喜也只是一刹那，事过之后，淮南王并不满足，反而非常郁闷。他认为自己作为诸侯王中辈分最高的人，一生“行仁义”，还被削了两个县，太丢人了，也太不公了。

其后自伤曰：『吾行仁义见削，甚耻之。』——**《史记·淮南衡山列传》**

人生的悲剧往往以自我失衡揭幕，命

运的阴霾始于内心的乌云。

那么，一天天感到不满足的淮南王会怎么样呢？

第一，陷入焦虑。

从此，淮南王陷入了深度焦虑之中。凡是从京城回来的人，他都要仔细盘问一番，谁要是骗他说皇上没有孩子，朝廷政局不稳，他就非常兴奋；谁要是说朝廷政局稳定，皇上有了儿子，淮南王就非常生气：这是瞎说，不可信。

诸使道从长安来，为妄妖言，言上无男，汉不治，即喜；即言汉廷治，有男，王怒，以为妄言，非也。——《史记·淮南衡山列传》

淮南王就在这种焦虑不安的仇恨中一天天煎熬着。

第二，准备叛乱。

陷入焦虑状态的淮南王刘安一心一意想的就是叛乱，他召集了手下最有军事才能的门客伍被（pī），商议叛乱之事。但是，伍被拒绝支持淮南王刘安的叛乱。

理由只有一点：淮南王叛乱不可能成功！

伍被为什么认为淮南王的造反不能成功呢？

首先，没有民意支持。

伍被认为：秦始皇的暴政苛法导致天下百姓无法忍受，积聚了巨大的反秦能量，陈胜、吴广振臂一呼，激活了这股巨大的能量，才会出现天下纷纷响应的局面。如今武帝虽然穷兵黩武，但是天下还不具备反抗政府的强大民意基础。

其次，力量强弱悬殊。

吴楚七国叛乱初起时力量相当强大，但是最终没有造反得逞，何况一个小小的淮南国？与中央政府相比，双方力量悬殊，不可能成功。

伍被的意见是对的，只是淮南王此时听不进去。

常言道："祸不单行。"正当淮南王为雷被告状而削地一事闹得心烦意乱之际，又一张状告淮南王刘安的御状呈送到汉武帝的面前。汉武帝再次下令调查淮南王刘安。

这一次告御状的是谁？他又是因为什么告淮南王刘安呢？

这次击鼓鸣冤的居然是淮南王刘安自己的亲孙子刘建。

为什么孙子会告爷爷的御状呢？

第一，其父受侮。

淮南王有两个儿子，庶长子是刘不害，淮南王、王后、太子刘迁都不喜欢他；不仅不喜欢他，而且还经常欺负他。刘不害受尽了气，但他本人比较窝囊，对这些不公正的待遇并没有太大反应。刘不害的儿子刘建可不一样了。刘建是个人物，有才华，而且非常有血性，他看不惯淮南王、王后、太子对他父亲的蔑视，心中常常憋着一腔不平之气，伺机讨回公道。

第二，不得封侯。

汉武帝于元朔二年（前127）采纳主父偃的建议，颁布推恩令。这样，各诸侯国中不仅是嫡长子，其他儿子也有了裂土封侯的可能。汉武帝的原意是借推恩之名，让天下的诸侯国越分越小，越来越不可能成为对抗中央政府的大诸侯国。但这个政令在刘建眼里，是一次改变自己窝囊命运的大好时机，一旦裂土封侯，作为刘安庶长子的刘不害就可以封王，而自己就是当然的太子，再也不用在刘安的眼皮底下天天受气了。

然而推恩令没有强制性，淮南王刘安没有执行汉武帝的推恩令，刘建的太子梦也就泡了汤，于是恨意更浓。

刘不害虽然庶出，好歹也是长子，却一无所有。弟弟刘迁因为嫡出，位居太子，呼风唤雨，备受宠爱。亲兄弟的身份、地位如此悬殊，刘建的心里能平衡吗?！

第三，计划暴露。

刘建不像他父亲刘不害那么忍气吞声，而是积极结交一些有才之士，想告倒太子刘迁。太子倒台了，自己的父亲就可以顺理成章地代替刘迁成为太子。但是，刘建这件事做得并不周密，很快就被太子刘迁知道了。

太子刘迁骄横跋扈，怎么容得下侄儿这等心机？立即将刘建抓起来，严刑拷打。

这一拷打，叔侄（太子和刘建）关系进一步恶化，促使刘建最终决定走极端。

元朔六年（前123），也就是雷被状告淮南王刘安的第二年，刘建派人进京告发太子刘迁。

刘建告状主要是三件事：

一是自己受迫害。

二是父亲受迫害。

三是淮南阴事。

第一、第二件事，虽属家事，但皇族家事就是国事，中央政府有权查办。第三件事，最为厉害。所谓“淮南阴事”，即是淮南王刘安见不得人的事。刘安最见不得人的事是什么？是谋反。刘建深知太子多次阴谋刺杀汉使，要想告倒刘迁，这件事的杀伤力最大。

汉武帝得到举报之后，将此事交给丞相公孙弘主持、河南郡负责查办。

此时，吕后当年的亲信辟阳侯审食其的孙子审卿和丞相公孙弘的私交非常好，审卿与淮南王刘安宿怨已深。于是他在丞相公孙弘的面前极力罗织淮南王的罪名。公孙弘因此也怀疑淮南王有叛乱之嫌，审理此案时格外认真。

河南郡奉命审理刘建上告一案，牵涉淮南王和他的党羽。刘安心里非常慌乱，又一次想发动叛乱。他找伍被商量，伍被仍然坚持“当今诸侯无异心，百姓无怨气”，人心思定，如果贸然行动，必然是“逆天道而不知时”，肯定不能成功。这番话让淮南王刘安深陷矛盾之中：叛乱担心不成功，不叛乱明摆着阴谋即将败露。

刘建本来只是想陷害太子刘迁，让自己的父亲当上淮南王的继承人。他万万没有想到，这一状竟将自己的爷爷送上了不归之路。

怨恨犹如一台失控的机器，一旦启动，便会盲目运转，害人害己，与自己的初衷失之千里。

伍被劝阻刘安不成，便向淮南王献了一条

王有孽子不害，最长，王弗爱。王、王后、太子皆不以为子兄数。不害有子建，材高有气，常怨望太子不省其父；又怨时诸侯皆得分子弟为侯，而淮南独二子，一为太子，建父独不得为侯。建阴结交，欲告败太子，以其父代之。太子知之，数捕系而榜笞建。建具知太子之谋欲杀汉中尉，即使所善寿春庄芷以元朔六年上书于天子曰：『毒药苦于口利于病，忠言逆于耳利于行。今淮南王孙建，材能高，淮南王王后荼、荼子太子迁，常疾害建。建父不害无罪，擅数捕系，欲杀之。今建在，可征问，具知淮南阴事。』书闻，上以其事下廷尉，廷尉下河南治。是时故辟阳侯孙审卿善丞相公孙弘，怨淮南厉王杀其大父，乃深购淮南事于弘，弘乃疑淮南有畔逆计谋，深穷治其狱。河南治建，辞引淮南太子及党与。——《史记·淮南衡山列传》

借力打力的谋反之计：

第一，伪造皇帝批准的丞相、御史迁徙三种人充实边地的奏章。

当时，刚刚组建的朔方郡人口不多，伍被提出要迁徙三种人到朔方郡去：一是各地的豪强侠士，二是判处耐罪（两年以上刑期）以上之人，三是家产在五十万以上之人；而且，要急催他们上路，逼得他们走投无路。

可伪为丞相御史请书，徙郡国豪杰任侠及有耐罪以上，赦令除其罪，产五十万以上者，皆徙其家属朔方之郡，益发甲卒，急其会日。——**《史记·淮南衡山列传》**

第二，伪造中央各司法部门的文件逮捕各地诸侯的太子、幸臣。

伍被计谋的实质是要通过作伪，逼反天下的百姓、诸侯，导致民怨四起，诸侯恐惧。迫使天下形成一种对抗中央政府的力量，淮南王刘安好借此力发动叛乱。

又伪为左右都司空上林中都官诏狱逮书，逮诸侯太子幸臣。如此则民怨，诸侯惧。——**《史记·淮南衡山列传》**

司马迁在《史记·淮南衡山列传》中两次用大段文字写伍被不赞成淮南王刘安谋反的说辞，几乎占《史记·淮南衡山列传》近一半的篇幅，表现了司马迁对伍被说辞的喜爱，对刘安破坏大一统局面的不满。伍被说辞的中心，是武帝时期百姓对中央政权的心态与秦末大起义时百姓希望推翻暴秦的心态截然不同。因此，淮南王刘安的叛乱绝无成功的可能。

而当伍被最终决定帮助淮南王刘安叛乱时，这招“借力打力”正着眼于此：制造政局危机，激化社会矛盾，挑起人心转向。但是，淮南王刘安既听不进伍被力劝他不能谋反的话，也听不进伍被要他“借力打力”之谋。他自有一套作战计划：

一是伪造印信。

刘安这次是动了真格，上自皇帝的玉玺、丞相的大印，下至各地县官的官印，全部自行制作。

此可也。虽然，吾以为不至若此。——《史记·淮南衡山列传》

二是安排卧底。

刘安专门派人伪装获罪而逃到京城，在大将军卫青和丞相公孙弘的府中卧底，一旦事发，立即刺杀卫青，逼降公孙弘。

三是策划调兵。

武帝时期，诸侯国的军队是由国相、内史、中尉三人掌管，三人之中有一人不同意即不能调兵。淮南王要想调动淮南国的兵力，担心国相等人不服从。于是，他和伍被商议了两种调兵方案：

第一，谋杀国相等淮南国的高官，篡夺兵权。具体的方案是：伪装宫中失火，等国相、二千石高官来宫中救火，立即动手杀死他们。

伪失火宫中，相、二千石救火，至即杀之。——《史记·淮南衡山列传》

第二，利用南越兵入侵的假消息调兵。具体方案是：派人拿着紧急军书，伪称南越兵入侵，借机派兵，掌握军权。

持羽檄，从东方来，呼曰『南越兵入界』，欲因以发兵。——《史记·淮南衡山列传》

我们可以比较一下两套方案：伍被主张先造势，待尘埃四起，淮南王再登高一呼、揭竿而起，是做长线，谋全局；刘安主张毕其功于一役，是做短线，搞投机。

然而，这一系列措施正在紧锣密鼓筹划之际就迅速败露，轰轰烈烈的淮南王叛乱胎死腹中。

究竟是什么原因导致淮南王刘安的叛乱迅速失败的呢？

第一，祸起萧墙。

直接导致淮南王刘安叛乱败露的原因有三个：一是门客雷被告状，二是孙子刘建告状，三是主谋伍被投案。这三个人都和刘安关系密切，雷被和伍被是他手下的“八公”（八位门客）之一，刘建是他的孙子。雷被告状，敲响了淮南王的丧钟；刘建告状，再起波澜；伍被投案，供出全部详情。这是典型的“众叛亲离”啊。

案发后，太子、王后立即被捕，王宫被围，所有参与谋反的人全部被抓，各种叛乱的器物也被查抄出来。汉武帝派宗正（主管皇族事务）手持符节去审判淮南王。

宗正还未走到淮南国，淮南王刘安已自刎而死。王后荼、太子刘迁和所有参与谋反的人都被满门杀尽。

吏因捕太子、王后，围王宫，尽求捕王所与谋反宾客在国中者，索得反具以闻。上下公卿治，所连引与淮南王谋反列侯二千石豪杰数千人，皆以罪轻重受诛。——**《史记·淮南衡山列传》**

外部力量的打击是有限度的，唯有祸起萧墙，组织内部的分崩离析，才最为致命。淮南王刘安一生重情好义，却密谋叛乱侄子汉武帝，后被亲信、亲孙出卖，可谓人生的巨大反讽。

第二，寡谋少断。

刘安喜爱读书鼓琴，他曾经召集门客编撰了后世传诵的《淮南子》一书。从本质上讲，刘安是一介文人，属于“秀才造反，三年不成”的类型。

> 淮南王安为人好读书鼓琴，不喜弋猎狗马驰骋。——《史记·淮南衡山列传》

刘安准备叛乱的时候，曾经担心太子妃洞察内幕，走漏风声，于是授意太子，长达三个月不和太子妃同床共寝，借口休掉太子妃。之后淮南王假装大怒，把太子和太子妃关在同一居室中又是三个月，太子就是不和太子妃亲近。太子妃看见这种情况，只好主动请求离去，淮南王上书道歉，将太子妃送回了京城长安。

由此看来，淮南王准备叛乱的时间是很充分的。但是淮南王在是否真正起兵叛乱一事上非常犹豫，屡屡决而不断。

雷被事件发生后，河南郡打算逮捕太子刘迁，刘安就如何叛乱举棋不定。汉武帝派中尉至淮南国宣布削地二县时，刘安本来准备再次谋杀中尉，举兵叛乱，但是，看到自己没有暴露，又停下来了。

> 计犹豫十余日，未定。——《史记·淮南衡山列传》

刘建事件发生后，淮南王得知中央政府的廷尉到来，便和太子刘迁密谋，通知国相、二千石高官前来宫中，以便一网打尽淮南国内由中央政府任命的高官。但是，前来宫中的高官只有国相，内史因出差在外没来，中尉以迎接廷尉为由推辞不来。

淮南王刘安原打算借此机会一举除掉淮南国内由

中央任命的高官，却阴差阳错地未能成功。三位高官只来了一位国相，刘安只好放弃了这一谋杀计划。

而太子刘迁以为自己的罪是谋杀淮南国的中尉，参与密谋的人也都死无对证，因此，打算跟廷尉进京。

此时，又出现伍被自首事件，打乱了刘安的所有计划。

整个叛乱，刘安心有不甘，手有不忍，反反复复，始终未能正式拉开序幕。

第三，志大才疏。

淮南王刘安一向非常自负，伍被认为在天下安定的情况下发动叛乱不得人心，必然失败。最后，伍被还为他筹划了煽动民心的几条措施，刘安竟然认为：我还需要这样做吗？他动不动就以陈胜、吴广起兵反秦自比，完全不懂得二者根本不能同日而语。

刘安有文才，他受武帝之诏，曾经一挥而就著名的《离骚传》。但是，刘安的这些才能都不是政治才能，只是文学才能，就这样，刘安自负得不得了。伍被批评他“逆天道而不知时”，真是一针见血！

淮南王刘安的政治才能几乎是零！汉景帝前元三年（前154），吴楚七国之乱爆发之时，刘安企图叛乱，他的国相说愿意为他带兵，他便将兵权给了国相。国相拿到兵权就协助中央政府平叛，根本不听淮南王的指挥，客观上使淮南王躲过了一次劫难。

孝景三年，吴楚七国反，吴使者至淮南，淮南王欲发兵应之。——**《史记·淮南衡山列传》**

所以，命运已经很眷顾刘安了，好几次助他摆脱厄运。但是，“自作孽不可活”。就是这样一位连自己的国相都把握不住的政治盲，还是念念不忘阴谋叛乱。

究竟是什么成为淮南王的心魔，一定要他放下书卷琴瑟，投入一场自己力所不及而为世人不齿的叛乱中去呢？

武安侯田蚡可谓把准了他的脉，曾经用几句话捧得他飘飘然：“方今上无太子，大王亲高皇帝孙，行仁义，天下莫不闻。即宫车一日晏驾，非大王当谁立者？”淮南王大喜，厚遗武安侯金财物《史记·淮南衡山列传》。

其实，田蚡只是说说漂亮话，淮南王刘安就高兴得忘乎所以，幻想着有朝一日当皇帝，糊涂透顶。

淮南王对自己的身份地位确实非常看重，他认为自己是高祖刘邦的孙子，比当今天子都要高一辈分，因此，他常常不愿向晚辈称臣。皇族中的辈分并不是多么了不起的政治资本，但是，刘安太看重这一点，以至于背上了包袱，目空一切。

且吾高祖孙，亲行仁义，陛下遇我厚，吾能忍之；万世之后，吾宁能北面臣事竖子乎！——《史记·淮南衡山列传》

纵观淮南大案始末，不禁联想起莎士比亚的著名悲剧《麦克白》，同样的野心勃勃而又忧心忡忡，同样是一步错，步步错，灵魂永无片刻宁静。然而，麦克白弑君是一念之差，淮南王谋反之心却是由来已久，甚至可以追溯到刘安出生之前。此话当作何理解呢？

请看：皇室恩怨。

二十九

淮南王刘安的谋反之心由来已久，甚至在他出生之前，就已经埋下了叛乱的种子。那么，刘氏皇族内部还有着多少引而未发的恩怨？又是什么变故在温雅的刘安心中烙上了“忤逆”的印记？

这场皇家恩怨的源头就是淮南厉王事件。

谁是淮南厉王？他和淮南王刘安的谋反到底有什么关系呢？

淮南厉王刘长是西汉立国以来的第一位刘姓淮南王，他是汉高祖刘邦八个儿子中的第七子，死后的谥号是厉王，因此后人称他为淮南厉王。前面我们讲到的淮南王刘安就是淮南厉王的长子，刘安最初的谋反念头难道是受了父亲的怂恿？

身世飘摇　心怀母恨

此话要从淮南厉王的身世讲起。

淮南厉王刘长的母亲是刘邦一朝赵王张敖的美人（后宫官名，相当于二千石）赵姬。而张敖的王后是刘邦与吕后的女儿鲁元公主，因此，刘邦与张敖的关系既是君臣，又是翁婿。高祖七年（前200），刘邦在平城解围之后，路过赵国，张敖对刘邦非常恭敬，每顿饭必定亲自侍候，端上端下。但是，刘邦却恶习不改，对他是呼来喝去，骂骂咧咧，甚至有时骂得非常难听。张敖脾气好不爱生事，因此什么也没说，但是，他手下的国相贯高等人实在看不下去，恨得牙痒，以至于起心谋杀刘邦，并且将全盘计划报告给了赵王张敖。张敖坚决不同意，于是他们便瞒着张敖策划了一起惊天大案。

第二年（高祖八年，前199），刘邦亲自出征去平定韩王信的残部（韩王信，姓韩名信，与大名鼎鼎的淮阴侯同名同姓，高祖汉初的一位异姓诸侯王。汉二年十一月，被刘邦立为韩王。高祖六年投降匈奴，高祖七年被刘邦亲自平定。史书上为避免与淮阴侯混淆，故称其为“韩王信”），得以再次路过赵国都城邯郸。这一次，张敖还将自己的美人献给了刘邦，这位赵姬和刘邦一夜之情，竟然奇迹般地怀了孕。夜晚，刘邦就住在柏人县的宾馆里。或许是有某种预感，他临睡前突然感到一阵心慌，一打听此县的县名，原来是“柏人”，刘邦说：“柏人者，迫人也。这个县名不吉利。”于是连夜离开。刘邦平生难得一次迷信，来得很是时候，救了他一条命。原来，赵国国相贯高早已在宾馆布下埋伏，安排后半夜谋杀当朝天子刘邦。

高祖九年（前198），贯高谋逆一案东窗事发，赵王张敖、国相贯高被押往京城受审。赵王的家属统统被就地关押，也包括这位怀了孕的赵姬。

赵姬被关押后，就将自己怀了皇帝的孩子的事报告给看押的人，希望得到特殊待遇。这些人一听说她怀了龙胎，不敢怠慢，立即上报给高祖刘邦。

刘邦此时已经五十九岁，听说自己又有了孩子理应非常兴奋，但是，此时他正火冒三丈，完全顾不上高兴了。因为这是他一生中遭遇的唯一一次谋杀案，而且，谋杀他的人很有可能是他的乘龙快婿张敖。这让他又气恼又心寒。

盛怒之下的刘邦听到这个消息之后，没有理会这位怀了自己孩子的赵姬。

被关押的赵姬，看着皇帝没有消息，又去寻思别的门路，她想方设法让自己的弟弟通过吕后的亲信辟阳侯审食其向吕后求救。但是，吕后一听赵国有一位赵姬怀了刘邦的孩子，坚决不帮这个忙。大家想想，吕后此时已经有了一个情敌戚夫人，如果再来个赵夫人，岂不是更受冷落？！

吕后不愿管，辟阳侯审食其更是见风使舵，不肯全力相救，这件事就这样搁置下来。

赵姬上诉无门，只好在关押中生下了儿子——就是后来的淮南厉王刘长。赵姬也是个性情刚烈的女子，至此，她一无牵挂，二又恼怒，羞愤自杀了。

看押人员将生下来的孩子抱到京城，送给刘邦。事过境迁，刘邦的怒气已经消了很多，看见生下来的儿子，心里非常后悔，深感对不起赵姬。于是让吕后抚养这个儿子，厚葬了给自己生了儿子的赵姬。

淮南厉王长者，高祖少子也，其母故赵王张敖美人。高祖八年，从东垣过赵，赵王献之美人。厉王母得幸焉，有身。赵王敖弗敢内宫，为筑外宫而舍之。及贯高等谋反柏人事发觉，并逮治王，尽收捕王母兄弟美人，系之河内。厉王母亦系，告吏曰：『得幸上，有身。』吏以闻上，上方怒赵王，未理厉王母。厉王母弟赵兼因辟阳侯言吕后，吕后妒，弗肯白，辟阳侯不强争。及厉王母已生厉王，恚，即自杀。吏奉厉王诣上，上悔，令吕后母之，而葬厉王母真定。真定，厉王母之家在焉，父世县也。——**《史记·淮南衡山列传》**

刘长生而丧母，是吕后将他养大的。因此，刘长和吕后的关系非常亲密。

汉高祖十一年十月，淮南王黥布叛乱。刘邦原打算让太子刘盈代自己出征，结果这个计划被“商山四皓”破坏，刘邦只好抱病平叛。平定黥布之乱后，刘邦就把黥布的淮南之地分给了刘长。从此，刘长成为汉代第一位刘姓淮南王。

刘邦去世之后，吕后掌权，先后有三位赵王（刘如意、刘友、刘恢）被吕后所杀，代王刘恒也曾要被改封赵王，只是因为刘恒坚决推辞，才躲过了一劫。

此时，高祖八个儿子之中，只有淮南王刘长从小无母，又是吕后带大，不具任何威胁。因此，在惠帝、吕后执政的十五年中，刘长没有像他的其他兄弟一样受到迫害。

没有亲人的势力保护，就不会有敌人的虎视眈眈，这就是皇家的生存规则。世人忽略了刘长，他却从未遗忘自我：是皇家烈日一般的严威和世人赛过冰霜的冷眼害死了他的母亲。他牢记每一个仇人的名字：刘邦、吕后、审食其。

骄横暴虐　恨火自焚

吕后死后，吕氏灭族，代王刘恒即位，即是汉文帝。此时，刘邦的儿子中只剩下排行第四的汉文帝刘恒和排行第七的淮南王刘长两个人。刘长这位深宫中默默成长的王子开始发力，想把失去的一切夺回来。

刘长认为自己和皇帝的关系最亲最近，行事异常放肆，常常不遵守汉朝的法令。汉文帝也总是宽恕刘长，从不追究他的法律责任。

汉文帝前元三年（前177），刘长入朝拜见汉文帝时，已经非常骄横了，他和汉文帝一块儿去打猎，完全不顾君臣之礼，不但跟皇帝同坐一辆车，还开口闭口称文帝是“大哥”（大兄）。

刘长非常有力气，他是继项羽之后第二个“力能扛鼎”的大力士。这位力大无比的淮南厉王也借此做了他平生第一件震惊朝野、世人瞩目的大事。

一日，刘长亲自去辟阳侯家拜见审食其，审食其赶忙出门相迎。但是，审食其万万没有想到，淮南王刘长竟然在他的家门口从袖中掏出一柄大铁椎，劈面砸来。审食其猝不及防，加之年迈，被当场击倒在地，淮南王的随从魏敬就地割断了审食其的脖子。

淮南厉王杀了辟阳侯审食其之后，疾速跑到宫门面见汉文帝，露出膀子请罪。

刘长说："辟阳侯有三条必死之罪：我母亲不应当受赵国谋杀案的牵连，当年辟阳侯的力量足以左右吕后，但是，他不为我母亲力争，导致母亲自杀，这是第一桩罪；赵王刘如意母子都没有罪，吕后残杀了他们母子，辟阳侯不去为刘如意母子争辩，这是第二桩罪；吕后大封诸吕为王，威胁刘氏江山，辟阳侯又不争，这是第三桩罪。我为天下人除掉了贼臣辟阳侯，报了母亲被害之仇，因此，我特来向陛下请罪。"

淮南厉王这番话深思熟虑，乍一听，确有道理。但仔细一想，漏洞百出：一是以辟阳侯一人之力当时能否左右吕后？二是辟阳侯能否有力量让刘邦救出淮南厉王的母亲？这些刘长完全不考虑，可见，刘长含恨忍耐多年，刘邦死了，吕后死了，三大仇人只剩下辟阳侯审食其，刘长只有把全部怨气都倾注在了替罪羔羊审食其的身上。他怨恨辟阳侯审食其，认为审食其不愿全力营救，才导致自己的母亲自杀。当时正是吕后掌权之时，审食其是吕后的亲信，淮南王

厉王有材力，力能扛鼎，乃往请辟阳侯。辟阳侯出见之，即自袖铁椎椎辟阳侯，令从者魏敬刭之。厉王乃驰走阙下，肉袒谢曰：『臣母不当坐赵事，其时辟阳侯力能得之吕后，弗争，罪一也。赵王如意子母无罪，吕后杀之，辟阳侯弗争，罪二也。吕后王诸吕，欲以危刘氏，辟阳侯弗争，罪三也。』——《史记·淮南衡山列传》

刘长只能在心里怨恨而不敢发作。现在有了机会，他当然不会放过审食其。

淮南厉王公然杀了辟阳侯审食其，给汉文帝出了道难题：怎样处理这个皇室仅存的异母弟弟呢？

结果大出人们意料，汉文帝全盘接受了淮南厉王的这一套理由，没有治他的罪。

淮南厉王椎杀辟阳侯一事迅速传遍京城，上自薄太后、太子，下至各位大臣，一片哗然，都对这位曾经微不足道、孤独无依的小王子刮目相看。

杀了辟阳侯却没有受到惩处，让淮南厉王的胆子越来越大，为人处世也更加骄横。从此，他在淮南国内再也不使用汉朝的法令，出入都要清道戒严，他下的命令都像皇帝一样称作“制”，还像皇帝一样自定了一套法令。

厉王以此归国益骄恣，不用汉法，出入称警跸，称制，自为法令，拟于天子。——《史记·淮南衡山列传》

在别人眼里，淮南厉王是有皇帝哥哥遮风挡雨，而在淮南厉王刘长心中，自己从来就是刘氏皇族的另类，他怎能在仇家面前俯首称臣？

汉文帝前元六年（前174），淮南厉王刘长派了没有任官的“男子但”（无爵者称“男子但”）等七十人和棘蒲侯柴武的太子柴奇，计划用四十辆大车，在谷口县（今陕西礼泉县）造反，并且派人出使闽越、匈奴，联络他们一块儿行动。

但是，这次谋反很快被发觉，汉文帝立即调

六年，令男子但等七十人与棘蒲侯柴武太子奇谋，以辇车四十乘反谷口。令人使闽越、匈奴。事觉，治之，使使召淮南王。淮南王至长安。『丞相臣张苍、典客臣冯敬、行御史大夫事宗正臣逸、廷尉臣贺、备盗贼中尉臣福昧死言：淮南王长，废先帝法，不听天子诏，居处无度，为黄屋盖乘舆，出入拟于天子，擅为法令，不用汉法。及所置吏，以其郎中春为丞相，聚收汉诸侯人及有罪亡者，匿与居，为治家室，赐其财物爵禄田宅，爵或至关内侯，奉以二千石，所不当得，欲以有为。大夫但、士五开章等七十人与棘蒲侯太子奇谋反，欲以危宗庙社稷。使开章阴告长，与谋使闽越及匈奴发其兵。』——《史记·淮南衡山列传》

淮南厉王进京，以丞相为首的大臣们认为应当依法惩治淮南厉王之罪。

淮南厉王的这桩谋反案非常奇怪，他仅仅派了七十个人，联络了一个棘蒲侯的太子柴奇，准备了四十辆车，就想谋反。读这段史实，总让人感到疑窦丛生，这也叫谋反？但是，司马迁的《史记 · 淮南衡山列传》、班固的《汉书 · 淮南衡山济北王传》、司马光的《资治通鉴》都记载了这一史事，淮南厉王刘长也承认这一罪名，史书并未诬陷他。

如果真实的历史果如记录的历史，那么，淮南厉王此举无异于儿戏，这样谋反能成功吗？绝对不可能啊！

最终，淮南厉王被判押往蜀郡严道县（今四川荥经县）监视居住。但是，在押往蜀郡的途中，沿途各县因为未接到朝廷的法令，没有揭下囚车上的封条让淮南厉王下车活动。淮南厉王不堪忍受这种长途囚禁的屈辱，终于绝食而死。这一年，是汉文帝前元六年（前174）。

淮南王乃谓侍者曰：『谁谓乃公勇者？吾安能勇！吾以骄故不闻吾过至此。人生一世间，安能邑邑如此！』乃不食死。——《史记 · 淮南衡山列传》

文帝老辣　真相昭揭

淮南厉王死后两年（汉文帝前元八年，前172），汉文帝封了淮南厉王的四个黄口小儿为侯：长子刘安封阜陵侯，次子刘勃封安阳侯，三子刘赐封阳周侯，四子刘良封东城侯。

汉文帝前元十六年（前164），刘安被封淮南王。史书记载，刘安对其父之死耿耿于怀，时时伺机叛乱。

时时怨望厉王死，时欲畔逆，未有因也。——《史记·淮南衡山列传》

汉文帝前元八年（前172），刘安只是黄口小儿，年龄在七八岁。八年后，到其加封淮南王之时（前164），刘安十六岁，他谨记汉廷杀父之仇。

又一个十年后（汉景帝前元三年，前154），吴楚七国之乱，淮南王刘安二十六岁，决定起兵叛乱。由此可见，刘安从未忘记这场皇家恩怨，他最后的叛乱与其父之死关系非常密切，所以我们说淮南厉王事件是刘安后来叛乱的第一动因。

汉文帝前元十二年（前168），一首咏唱汉文帝和淮南厉王的民歌在民间广为流行："一尺布，尚可缝；一斗粟，尚可舂。兄弟二人，不能相容。"《史记·淮南衡山列传》汉文帝听到这首广为流传的民歌时，唯恐天下人说他图谋土地而谋杀其弟，又追尊刘长为淮南厉王。

但凡流言蜚语，绝少空穴来风，民间小道消息难免夸大其词，但传播快，沟通灵，往往一语洞穿事件真相，正所谓"百姓心中自有秤"。

那么，淮南厉王事件确如民间传言那样，是一场兄弟相残的阴谋吗？如果传言成立，厉王之子刘安的叛乱就是为父复仇。如果不成立，难道另有隐情？那么，淮南厉王刘长之死与汉文帝有没有关系？

当然有关系！因为淮南厉王是在汉文帝下令流放蜀郡的途中绝食自杀的，责任肯定是有的。但是，这种责任有两个层面：一是有意谋杀，二是无意伤害。

无意伤害有证据吗？有！

第一，坚决不杀。

淮南厉王因谋反罪到了京城后，大臣们朝议，应当依法治罪。但是，汉文帝却下诏称自己不忍心对其弟弟苛行严刑峻法，要求大臣重新朝议。

制曰：『朕不忍致法于王，其与列侯二千石议。』——《史记·淮南衡山列传》

大臣们第二次朝议的结果仍然与第一次一样。汉文帝还是不答应判淮南厉王死刑，只同意废掉他的王位。

制曰：『朕不忍致法于王，其赦长死罪，废勿王。』——《史记·淮南衡山列传》

大臣们第三次朝议，要求将淮南厉王押解到蜀郡严道县（今四川荥经县）生活。允许淮南厉王的嫔妃随行同居照顾，由县署为他们建房，供给全部生活用品。

汉文帝这才答应大臣们的意见，并亲自规定每天供应淮南厉王五斤肉，二斗酒。将淮南厉王用带篷的货车囚禁起来，一县一县依次押送。

制曰：『计食长给肉日五斤，酒二斗。令故美人才人得幸者十人从居，他可。』尽诛所与谋者。于是乃遣淮南王，载以辎车，令县以次传。——《史记·淮南衡山列传》

依此看来，汉文帝对淮南厉王不薄啊！大臣坚持要依法严惩，但汉文帝坚决不杀其弟，只同意废其王位，到蜀郡监视居住，而且还安排嫔妃同行，每天供应酒肉。

第二，用心良苦。

汉文帝让淮南厉王到蜀郡监视居住，只是权宜之计，按汉文帝的原话，是“吾特苦之耳”，言外之意是我很快会赦免他，让他回来。由此可以推论，汉文帝惩治淮南厉王的出发点是好的，并非有意杀弟。

第三，严惩渎职。

淮南厉王绝食自杀的消息传到京城，汉文帝大放悲声，并让丞相、御史严查沿途各县不给淮南厉王开封的渎职官员，而且全部处死。

雍令发封，以死闻。上哭甚悲，谓袁盎曰：『吾不听公言，卒亡淮南王。』盎曰：『不可奈何，愿陛下自宽。』上曰：『为之奈何？』盎曰：『独斩丞相、御史以谢天下乃可。』上即令丞相、御史遂考诸县传送淮南王不发封馈侍者，皆弃市。——**《史记·淮南衡山列传》**

第四，隆重安葬。

淮南厉王自杀之后，汉文帝下令以列侯的礼仪安葬，并且为他安排了三十户人家，世世代代为他守陵。

乃以列侯葬淮南王于雍，守冢三十户。——**《史记·淮南衡山列传》**

第五，封其四子。

汉文帝前元八年（前172），加封淮南厉王四个幼子为侯。汉文帝前元十六年（前164），除了已经故去的小儿子外，刘长的另外三个儿子全部被封王。长子刘安封淮南王。

汉文帝封四子为侯时，贾谊已知汉文帝将封厉王之后为王，故上疏谏曰：

淮南王之悖逆无道，天下孰不知其罪？陛下幸而赦迁之，自疾而死，天下孰以王死之不当？今奉尊罪人之子，适足以负谤于天下耳。此人少壮，岂能忘其父哉？《汉书·贾谊传》

至此，在淮南厉王自杀的事件中，汉文帝一直扮演着一位宽容兄长的角色。对自己这个骄横糊涂的弟弟，他一忍再忍，直到刘长谋逆的事情败露，他仍旧不忍心依法处置。淮南厉王最终的自杀，怎么看都像是咎由自取，汉文帝的责任顶多就是没有监督好地方官员的渎职。如果这就是历史的真相，那么作为一位帝王，汉文帝有这般的容人之心，着实难能可贵。然而我们不要忽略了史学家的“曲笔”，历史书写在卷轴之间，往往有正反两面：一面没有情感，不寓褒贬，纯客观记载；另一面则将可能的真相深埋于字里行间，需要我们运用人生阅历去破解。这就是我们常说的历史的“直笔”和“曲笔”。两相结合，将看到一幅最准确的历史图景。司马迁既然为我们勾勒了汉文帝的一生，我们就不应当只拘泥于这一个事件的记载来评判事情的真相，而应从汉文帝一生的所为中发掘他的性格特征和行事风格。只有这样，才能更加真实地还原历史。

那么，我们就再来看看历史的反面，这是完全颠覆、异常残酷的另一种画面：

汉文帝谋杀了淮南厉王刘长。

第一，手法老到。

淮南厉王弄了七十个人去发动叛乱，简直是开国际玩笑，绝对不可能获得成功。相反，汉文帝在政治上非常成熟，处理此类事件的手法极其老到。

吕后称制期间，三位刘姓赵王刘如意、刘友、刘恢相继被杀死在赵王任上，“赵王”对刘邦的儿子们来说就是“阎王殿”的代名词。三位赵王死后，吕后下令让时任代王的刘恒去继任赵王，这等于是催促刘恒踏上不归之路。代王刘恒以为嫡母守边为由拒绝上路，在刘邦死后，刘恒在吕后专权的十几年中一直装傻、扮弱，吕后被他的假象蒙蔽。不去就不去吧！这样，代王刘恒才得以保全性命，苟活到周勃、陈平荡平诸吕，他被迎回京城，登上皇帝的宝座，成为中国历史上“文景之治”的开创者。这种政治智慧岂是淮南厉王所能相比的?

汉文帝刘恒在吕后掌权的十几年中，装聋作哑，不仅骗过了吕后，也骗过了精明的陈平，骗过了朝中所有的大臣。所以，陈平、周勃在朱虚侯刘章的大力协助下，灭了吕后一族后，选中了自以为好控制的代王刘恒为继位之君。其实，在荡平诸吕中出了大力的是齐王刘肥的三个儿子：齐王刘襄、朱虚侯刘章、东牟侯刘兴居。

特别是朱虚侯刘章杀死吕产，成为平定诸吕最为关键的一步。刘章立此殊功，又是刘邦的孙子，完全可立为继位之君。但是陈平、周勃有私心，他们目睹了刘章的勇武、智慧，知道刘章太能干了。如果让如此年轻的刘章登上帝位，他们这些老臣很难控制朝政。正是出于这一私心，当时手握立君大权的陈平、周勃才一致推举代王刘恒继位，借此排除掉他们认为太有本事的朱虚侯刘章。

刘恒一到京城，周勃等才知道上了大当。刘恒远不是他们想象的那个窝囊废，而是极有政治手腕的政治家，远不是年轻气盛、胸无城府的朱虚侯刘章那样单纯。但是一切都晚了，刘恒骗过了所有的人，稳稳当当地继位了。

第二，欲擒故纵。

以汉文帝的政治成熟而言，他难道不知道放纵淮南厉王的后果吗？

汉文帝继位之后，对汉文帝政治命运有影响的刘章、刘兴居兄弟二人很快被打发出京，封到外地。剩下来有可能取而代他的就是他的弟弟淮南厉王刘长，因为只有刘长和汉文帝兄弟二人是刘邦的儿子。

汉文帝明知这个弟弟对自己威胁不大，但是他还是在“宠爱”的旗帜下一而再、再而三地放纵刘长，使刘长走上了一条不归路：

刘长不顾君臣大分，称汉文帝为“大哥”（大兄），汉文帝不反驳。

刘长公然杀死辟阳侯审食其，汉文帝不问罪。

刘长在淮南一切按皇帝的规格生活，进出要清道戒严，命令称“制”，汉文帝不过问。

袁盎看到淮南厉王严重违法，劝汉文帝：“诸侯太骄，必生患。”《资治通鉴》卷十四但汉文帝充耳不闻。

淮南厉王叛乱的当年（文帝前元六年），他在淮南国驱逐中央政府任命的官吏，要求自己设置国相、二千石高官，这已经突破了作为臣子的底线了，但是，“帝曲意从之”《资治通鉴》卷十四，汉文帝竟然默许。

淮南厉王擅自杀死无罪之人，擅自赏人爵位至关内侯，汉文帝视而不见。

淮南厉王最后发展到上书的言辞都极不像话了，汉文帝还不愿

帝重自切责之，乃令薄昭与书风谕之。——《资治通鉴》卷十四

亲自下诏严加训斥，让自己的舅舅薄昭写了一封信进行劝说。

回首吕后当政，皇族子弟人人自危，朝廷上下一片肃杀，独人微言轻的刘长平安顺泰，位居淮南王。而今太平盛世，人心和谐，唯独皇恩倍宠的刘长起兵造反，命丧黄泉。

一个人处于顺境时应当一面感谢人生的幸运，一面心怀不安。因为人们能够感受的美好总是稍纵即逝，真假难辨。一朝在幸福中迷失了自我，很可能马上就面临巨大的深渊。更何况这一切都悬于一只生杀予夺的大手之上！

第三，借刀杀人。

长期娇惯的淮南厉王刘长最终走上了叛乱之路。在处理淮南厉王的过程中，汉文帝表现得非常虚伪，一而再、再而三地驳回大臣们处死淮南厉王的意见，最终以流放蜀郡宽大处理。但是这种宽大是关押在大货车上，沿途各县谁都不准擅自开封。这种行为貌似宽大，实际上是连续不断地侮辱刘长的人格。自卑和自尊都过于常人的刘长岂能受此凌辱，选择自杀是必然的。

刘长自杀的结果汉文帝刘恒应该想得到。即使汉文帝想不到这种后果，袁盎在汉文帝做出这种处罚决定时就提醒汉文帝："淮南王性格刚烈，如今这样粗暴地对待他，我担心他会突然死在途中。陛下如果落下个

杀弟的恶名，该怎么办呢？”

是时袁盎谏上曰：『上素骄淮南王，弗为置严傅相，以故至此。且淮南王为人刚，今暴摧折之，臣恐卒逢雾露病死，陛下为有杀弟之名，奈何！』

——《史记・淮南衡山列传》

汉文帝在袁盎提醒后仍然坚持这样做，答案只有一个：汉文帝希望的就是淮南厉王死在路上，以便一劳永逸地解决刘长与自己争夺帝位的任何一点可能性。

淮南厉王绝食自杀后，汉文帝又是失声痛哭，又是面对袁盎自责，还要处死沿途渎职的有关官员，两年后再加封淮南厉王的四个儿子。这一切不过是做给活人看的，汉文帝显然很忌惮背上残酷杀弟的恶名。但是，如此作秀更加让人感到汉文帝太虚伪，太残忍。

因此，就以上两个方面相较而言，笔者更倾向于汉文帝谋杀了其弟淮南厉王刘长。

汉文帝杀害淮南厉王刘长种下了淮南王刘安对汉朝中央政府的仇恨，导致这位青年淮南王再次踏上了叛乱之路。“淮南王”的爵位就好像一道咒语，预示着“谋逆”和“夭亡”。那么，没有被封“淮南王”的刘长的其他儿子是否就摆脱了这个咒语呢？他们甘心对自己的杀父仇人逆来顺受、尽职尽忠吗？这场皇族恩怨会在刘安这里就宣告完结了吗？

请看：一错再错。

三十

淮南厉王刘长在汉文帝的纵容下，盲目自大，踏上了谋反之路，最终被汉文帝轻松除掉。刘长有四个儿子，但是幼子刘良早夭，次子刘勃也死得较早。汉武帝即位之后，只有长子淮南王刘安、三子衡阳王刘赐两人在世。为报杀父之仇，淮南王刘安也错误地踏上了谋反之路，成为刘长后人中第一位人生的失败者。那么，刘赐是一个什么样的人呢？他还会步其父、其兄的后尘让这个家族一错再错吗？

营私量浅　坐井观天

汉文帝前元十六年（前164）刘赐被封为庐江王。汉景帝前元三年（前154）吴楚七国叛乱时，吴国使者来到庐江，庐江王刘赐不愿响应吴楚七国之乱，但是，他派人与闽越频频联络。

庐江王的封地邻近闽越，他屡次派遣使臣与闽越结交，引起了中央政府的关注，不久，刘赐被北迁为衡山王。

衡山王刘赐和淮南王刘安虽然是亲兄弟，但是，他们兄弟二人的关系并不融洽。引发兄弟纠纷的是双方都抱怨对方失礼，因此，兄弟二人互不往来。

淮南王的谋反行动没有逃过衡山王的眼睛，刘赐最早发现了大哥刘安准备谋反。刘赐知道这个消息后，并没有向汉武帝举报，而是暗中提防——刘赐最关心的是大哥刘安会不会吞掉他的衡山国。

俗言道："人情薄如纸。"那是因为亲情、爱情、友情再浓也敌不过失去利益那般切肤之痛。两相权衡，舍人而为己。然而，一旦失去这层人伦的制约和保护，猜忌、阴谋、残杀大行其道，自我又何处立足？

刘赐就这样守着衡山国这"一亩三分地"，成日坐井观天、患得患失。但是，一件突发事件打破了衡山国的平静。

元光六年（前129），衡山王刘赐进京朝见汉武帝。他手下有一位叫卫庆的谒者（负责收发传达）懂方术，想趁此机会上书汉武帝说明自己的方术，入朝侍奉汉武帝，奔一个好前程。此时的汉武帝已经表现出对神仙方术的偏好，投靠这么一位皇帝显然比跟着一位诸侯王更容易风光，更容易发达。人往高处走，水往低处流，这本来就是人之常情，应该给予理解。但是，衡山王刘赐知道卫庆准备改换门庭以后，勃然大怒。很明显，卫庆这是背叛自己攀高枝嘛。所以，刘赐判卫庆死罪，并用严刑拷打逼迫卫庆认了罪。但是，衡山国主管民事的内史（二千石）是中央任命的，他不同意刘赐的指控，驳回了刘赐定的死罪。

又一个不听话的属下！事情没多大，可太伤刘赐的自尊了！刘赐没什么野心，只想安分守己，做一方诸侯，享受一世荣华富贵。现在连一个谒者都要弃他而去，连杀个奴才都要被横加阻拦，刘赐怎么能轻易罢休？于是刘赐派人向汉武帝上书，把衡山国的内史告上了朝廷。衡山国内史受审时义正词严地说："刘赐诬陷卫庆。"那么，到底是刘赐诬陷卫庆，还是内史诬陷刘赐？刘赐怒发冲冠有没有道理呢？

刘赐的不满合情但不合理。

之前淮南王刘安的悲剧，某种程度上缘于他没有妥善处理父子关系和君臣关系。导致淮南王悲剧的是三起告状：一是被迫和太子比赛的剑客雷被告状，二是孙子刘建告状，三是淮南王最器重的伍被告状。雷被告状、伍被告状暴露了淮南王君臣关系处理失当，刘建告状看起来是祖孙关系处理失当，实质上还是父子关系处理失当，刘建是因为父亲受到的不公正待遇而与祖父对抗起来的。

卫庆事件暴露出衡山王的问题也在君臣关系上。君臣关系包括两个方面：一是衡山王和卫庆的君臣关系，二是衡山王和汉武帝的君臣关系。

武帝是汉帝国的皇帝，刘赐只是汉帝国中衡山国的国君，所以，汉武帝和刘赐是君臣关系。卫庆如果确懂方术，刘赐即便有一百个不愿意，也理应忍痛割爱，双手将卫庆奉送给喜欢方术的汉武帝，何况卫庆在刘赐这边只是一个小小的谒者，哪个不能取代他？何苦不做个顺水人情，放自己的属下更上一层楼呢？刘赐明显是没有把汉武帝和自己的君臣关系摆正。往深处说，卫庆事件也进一步证实了刘赐的狭隘、自私、短视。

法国文豪雨果曾经说过："世界上最宽广的是海洋，比海洋更宽广的是天空，比天空更宽广的是人的胸怀。若没有容人之量，也将很难为世人所容。"

汉武帝如何处理衡山王刘赐状告内史的官司，司马迁的《史记》没有记载，但是，汉武帝却将这桩案子和另一桩案子并案处理了。因为这件事牵涉汉武帝本人的一点嗜好，如果就此事进行断案，难免别人说闲话。汉武帝非常高明，他没有就衡山王和衡山国内史对卫庆案的不同意见进行仲裁，而是利用另一桩案子处罚了衡山王刘赐。

"借力打力"从古至今都是简单、有效的好办法。

刘赐的哥哥淮南王刘安的门客伍被曾经出过一个"借力打力"的计谋，就是制造汉武帝苛政的烟雾，借全天下人的愤怒来打击他。那么，汉武帝这次又是怎么借力打力的呢？

原来，在衡山王控告衡山国内史之时，另有人控告衡山王犯了两桩罪：一是抢夺民田，二是毁坏百姓的坟地为自己的田地。这两桩罪其实是一回事：非法扩大自己的土地。

因此，有人建议逮捕衡山王。但是，汉武帝不同意逮捕衡山王，而是改为没收衡山王任命官吏的权力——二百石以上官俸的官员一律改由中央政府任命。

> 元光六年，衡山王入朝，其谒者卫庆有方术，欲上书事天子。王怒，故劾庆死罪，强榜服之。衡山内史以为非是，郤其狱。王使人上书告内史，内史治，言王不直。王又数侵夺人田，坏人冢以为田。有司请逮治衡山王。天子不许，为置吏二百石以上。——**《史记·淮南衡山列传》**

汉代开国以来，诸侯国的国相、太傅均由朝廷任命，其余二千石以上的高官都由诸侯王自己任命，更不用说二百石的低级官员了，中央政府从来不干预这类官员的任命。吴楚七国之乱以后，诸侯国二千石以上的高官改由中央政府任命，这是为了限制诸侯王的权力，但是，对二百石以上的低级官员的任命还是由诸侯王自己处理。

汉武帝借衡山王非法占地一事剥夺了衡山王刘赐任免二百石以上官员的权力，对衡山王和内史的案子不予处理。

这一措施对衡山王显然是一个重大打击：过去是自己人不听自己的话，现在却是身边没几个自己人。那么，被架空的衡山王会做出怎样的选择呢？

衡山王此时面临两种选择：一是接受惩罚，改邪归正；二是变本加厉，踏上不归之路。一向明哲保身的衡山王会怎么选择呢？

> 衡山王以此恚，与奚慈、张广昌谋，求能为兵法候星气者，日夜从（sǒng）容王密谋反事。**《史记·淮南衡山列传》**

衡山王刘赐选择了谋反！刘赐对汉武帝没收官吏任免权一事十分恼怒，积极寻找两种人：一是能够带兵打仗的人，二是懂得星象占卜的人。而且，日日夜夜和他们在一块儿谋划。可见，衡山王坚定地化悲愤为力量，把对汉武帝的不满转化为积极准备叛乱的行动。

六年之后，汉武帝元朔六年（前123），衡山王刘赐还没有来得及叛乱，他的家中却出了两大丑闻：

第一，衡山王的太子刘爽派他的亲信白嬴进京上书汉武帝，状告他的弟弟刘孝制造战车、弓箭准备谋反，还告他的弟弟和父亲的侍女通奸。

第二，衡山王刘赐状告太子刘爽不孝。

哥哥状告弟弟谋反、乱伦，这岂不是天大之事？紧接着父亲状告儿子不孝，这也是有违纲常的。但是，白嬴还没有来得及将上书交给汉武帝，就因为淮南王刘安的谋反案被逮捕了。

衡山王刘赐的叛乱还未成形，怎么就会后院起火，突然爆发这么一连串的重大事件呢？

事情源起于衡山王刘赐亲自上书“废长立幼”一事，即要求废太子刘爽，立刘爽的弟弟刘孝为太子。

“废长立幼”一向是君王大忌，即使有充分的理由，也很难得到大臣、民众的认同。衡山王刘赐又是凭什么废立太子的呢？

这件复杂的家庭纠纷涉及四个女人和三个男人。这四个女人分别是衡山王的王后乘舒、两个嫔妃（徐姬、厥姬）和一个女儿刘无采，三个男人是衡山王刘赐和他的嫡长子刘爽、嫡次子刘孝。

王后乘舒和两个嫔妃都为衡山王刘赐生了孩子：王后乘舒为刘赐生了两个儿子和一个女儿，嫡长子刘爽是太子，嫡次子是刘孝，小女儿是刘无采。两个为他生育的嫔妃，一是徐姬（徐来），为刘赐生了四个儿女；二是厥姬，为刘赐生了两个儿子。

太子刘爽是衡山王的嫡长子，他当太子符合立嫡立长的原则，刘爽的被废缘于王后之争和太子之争。堂堂嫡长子，名正言顺，怎么会腹背受敌，最终为父王所抛弃呢？

第一，受人挑拨。

太子刘爽的母亲王后乘舒短命，乘舒死后，徐来被衡山王刘赐立为王后。但为衡山王生育两个儿子的厥姬也很受刘赐宠幸。徐来和厥姬两个人本来就相互妒忌，王后乘舒死后，厥姬没有抢到王后的位置，她就率先下手挑拨徐来和太子的关系。她告诉太子：徐来指使婢女用巫蛊之术杀害了太子的母亲乘舒。

太子听厥姬这么一讲，对王后徐来自然非常恼怒，总想找机会羞辱徐来。而厥姬挑拨了太子和新王后的关系后，躲到一边看热闹去了。

不久，王后徐来的哥哥到衡山国来，太子刘爽和他一块儿喝酒。在酒宴上，受厥姬挑拨，愤怒的太子用刀刺伤了徐来的哥哥。太子是酒后滋事，王后徐来一时不好发作，却记恨于心，此后经常在衡山王刘赐的面前诋毁太子。时间长了，太子不可能不知道，和王后徐来结下了怨仇。这是太子在自己家中树的第一个敌人。

第二，兄妹结怨。

太子刘爽一母同胞的妹妹刘无采，刁蛮任性，出嫁不久，就被休回家。这个刘无采却不以为耻，反而和一文不名的奴仆、初来乍到的客人通奸。亲妹行如此不伦之事，为兄岂有脸面？于是太子多次教训妹妹无采，无采恼羞成怒，竟然宣布和太子断绝来往。这样，太子一母同胞的妹妹成了太子在家中树的第二个敌人。

第三，徐来结盟。

王后徐来听说太子刘爽与妹妹刘无采有了矛盾后，有意讨好刘无采。无采和他的二哥刘孝，从小失去母亲，生活上多依附王后徐来。王后徐来非常工于心计，装出一副慈母模样，将刘孝、刘无采拉到了自己一边，结成了反对太子刘爽的政治联盟。

第四，联合诬告。

太子刘爽得罪的只是徐来和刘无采，嫡次子刘孝则是太子刘爽的天敌。刘爽的存在使刘孝无法成为太子，只有扳倒自己的亲哥哥，刘孝才有可能成为太子。

这样，在衡山王刘赐的家中，一个反太子的政治联盟形成了。出于不同的目的，王后徐来、弟弟刘孝、妹妹刘无采三个人联合诋毁太子刘爽。

第五，衡山王受骗。

衡山王刘赐在王后徐来、嫡次子刘孝和女儿刘无采三个人轮番的舆论围攻之下，很快就出现了严重的倾向性：厌恶太子。特别是衡山王生病时，太子因故不能前来侍奉，刘孝、王后、刘无采三人就诬告太子假装生病，其实是听说衡山王有病而暗中高兴。这让衡山王大为恼怒。

第六，太子失态。

太子在王后徐来屡屡打压下十分恼怒，竟然想和王后乱性以堵其口。在酒宴上公然坐在王后徐来的腿上求欢，被王后徐来告发。这一极不理智之举成为压垮太子的最后一根稻草。

于是，衡山王刘赐重打太子，和太子刘爽严重对立。

我们再来回顾一下这出家庭悲剧中的各大角色。

嫔妃厥姬最阴险。她是太子刘爽一切不幸的导火索。她想用挑拨徐来与太子关系的办法报复徐来，她的目的确实达到了。但是，随着事件发展的全面失控，衡山国最终灭亡，卷入这一事件中的所有人全部被杀。史书没有记载厥姬的最后结果，但是，刘赐是谋反罪，依汉律，谋反罪是夷三族罪，厥姬作为主犯的嫔妃，最终也只能是被杀。

太子刘爽最糊涂。他毫无政治头脑，首先被厥姬利用，成为厥姬报复王后徐来的工具；继而和王后徐来闹翻，招致了一场又一场的磨难。刘爽教育妹妹刘无采本是出于善意，但是，放荡的无采是无法挽救的。刘爽因此和妹妹反目，表现得非常不明智。

刘赐的女儿刘无采最愚蠢。如此放荡的女

王后乘舒死，立徐来为王后。厥姬俱幸。两人相妒，厥姬乃恶王后徐来于太子曰：『徐来使婢蛊道杀太子母。』太子心怨徐来。徐来兄至衡山，太子与饮，以刃刺伤王后兄。王后怨怒，数毁恶太子于王。太子女弟无采，嫁弃归，与奴奸，又与客奸。太子数让无采，无采怒，不与太子通。王后闻之，即善遇无采。无采及中兄孝少失母，附王后，王后以计爱之，与共毁太子，王以故数击笞太子。——**《史记·淮南衡山列传》**

子，怎么可能不被休回娘家来？回家之后，她视徐来为亲人，视自己的哥哥为仇人，是非不分，肆意妄为，完全成为徐来打击太子的工具。

刘赐的王后徐来最凶狠。她是这场家庭大乱的祸根。她拉拢刘孝、刘无采，陷害刘爽，其目的都是为了自己。但是，一旦太子刘爽被逼得铤而走险，整个衡山国遭遇毁灭，衡山王因谋反而自杀，她这个王后还能有好下场吗？

衡山王刘赐不能理顺父子关系，听任徐来别有用心的挑拨，导致父子反目，自毁其家。一屋不扫，何以扫天下？和他的大哥如出一辙，刘赐的家庭内部关系乱七八糟，还要谋反，岂非天方夜谭？

灾难只露出了冰山一角。就在衡山王家庭日益不和之际，又接连发生了四件事，导致本来就深陷泥沼的衡山王家庭雪上加霜，不可收拾。

第一，保姆受害。

元朔四年（前125），有人伤害了衡山王刘赐的保姆。衡山王因为多次重责过太子刘爽，因此，怀疑是太子刘爽指使人所为，二话不说就把太子重打了一顿。这样，衡山王刘赐和太子刘爽的关系就越来越僵。

第二，刘赐卧病。

不久，刘赐病倒，太子刘爽经常说自己有病不能去侍奉衡山王。王后、刘孝、刘无采三个人趁机对刘赐说："太子实际上没有病，他自己说有病，实际上听说大王病了，他满脸喜色。"刘赐一听，勃然大怒，决心废掉太子刘爽，立嫡次子刘孝为太子。

第三，加害刘孝。

王后徐来得知衡山王决心废掉太子刘爽后，就想借此机会连嫡次子刘孝一块儿废掉，这样，自己的儿子就可以立为太子了。

王后徐来有一个侍女，善于跳舞，衡山王刘赐很宠爱她。王后徐来就想让这个侍女和刘孝私通，以便诬陷刘孝，趁机将刘爽、刘孝兄弟两个同时废掉，立自己的儿子刘广为太子。

第四，封堵徐来。

太子刘爽得知了王后徐来的阴谋，想着王后徐来无休止地伤害自己，便想和她私通以堵住她的嘴。

有一天，王后徐来喝酒，太子刘爽前去敬酒，趁机坐在王后徐来的大腿上，要求和王后徐来同寝。王后大怒，立即把太子非礼这件事报告了衡山王。

保姆遇害是意外，刘赐卧床是误会。但是，各怀鬼胎的刘赐一家人抓住这些大做文章，众人推墙，这个大家庭岂能不倒?

一朝被蛇咬，这是意外；树下撞死兔，也是意外。事件发生概率很小，基本没有因果关系，就是意外。本来应该将这一切当作肩头的一片落叶从心底轻轻拂去，但我们往往做不到。于是十年怕井绳或者守株待兔，意外变成了必然，甚而有意为之。主观的力量有时就是这么强大，这么惑人。

元朔四年中，人有贼伤王后假母者，王疑太子使人伤之，笞太子。后王病，太子时称病不侍。孝、王后、无采恶太子：『太子实不病，自言病，有喜色。』王大怒，欲废太子，立其弟孝。王后知王决废太子，又欲并废孝。王后有侍者，善舞，王幸之，王后欲令侍者与孝乱以污之，欲并废兄弟而立其子广代太子。太子爽知之，念后数恶己无已时，欲与乱以止其口。王后饮，太子前为寿，因据王后股，求与王后卧。王后怒，以告王。——《史记·淮南衡山列传》

加害刘孝是徐来私心的大暴露，用一个女人挑拨父子关系在中国历史上，徐来是第一人，后继者不乏其人。

刘爽企图用与徐来私通的方式封堵徐来最为卑鄙也最具风险，这一手法的使用和失败表明刘爽确实不是一个称职的太子，能力和道德双低下，它预示了刘爽的末日。

衡山王刘赐一听王后徐来的告状，立即召见刘爽，准备捆起来重打一顿。

太子知道事已至此，想挽回是不可能了，那就干脆摊牌，把事闹大。于是，他对父亲刘赐说：“刘孝和父王的侍女通奸，妹妹无采和奴仆通奸。父王还是多多保重吧，我要上书天子了。”说完扔下刘赐一个人在宝座上发呆，赶紧跑掉了。

衡山王哪知儿孙满堂的皇族大家庭，竟是如此藏污纳垢之处？事态严重，赶快派人阻止太子刘爽，但是，没有人能够拦得住，衡山王只好亲自驾车去追，总算将太子追回来了。被追回来的太子刘爽已是穷途末路，大放狠话，衡山王只好用镣铐把他囚禁在太子宫中，以免他把谋反一事抖搂出去，招致整个家族的毁灭。

太子刘爽被衡山王关押起来后，刘孝一天天得到衡山王的信任。衡山王很欣赏刘孝的才干，他让刘孝佩带着衡山王的王印，号称“将军”，还让他住王宫外的

王乃召，欲缚而笞之。太子知王常欲废己立其弟孝，乃谓王曰：『孝与王御者奸，无采与奴奸，王强食，请上书。』即倍王去。王使人止之，莫能禁，乃自驾追捕太子。太子妄恶言，王械系太子宫中。——《史记·淮南衡山列传》

府第中，并且给了他很多钱，让他招揽宾客。

> 孝日益亲幸。王奇孝材能，乃佩之王印，号曰将军，令居外宅，多给金钱，招致宾客。——《史记·淮南衡山列传》

来到刘孝府上的宾客，私下里都知道淮南王、衡山王打算叛乱，他们也都怂恿衡山王造反。

于是，衡山王派刘孝府上的两个宾客救赫、陈喜制造战车和弓箭，刻了天子的玉玺、将军的大印。衡山王日日夜夜访求壮士，屡屡称引吴楚七国叛乱时的计划，用它来指导自己的谋反计划。但是，衡山王的胃口没有淮南王那么大，他不敢像淮南王一样想夺取皇帝的宝座，只是担心淮南王一起事，近水楼台，率先吞并了自己的衡山国。他期望的是：淮南王向西进兵，他自己则乘机发兵占领江淮之地。

> 宾客来者，微知淮南、衡山有逆计，日夜从容劝之。王乃使孝客江都人救赫、陈喜作輣车鍭矢，刻天子玺、将相军吏印。王日夜求壮士如周丘等，数称引吴楚反时计画，以约束。衡山王非敢效淮南王求即天子位，畏淮南起并其国，以为淮南已西，发兵定江淮之间而有之，望如是。——《史记·淮南衡山列传》

难兄难弟　殊途同归

元朔五年（前124）秋，衡山王将入朝见天子。经过淮南国时，淮南王以亲哥哥的身份和弟弟刘赐畅谈了一番，一下子消除了两兄弟多年的隔阂，彼此约定，共同谋反。

> 元朔五年秋，衡山王当朝，过淮南，淮南王乃昆弟语，除前郤，约束反具。——《史记·淮南衡山列传》

是什么让这对反目多年的兄弟重归于好？也许，他们谈起了父亲刘长和他的死，谈到了他们孤独的童年，这一支皇室血脉的延续……上一辈那对相残的兄弟，成为这对“老死不相往来”的兄弟和好的基石，此情此景着实让人感动。而如果一切直指“谋逆”这条绝路，又让人悲从中来、唏嘘不已。

元朔六年（前123），衡山王正式上书汉武帝要求废长子刘爽的太子名分，立嫡次子刘孝为太子。被囚禁中的太子刘爽听说后就派白嬴进京告刘孝，衡山王听说太子刘爽派白嬴进京上书，担心他讲出自己的谋反之事，赶快向汉武帝上书，告发太子刘爽大逆不道之事。

这才有了我们前面所讲的衡山王刘赐家中连续出现的两桩大案：哥哥告弟弟，父亲告儿子。

汉武帝把这个案子交给和衡山国相邻的沛郡郡守审理。

> 元朔六年中，衡山王使人上书请废太子爽，立孝为太子。爽闻，即使所善白嬴之长安上书，言孝作辎车镞矢，与王御者奸，欲以败孝。白嬴至长安，未及上书，吏捕嬴，以淮南事系。王闻爽使白嬴上书，恐言国阴事，即上书反告太子爽所为不道弃市罪事。事下沛郡治。——**《史记·淮南衡山列传》**

元狩元年冬，在沛郡抓捕参与淮南王刘安谋反案的案犯时，在刘孝的家里抓到了重要案犯陈喜。陈喜的被捕不仅让刘孝成为窝藏犯，而且还让刘孝揪心另外两件大事：

第一，陈喜可能供出衡山王刘赐谋反。

陈喜经常和衡山王刘赐商议谋反一事，刘孝非常担心陈喜在被捕后会供出这一重要情况。

第二，太子派人进京告状可能供出衡山王谋反。

刘孝考虑再三，决定率先自首，告发了陈喜等人参与谋反。因为汉法规定：能够坦白并揭发他人者可以免除自己的罪过。刘孝此时已经完全顾及不了自己的父王了，他只想用这种办法自保。

刘孝的自首将其父衡山王刘赐谋反的事情暴露无遗。这样，衡山王的谋反案和淮南王刘安的谋反案一样，尚未正式启动就被重要参与者自首告发：告发淮南王的是要犯伍被，告发衡山王的是要犯刘孝。

刘赐的谋反已经证实，其结果可想而知。连亲生父亲都出卖的刘孝，下场自然也不会很好。这次衡山王谋反事件的最终结果是衡山王刘赐自杀。刘孝自首、揭发他人，免除他的谋反罪，但是，刘孝和父王的侍女私通，仍被处死。王后徐来，因为用巫蛊手法害死前王后乘舒，处死。太子刘爽，犯不孝罪，处死。参与衡山王谋反的人一律灭族。撤销衡山国为衡山郡。

至此，淮南厉王刘长的两个儿子刘安、刘赐也全部因谋反罪自杀，刘长这一支皇室血脉基本断绝。

刘赐为什么会走上一错再错的谋反之路呢？

第一，自保。

刘赐没有大哥刘安那样大的政治野心，他开始只想自保，以免被大哥刘安起兵时所吞并。但

元狩元年冬，有司公卿下沛郡求捕所与淮南谋反者未得，得陈喜于衡山王子孝家。吏劾孝首匿喜。孝以为陈喜雅数与王计谋反，恐其发之，闻律先自告除其罪，又疑太子使白嬴上书发其事，即先自告。告所与谋反者救赫、陈喜等。廷尉治验，公卿请逮捕衡山王治之。天子曰：『勿捕。』遣中尉安、大行息即问王。王具以情实对。吏皆围王宫而守之。中尉大行还，以闻，公卿请遣宗正、大行与沛郡杂治王。王闻，即自刭杀。——**《史记·淮南衡山列传》**

是，随着时间的推移，刘赐的野心也在膨胀，他想利用刘安起兵后的空当占有江淮之地。随着兄弟二人的握手言欢，刘赐终于踏上了谋反之路。

第二，不满。

刘赐谋反的另一个重要原因是卫庆事件，卫庆事件后汉武帝对他的惩罚让他由不满走向叛乱。

无论是汉武帝时期的政治大环境，还是刘赐本人的政治才干，还有刘赐家庭中的内乱，都不可能让刘赐叛乱成功。刘赐的失败是必然的。

第三，复仇。

关于刘邦第七子刘长几代人的皇家恩怨终于落下帷幕。

回想故事的最初，赵姬含冤忍垢生下孤苦伶仃的小王子刘长。有谁预见了这只是一出悲剧的序幕？人们常说某些人的出生就是一个错误，而笔者始终不相信“命中注定”。笔者倒愿意承认，幼年丧亲的经历在他们的生命中留下了无法愈合的伤口：自卑、仇恨、患得患失。正是家庭的不完整引发了人格的不健全。

汉武帝兵不血刃地平定了淮南王刘安、衡山王刘赐的叛乱，表明武帝时期诸侯割据势力已大大削弱，再也不可能形成景帝时期吴楚七国之乱的局面。

我们盘点一下：

汉文帝前元八年（前172），淮南厉王刘长叛乱。

汉武帝元朔六年（前123），刘长长子淮南王刘安叛乱。

汉武帝元狩元年（前122），刘长三子衡山王刘赐叛乱。

幼年丧亲，成年谋逆。刘氏皇族在七子刘长这一脉似乎受到了命运的诅咒，陷入一种可怕的成长怪圈。

汉武帝在削平诸侯王叛乱的同时，广泛地延揽人才，使武帝一朝呈现出人才济济的鼎盛局面。在汉武帝众多的人才之中，有一个人才非常特殊，他在第一次写给汉武帝的求职信中就“高自称誉”，把自己大大夸奖了一番，立即吸引了汉武帝的眼球，在数以千计的求职人中脱颖而出；而且，此人以后的种种做派都与汉武帝一朝的其他人才大不相同。那么，此人是谁？他有何不同寻常的表现？

请看：另类奇才。

三十一

武帝一朝人才济济：卫青开疆拓土；霍去病克敌制胜；汲黯心忧社稷；张汤严刑峻法；丞相石庆虽然平庸木讷，但谦卑恭谨，朝堂之上也是一言九鼎。唯有一人，难以定义：他满腹经纶却没有一句治国安邦之策，他放浪形骸又疾恶如仇，皇上对他百依百顺，群臣眼中他又无足轻重。他是谁？是旷世奇才还是跳梁小丑？是喜剧之王还是悲情智圣？

文辞不逊　高自称誉

这位匪夷所思的人物就是东方朔，在当时的社会，没有人能够理解他。现代价值多元，倒是有一个词差可比拟：另类。

“另类”这词好。首先，它没有褒贬。我们要讲的就是东方朔如何与众不同，为什么与众不同。至于他这样对不对，好不好，要不要模仿，各位可见仁见智。其次，就字面看，“另类”就是“别一类”，既然“别一类”，大家就要跳出古典的或现代的各种条条框框。你喜欢东方先生的哪一种另类，就从哪一个侧面去欣赏、理解。怎么样？这种解读方式也很另类吧！

言归正传，来看看这个东方朔有什么本事将“另类”进行到底的。

第一，求职。

“海选”，不仅是现代社会中选秀节目选拔人才的流行方式之一，在古代社会也同样是深受欢迎。别看汉武帝威风八面，他也喜欢“海选”。凿空西域的张骞就是经“海选”当上了全权大使。“海选”，简言之，就是“不设门槛地选人才”。

汉武帝即位之后，于建元元年(前140)下诏，要求各地广泛推举贤良方正之士。这次“海选”活动，“四方士多上书言得失，自衒鬻者以千数”，盛况空前，而且一旦选中，“待以不次之位”，不拘辈分授予官职，政策特别优惠。

果然，“海选”中汉武帝淘到了两大“宝贝”，可谓一见倾心、相见恨晚。

第一个“宝贝”就是董仲舒。董仲舒是公羊派《春秋》的大师，他的一篇“天人三策”以儒家学说为基础，引入阴阳五行理论，形成“天人合一”的“大一统”思想体系，才华横溢，思维缜密。最后提出的一系列治国方略深得汉武帝赏识，因此，董仲舒的入选是意料之中，无可厚非的。汉武帝对他是“相见恨晚”。

第二个“宝贝”就是东方朔了。这次“海选”只比文章，不比才艺，还不是东方朔的最强项。不过没关系，他自然能够在数以千计的求职者中脱颖而出。

凭什么令当朝天子一见倾心？东方朔采取的办法是用“海吹”参加“海选”。

我们经常会看到这么一种人，他们的专业能力并不十分突出，但他们只要一开口，独特的说话方式马上会吸引住全场观众的眼球，引得大家捧腹大笑。这种能力，我们可以称之为“喜感”，或者叫“清口”。东方朔就是一个有喜感、善清口的人，他面见汉武帝时的一通“海吹”让汉武帝当朝捧腹大笑。东方朔是怎么“海吹”的呢？

“草民东方朔，爹妈早逝，由哥嫂养大。我十三岁才读书，三个冬天读的文史已经够用。十五岁学击剑，十六岁学《诗》《书》，读了二十二万字。十九岁学兵法，也读了二十二万字。如今我已二十二岁，身高九尺三。眼睛亮得像珍珠，牙齿像贝壳一样整齐洁白，兼有孟贲（古代卫国勇士）之勇，庆忌（先秦以敏捷著称的人）之敏捷，鲍叔（齐国大夫，与管仲分财，自取其少者）之廉洁，尾生（先秦人名，与女友约于桥下，女友不至，河水上涨，尾生坚守不离，被淹死）之诚信。我是文武兼备，才貌双全，够得上做天子的大臣吧。”

> 朔初来，上书曰：『臣朔少失父母，长养兄嫂。年十三学书，三冬文史足用。十五学击剑，十六学《诗》《书》，诵二十二万言。十九学孙吴兵法，战阵之具，钲鼓之教，亦诵二十二万言。凡臣朔固已诵四十四万言。又常服子路之言。臣朔年二十二，长九尺三寸，目若悬珠，齿若编贝，勇若孟贲，捷若庆忌，廉若鲍叔，信若尾生。若此，可以为天子大臣矣。臣朔昧死再拜以闻。』——《汉书·东方朔传》

东方朔的这番个人简历，史书给了一个非常贴切的评语，评之为“文辞不逊，高自称誉”。不过，他出奇制胜，夺人眼球，汉武帝一下就记住了“东方朔”这三个字，而且赞叹不已。

> 上伟之。——《汉书·东方朔传》

如果说董仲舒的“天人三策”是一剂京味大补丸，东方朔的这篇文章就是一瓶川味辣椒酱。一个利胆养心，一个开胃醒脑。东方先生的另类自不待言：一是不谈治国，二是自我标榜。从头到尾，没有一句正经话。

但是，汉武帝愣是被东方朔的另类深深吸引，视为奇才。不过，汉武帝非常有分寸，毕竟这只是“高自称誉”的小打小闹，没有提出任何治国之道，比起董仲舒，两者当然不在一个重量级上。因此，汉武帝对董仲舒是连发三策，而对东方朔只给了一个待诏“公车”的待遇。对比董仲舒、公孙弘，东方朔地位低，待遇差，日常工作也见不到汉武帝。

> 令待诏公车，奉禄薄，未得省见。——《汉书·东方朔传》

东方朔这第一次亮相，的确让人大跌眼镜。虽然武帝一朝，言辞放肆的不止东方朔一人，那个童言无忌的汲黯也常常令汉武帝哭笑不得。但是，汲黯显然因为不会说话才出言不逊。而看东方朔这番“海吹”，引经据典，铺陈比喻，且基本属实，如果不是“王婆卖瓜”，也称得上一篇美文。他这是有意给集中阅卷、审美疲劳的汉武帝制造了一次视觉冲击。东方朔的另类透着一股诡诈之气！

职场拼杀，讲究的是“眼球经济”。于是大家反复研究，如何自我包装，倾倒众生。殊不知人还有一种“逆反心理”，与其忸怩作态，不如真实大胆地来一次“我选我”。

第二，提职。

东方朔不是一位中规中矩的读书人，他的身上不仅充满了诡诈之气，而且还有一股诙谐之气。

东方朔刚刚待诏“公车”时非常兴奋。可是，时间一长，东方朔就犯嘀咕了。眼看董仲舒、公孙弘官居显赫，东方朔还是一个小小的待诏“公车”，无权无利，跟天庭里的弼马温一样，不过是个摆设，说晾就晾起来了。怎么办？世界上没有救世主，难道也来一次“大闹天宫”？自找死路，不成。东方朔不管三七二十一，没有人提拔自己，就自己提拔自己！究竟怎样自己提拔自己呢？

东方朔思来想去，就从“弼马温”入手。他找来专门为汉武帝喂马的一批侏儒，声色俱厉地对他们说：“皇上说你们耕田没有力气，当官不能治理百姓，打仗又不勇敢，一点用处也没有，白白消耗国家的粮食，准备把你们这些白吃白喝的人通通杀死！”

侏儒们一听，立即号啕大哭，请求东方朔出手相救。东方朔想了一想，说：“假如皇上路过这里，你们就跪下来求饶，或许会有点作用。”

过了一会儿，汉武帝从这儿路过，侏儒们齐刷刷、黑压压跪了一大片，哭哭啼啼，高呼“皇上饶命”。汉武帝莫名其妙，询问原因，侏儒们纷纷说：“东方朔说皇上要把我们这些人全杀了！”汉武帝一听，好个东方朔又在捣鬼，便质问他：“你把侏儒们吓得半死，到底为什么？”

东方朔理直气壮地说：“那些侏儒们不过三尺，俸禄却是一袋米和二百四十钱。我身高九尺余，俸禄也是一袋米和二百四十钱。他们吃得肚皮都要撑破，我却饿得前胸贴后背。如果陛下觉得我的口才还有用，就先让我吃饱饭。如果觉得我没用，请立即罢免，也好为长安节约点米。”

汉武帝一听，乐不可支，立即让东方朔从“公车”待诏到金马门待诏，这样，东方朔收入提高了，和汉武帝接触的机会也明显增多了。

久之，朔绐驺朱儒，曰：『上以若曹无益于县官，耕田力作固不及人，临众处官不能治民，从军击虏不任兵事，无益于国用，徒索衣食，今欲尽杀若曹。』朱儒大恐，啼泣。朔教曰：『上即过，叩头请罪。』居有顷，闻上过，朱儒皆号泣顿首。上问：『何为？』对曰：『东方朔言上欲尽诛臣等。』上知朔多端，召问朔：『何恐朱儒为？』对曰：『臣朔生亦言，死亦言。朱儒长三尺余，奉一囊粟，钱二百四十。臣朔长九尺余，亦奉一囊粟，钱二百四十。朱儒饱欲死，臣朔饥欲死。臣言可用，幸异其礼；不可用，罢之，无令但索长安米。』上大笑，因使待诏金马门，稍得亲近。——**《汉书·东方朔传》**

这就是脍炙人口的“长安索米”的故事。

东方朔借侏儒和自己身高悬殊却享受同等俸禄一事，表达不满。由于这种对比极富喜剧性，而东方朔一没要官，二没索地，只求填饱肚子。轻松诙谐，适可而止。因此惹得汉武帝哈哈大笑，在笑声中化解了汉武帝对东方朔“恶搞”

的不满。大家也跟着松了一口气。

不过，这个东方朔的胆子也是越来越大！前次一个人“海吹”，这回更出位，找了一帮群众演员来讨米要待遇！难道他不会害怕，不知反省吗？那也不是，东方朔也曾在文武百官面前深刻检讨过，来看看“东方式”的检讨是个什么状况。

第三，批评。

有一年伏日（三伏天的祭祀日），汉武帝下诏赐些鲜肉给大臣。大臣们早早来到宫中，但是等到太阳偏西，主持分肉的官员还未来，大家虽然急不可耐，也只有傻等着。东方朔可没有什么好涵养，拔出刀来就割肉。他一边割肉，一边还对其他大臣说：“不好意思了，今天热浪袭人，我先走一步。”说着，把自己动手切下的一大块肉揣在怀里，大摇大摆地走了。其他大臣动也不敢动，目瞪口呆，眼睁睁看着东方朔卷肉而去。

第二天上朝，主持分肉的官员将东方朔擅自割肉一事上奏给汉武帝。汉武帝知道东方朔又在调皮了，便问：“昨天朕赐肉，你为什么不等待分肉官员来，就自己切下肉跑了？”东方朔一听汉武帝责问，立即脱下帽子请罪。汉武帝佯装生气，板着脸说：“先生起来吧，当众做个自我批评，朕就不治罪了。”东方朔一听，小菜一碟，张口就来：“东方朔啊东方朔啊，不等皇上分赏，你擅自拿走赐物，真是无礼至极！拔剑割肉，多么壮观！只切了一小块，多么廉洁！一点不吃，全部带给老婆，真是爱妻模范！”东方朔话音未落，汉武帝已经笑弯了腰：“我让你做自我批评，你倒好，自我表扬！”

这样，汉武帝又赏了东方朔一石酒和一百斤肉，让他回家送给太太。

东方朔这哪里是自我批评啊？完全是在自我吹嘘嘛！但是，汉武帝就是吃他这一套。朝堂肃穆，百官惶恐，为博龙颜一悦：石庆唯唯诺诺，公孙弘曲意逢迎，张汤机关用尽。只有东方朔敢于彻底放下自我，恶搞作秀，在所不惜。因为他明白，只要皇帝哈哈大笑了，什么都好说。

东方朔的搞笑天分可谓登峰造极，但“喜剧之王”并非他的全貌。东方朔最为后世津津乐道的还有他的“智圣”形象，这就讲到了下一个故事。

伏日，诏赐从官肉。大官丞日晏不来，朔独拔剑割肉，谓其同官曰：『伏日当蚤归，请受赐。』即怀肉去。大官奏之。朔入，上曰：『昨赐肉，不待诏，以剑割肉而去之，何也？』朔免冠谢。上曰：『先生起自责也。』朔再拜曰：『朔来！朔来！受赐不待诏，何无礼也！拔剑割肉，一何壮也！割之不多，又何廉也！归遗细君，又何仁也！』上笑曰：『使先生自责，乃反自誉！』复赐酒一石，肉百斤，归遗细君。——《汉书·东方朔传》

出入庙堂　以识得资

第四，咨询。

东方朔奉旨顾问的故事首载于《史记·滑(gǔ)稽列传》褚少孙的补传。《史记》自流传以后，一直有人为其作补，其中最有名的是褚少孙的补传。《史记》的《东方朔传》即为褚少孙所补。

据《史记》褚少孙补传记载：有一天，长安的建章宫跑出来了一头怪物，它的形状很像麋鹿。消息传到宫中，惊动了汉武帝，汉武帝也想见识一下这个不速之客。但是，只是亲眼看看也没什么意思，这个怪物到底来自何方，又缘何而来？他想起了东方朔，立即传旨叫东方先生来掌掌眼。

东方朔看过之后，胸有成竹，对汉武帝说：“我知道它是什么东西，但是，陛下一定要赐给我美酒、佳肴，让我饱餐一顿，我才能说。”汉武帝立即下诏：“可以。”东方朔喝完酒，吃完饭，并没有马上回答汉武帝的问题，又对汉武帝说：“有一块地方，有公田、鱼塘、蒲苇，加起来好几顷，请陛下把这块地方也赏给我，才能回答您的问题。”汉武帝一听，怎么你东方朔还要耍大牌？但他急于知道答案，无可奈何，只好马上传旨：“可以赏给你。”东方朔一看，行啊，下半辈子有保障了，这才不紧不慢地说：“这个东西叫‘驺（zōu）牙’。它满嘴的牙齿完全相同，排列得又像驺骑一样整齐，所以叫作‘驺牙’。如果远方有人前来归降我们大汉，‘驺牙’就会提前出现。”

一年多以后，匈奴浑邪王果然带领十万之众前来归降，汉武帝又一次重赏了东方朔。

“驺牙”这个名字是不是东方朔临时杜撰出来借机糊弄，现在已经无法探究。但就这件事来说，本来作为臣子，皇上有了旨意，应当立即奉旨，不得延误，否则就是抗旨。但东方朔全然不顾，我行我素，要吃要喝，要田要地。只有汉武帝满足了他的一切要求，方才侃侃而谈。

建章宫后阁重栎中有物出焉，其状似麋。以闻，武帝往临视之。问左右群臣习事通经术者，莫能知。诏东方朔视之，朔曰：『臣知之，愿赐美酒粱饭大飧臣，臣乃言。』诏曰：『可。』已又曰：『某所有公田鱼池蒲苇数顷，陛下以赐臣，臣朔乃言。』诏曰：『可。』于是朔乃肯言，曰：『所谓驺牙者也。远方当来归义，而驺牙先见。其齿前后若一，齐等无牙，故谓之驺牙。』其后一岁所，匈奴混邪王果将十万众来汉。乃复赐东方生钱财甚多。——《史记·滑稽列传》

东方朔能够解答所有朝臣们无从下手的问题，无可争辩地显示了他的智慧与博学，“智圣”不是浪得虚名。但是，他瞅着汉武帝急于求答案的机会，狠狠宰上一笔，什么东西都要到手了，才肯作答，说明了什么？

第一，现实。

东方朔非常现实。他真正懂得什么叫皇帝，什么叫价值。君君臣臣父父子子，哪会有温情脉脉？涨工资，分地产，就是皇帝一句话。只有你能够为皇帝办事，皇帝才能赏赐你；只有你具有使用价值，你才能获取价值。

东方朔心安理得，用知识换财富，表现了他不屑儒家“谦谦君子”之说，讲求实惠的前卫性格。

第二，另类。

从头至尾，我们发现东方朔最大的另类之处就是敢要。

一般臣子遇到皇上请教一件事，大都毕恭毕敬、尽其所能地回答问题，谁敢在这个节骨眼儿上要大牌，谈条件？东方朔就敢。

东方朔为什么敢要这要那呢？

一是东方朔完全有把握解答皇上的疑问。

二是东方朔完全有能力在皇上发怒时瞬间让其大笑。

把握皇上的心理，不失时机地要待遇，要赏赐，使东方朔和汉武帝时代，也和封建时代所有的臣子截然不同——他是一个另类的臣子。论才智，东方朔在《史记》中数一数二，博闻强识，满腹经纶；论地位，近侍臣子，专职逗乐帝王。可以说他是个无足轻重的跳梁小丑。

当汉武帝第一眼被他的另类所吸引，东方朔的“弄臣”形象就已经定格。“聪明反被聪明误”，它可以成全你，也可以糟践你。

既然已经担着油滑不恭的虚名，东方朔就更加无所顾忌，及时行乐。这位“爱妻模范”的婚姻观也是惊世骇俗。

不避世俗　大隐于朝

第五，婚姻。

东方朔的婚姻非常另类。他娶京城年轻的美女为妻，但一年即离婚另娶。汉武帝赏给他的钱财相当多，但他都用来迎娶新人了。

东方朔娶妻有三条铁的纪律：一是只娶京城长安的女人，二是只娶小美女（好女、少妇），三是一年一换妻。皇上赏给他的钱财，他全都用来告别旧美女，迎娶新美女。

群臣看不惯他这一套，都说东方朔是“狂人”。汉武帝听说之后，说：“假如东方朔没有这些毛病，谁能赶上他？”

数赐缣帛，檐揭而去。徒用所赐钱帛，取少妇于长安中好女。率取妇一岁所者即弃去，更取妇。所赐钱财尽索之于女子。人主左右诸郎半呼之『狂人』。人主闻之，曰：『令朔在事无为是行者，若等安能及之哉！』——《史记·滑稽列传》

其实，封建社会中，男人妻妾成群，厌倦了可以放在家里养着，根本没必要离婚啊！但是东方朔不同，他偏要“放爱一条生路”，看来这个“情场浪子”特别懂得怜香惜玉。大家好聚好散，相见亦是朋友。只怕皇帝的赏赐不够用噢！但东方朔自有办法。

第六，邀赏。

东方朔获得皇上赏赐也和他人大不相同。

皇上赐饭，万石君石奋即使晚年退休在家，也是弯着腰、低着头，细嚼慢咽，诚惶诚恐，毕恭毕敬。

时诏赐之食于前，饭已，尽怀其余肉持去，衣尽污。——**《史记·滑稽列传》**

东方朔才没有那么多规矩！皇帝面前赐食，他狼吞虎咽，全然不顾吃相。吃完了之后，剩下不少，扔了多可惜啊，于是打包带走。今人不知此事，误以为打包是中国人向外国人学的。其实，打包的专利权应当属于西汉的东方朔。古时打包没有塑料袋、食品盒，东方朔就脱下自己的衣服，把油乎乎的肉全部用衣服兜起来，拎着就走。因此，他的衣服经常龌龊不堪，他也懒得管，别人冷眼相看，他也不在乎。

东方朔如此另类的表现，却依然深得汉武帝喜爱，难免引来同僚们的嫉妒。对付嫉妒者，东方朔也有怪招。

第七，遭嫉。

一天，汉武帝在宫里玩，他把一只壁虎放在盆下让大臣们猜是何物，大臣们都猜不出来。东方朔说：“说它是龙吧，它没有角；说它是蛇吧，却有脚，能在墙壁上爬，这不是壁虎，就是蜥蜴。”皇上说：“猜得好。”赏了他十匹绢帛，接着让他再猜其他的东西。结果东方朔是连猜连中，得了一大堆赏赐。

汉武帝另一个宠臣郭舍人不服气，大喊大叫：“东方朔是蒙对的，不算猜中，我找一个东西让他猜，他如果猜中了我情愿挨一百大板，他猜不中请皇上赏我绢帛。”于是，郭舍人就在树上找了一个长有菌芝的树叶让东方朔猜，东方朔应声答出来。汉武帝一看东方朔又答对了，马上打了郭舍人一百大板，郭舍人痛得嗷嗷直叫。

东方朔见郭舍人挨打，也不讲风度，只管袖手旁观，冷嘲热讽。郭舍人还不服气，又出了一个谜语，让东方朔猜，东方朔又猜了出来。凡是郭舍人出的谜语，没有一个能难得住东方朔的，众人慨叹。

时有幸倡郭舍人，滑稽不穷，常侍左右，曰：『朔狂，幸中耳，非至数也。臣愿令朔复射，朔中之，臣榜百，不能中，臣赐帛。』乃覆树上寄生，令朔射之。朔曰：『是寠薮也。』舍人曰：『果知朔不能中也。』朔曰：『生肉为脍，干肉为脯；著树为寄生，盆下为寠薮。』上令倡监榜舍人，舍人不胜痛，呼謈。——《汉书·东方朔传》

东方朔与郭舍人同属汉武帝的侍从，东方朔的相处之道是：不结党，不排挤；我自由，你自重。对付小人，既让他吃点苦头，又不至于连累自己，还要他心服口服。即使现在，也是人际关系的黄金定律啊！

这次猜谜之后，汉武帝身边的大臣对东方朔的聪明无不佩服得五体投地，汉武帝也非常高兴，提拔东方朔担任了常侍郎。

但是好景不长，东方朔马上被打回原形。

还有什么另类的事？有！而且这件事太离谱了：一次，东方朔因为喝醉了酒，竟然在皇帝的办公室里撒了一泡尿。这一次真让汉武帝火了，把东方朔的官撤了，但是，仍然让他待诏宦者署。

先是，朔尝醉入殿中，小遗殿上，劾不敬。有诏免为庶人，待诏宦者署。——《汉书·东方朔传》

别说战战兢兢，东方朔在宫廷之上，简直是玩疯了。好好一个饱读诗书的知识分子，为什么像个青春期的小青年，如此耍宝，如此另类呢？

细看东方朔的一切思想、行为、语言后，我们可能会对他的另类感到不解，弄不清楚东方朔如此举止的目的何在，他的人生定位又是在哪儿。其实东方朔的追求只有两个字：隐逸。关于隐逸，东方朔自己曾经有过一个绝妙的回答。一位宫中的侍从问东方朔："人们都认为你疯了，脑子有毛病，是这样吗？"东方朔回答："像我这样的人只是一个在朝廷中避世的人。古人往往到山中避世，我不同，我是在朝中避世。"

郎谓之曰：『人皆以先生为狂。』朔曰：『如朔等，所谓避世于朝廷间者也。古之人，乃避世于深山中。』——《史记·滑稽列传》

据《史记》记载，东方朔还在一次酒宴之上即席创作了一首歌："陆沈于俗，避世金马门。宫殿中可以避世全身，何必深山之中蒿庐之下。"《史记·滑稽列传》这首歌的意思是说：在世俗中随波逐流，避世在皇宫之中，宫中也能避世全身，我何必非住深山草屋？

由于这首歌是东方朔"时坐席中，酒酣，据地歌曰"，所以，明清以后的古诗选本都把这首歌称作《据地歌》。

东方朔的"避世于朝廷间"，到了晋代王康琚《反招隐诗》则演绎成为“小隐隐陵薮，大隐隐朝市”。白居易写的《中隐》诗提出了“中隐”的概念。这样，就有了“小隐隐于野，中隐隐于市，大隐隐于朝”的说法。

依赖周围环境忘却世事，这是小隐。藏身于市井之中，是中隐。隐身于朝堂之中，才是大隐。今人又补充了一句：超隐隐于网。

“隐”，与其说是生存状态，不如说是一种处世心态。“返璞归真”难能可贵，做到的人往往“大智若愚”。他们用超常的性情和意志去抗拒世俗的复杂和丑陋的诱惑，坚守本性，这就是“大隐”。

从进入仕途到在朝中与汉武帝相处，东方朔之所以表现得如此另类，根本原因在于东方朔没有把朝堂看得那么神圣，他不是怀着敬畏之心在朝堂上供职的。他是把朝堂当作隐居之地，用一种调侃的方式和至高无上的汉武帝相处。

既然朝堂只是他隐居的地方，东方朔只求无拘无束地生活，快快乐乐地生活，随心所欲地生活，实实在在地生活。所以，分肉官不来他就自己拿刀割肉，他一年一换妻子，他打包不怕人笑话，他在朝堂上也可以撒尿。他追求的就是这种无拘无束、自由自在、快快乐乐的生活。

既然朝堂只是他隐居的地方，因此，在汉武帝向他提问的时候他要吃要喝，要田要地，因为只有这个时候皇帝最慷慨，要什么给什么！

可是汉武帝又不是慈善家，凭什么一次次容忍他的另类？

答案只有一个：快乐！

东方朔不是董仲舒，一篇“天人三策”解答了那么多重大问题。

东方朔也不是汲黯，你不戴好帽子他都会挑你的不是。东方朔无论干什么总让汉武帝觉得开心：他写一封求职信，汉武帝看了直乐；他用侏儒作比索求更高的俸禄，汉武帝一听直乐；他做自我批评都让汉武帝听着直乐。这样一个人，汉武帝干吗不要？汉武帝需要的不只是董仲舒、汲黯、卫青，也需要能让他整天快快乐乐的东方朔。

虽然笔者一再强调不要用现成的价值观去理解东方朔，但还是忍不住要说：难道东方朔真的“隐于朝”了吗？他的哪一句话不是把准了皇帝的脉才开口的？他一出场就袭来一股诡诈之气，岂是凭空而来？他那一泡便溺，何等蹊跷！如果说官场多的是“伪君子”，那么，东方朔更像一个“伪小人”。汉武帝是快乐了，可东方朔快乐了吗？他满腹诗书，就甘心做一个跳梁小丑吗？他千辛万苦，入朝为官，难道只图衣食无忧？

请看：庐山真面。

庐山真面

三十二

奇才东方朔以朝堂为隐居之地，用调侃人生的态度对待一切，追求实实在在的另类生活。那么，东方朔真的就是那么一位玩世不恭的滑稽大王吗？他的真实面目究竟是什么样子的呢？他就甘心当一个汉武帝身边的弄臣吗？

喜剧之王 一反常态

东方朔在宫廷之上，插科打诨，耍宝恶搞，整个一“喜剧之王”，简直玩疯了。这种刻意的娱乐总让我们觉得诡诈、不安，因为他越是试图让众人记住某种形象，则意味着他同时在极力使大家不注意他的另一张面孔。那会是怎样的一张面孔呢？究竟哪一种表情才是东方朔的真实面目？我们先来看史书记载的有关东方朔的三件事，再作判断。

第一件事，阻止扩建上林苑。

建元三年（前138），刚刚年满十八岁的汉武帝突然命令大规模扩建上林苑。

上林苑最早始于秦代，是秦代的皇家打猎场，但是规模较小。秦始皇在上林苑修建了著名的阿房宫，毁于项羽的一把火。高祖十二年（前195），刘邦开放上林苑，上林苑成了农民耕地种田的地方。

即位才三年的汉武帝为什么突然放着诸多大事不干，却偏偏要扩建上林苑呢？

原来，汉武帝即位后，一直致力于推行新政，并没有尽情打猎。但是，建元二年（前139），窦太后突然出手，罢免窦婴、田蚡，任命自己信任的人担任丞相、御史大夫。汉武帝的建元新政全面结束。

面对窦太后的干政，汉武帝没有做任何抵抗，而是选择了等待。

从建元三年（前138）开始，十八岁的汉武帝将自己过剩的精力用于“微行”出游。所谓“微行”是指帝王或权贵隐瞒自己的身份，易服出行。帝王“微行”出游始自秦始皇。

但是，汉武帝的“微行”出游遭遇了三大麻烦：

一是扰民。

汉武帝的“微行”出游非同一般，他自称平阳侯，率领一帮精干的骑从（期门军），沿途打猎，践踏庄稼，惊扰百姓，夜出晨归。百姓是怨声四起，大骂土匪，一状告到了鄠（hù）杜县令处。县令要亲眼见识一下这个“平阳侯”到底是何方神圣，竟遭到阻拦。县令大怒，痛斥汉武帝的随猎者，并扣留了几位随从。随从只好出示了皇室用品，自曝身份。杜县令一看，竟然是当朝天子，无话可说，只得放行。

二是遇险。

那是一个月黑风高之夜，汉武帝率一路剽骑行至柏谷（今河南灵宝市西南），直奔一家小店，劈头问老板：“有什么喝的？”老板没好气地说：“要喝的没有，要尿倒是有一马桶。”老板娘看了看发飙的那位后生，相貌堂堂，气宇轩昂，一把拉过老公：“你看这帮家伙锦衣夜行，装备精良，来头可不小。算了！”老板脖子一梗：“我看这伙人是江洋大盗，待我召集一帮人，将他们摆平。”老板娘于是又生一计：喝酒！天南海北，陈谷烂米，三下五除二，灌醉了老公，一把将他捆起来，招来的年轻人一律赶走；杀鸡做饭，好吃好喝送汉武帝一行人上路。

初，建元三年，微行始出，北至池阳，西至黄山，南猎长杨，东游宜春。微行常用饮酎已。八九月中，与侍中常侍武骑及待诏陇西北地良家子能骑射者期诸殿门，故有『期门』之号自此始。微行以夜漏下十刻乃出，常称平阳侯。旦明，入山下驰射鹿豕狐兔，手格熊罴，驰骛禾稼稻粳之地。民皆号呼骂詈，相聚会，自言鄠杜令。令往，欲谒平阳侯，诸骑欲击鞭之。令大怒，使吏呵止，猎者数骑见留，乃示以乘舆物，久之乃得去。时夜出夕还，后赍五日粮，会朝长信宫，上大欢乐之。——《汉书·东方朔传》

第二天，汉武帝回到宫中，立刻召见了老板娘，赏她千金，还了人情，还任命她的老公做了羽林郎（皇宫禁卫军）。

这是汉武帝“微行”出游以来，第一次遇险。

三是顾忌。

汉武帝虽然“微行”出游上了瘾，但是，尚有王太后、窦太后的牵制，不能不有所顾忌，未敢远行，难以尽兴。

然尚迫于太后，未敢远出。
——《汉书·东方朔传》

出于上述三方面原因，汉武帝决定大规模扩建上林苑，作为自己打猎的场所。

但是，汉武帝扩建上林苑，要迁徙苑中的农民，侵夺他们的土地，迫使他们另垦荒地。

一向玩世不恭的东方朔这次却一板一眼、义正词严地提出了“三不可”：

“上乏国家之用，下夺农桑之业”，是其不可一也。

“坏人冢墓，发人室庐，令幼弱怀土而思，耆老泣涕而悲”，是其不可二也。

“一日之乐，不足以危无隄之舆（指汉武帝）”，是其不可三也。

东方朔认为：国家得不到税收，农民失去土地，这是一不可。毁坏百姓的墓地、住宅，让百姓悲痛，这是二不可。皇上驾着车奔驰，一旦出现车祸，后果难料，这是三不可。

他还以殷纣王、秦二世为例，告诫汉武帝不可不顾民心民意。

东方朔这“三不可”汉武帝听进去了没有呢？汉武帝连连称“是”，擢升东方朔为太中大夫，赏赐黄金百斤。不过说归说，上林苑还是照样扩建。

上乃拜朔为太中大夫给事中，赐黄金百斤。然遂起上林苑。——《汉书·东方朔传》

汉武帝在这件事上的表现很正常，既奖励直臣，又我行我素。倒是东方朔显得十分反常：东方先生的本职工作是逗乐皇帝，这和围苑打猎是一码子事，你又凭什么板起面孔忧国忧民？哪有一点“大隐”的味道？

第二件事，赞扬武帝杀婿。

汉武帝的外甥昭平君娶了他的女儿夷安公主为妻，成了汉武帝的乘龙快婿。昭平君仗着自己的舅舅兼岳父乃是当今圣上，母亲隆虑(lǘ)公主又只有他这么一个儿子，平日里骄横跋扈，屡次被“公安部门”传讯。隆虑公主在临终时，对这个不肖子还是不能放心，于是拿出金千斤、钱千万，请求预先为昭平君赎死罪。可怜天下父母心啊，汉武帝答应了妹妹的最后托付，隆虑公主这才合眼。

事实证明，部分官二代兼富二代的骄横、放纵问题自古有之。此非江山易改本性难移，而是权力与财富使然，是人性不受约束使然。母亲过世，昭平君并未悔改，反而有恃无恐，变本加厉，竟然醉杀了妻子夷安公主的傅母（辅导、保育贵族子女之人）。按照汉律，昭平君杀人必判死罪。但是，廷尉上奏后，大臣们都认为，隆虑公主临死之前已经为儿子交了赎罪钱，而且皇上也亲口许诺了，就饶了驸马一命吧。

汉武帝痛心疾首：“妹妹英年早逝，只留下这根独苗，死前又将他托付与我。现在我要杀他，怎么向死去的可怜人交代啊！”说着说着，他泪流满面，坐在龙椅上掩面叹息。过了很久，汉武帝才又开口说：“但是，法令是先帝制定的，我也不能因为妹妹而违反成令。否则，将来我有什么颜面进高祖之庙拜见列祖列宗呢？面对天下的百姓，我又作何解释？”于是，挥手下令处死昭平君。其实，汉武帝还有一层痛心不便表明。妹妹的儿子也是自己的亲女婿啊！自己一手将爱女变成了寡妇，于心何忍？忍痛割爱，一向铁石心肠的汉武帝悲从中来，哭个不停。大臣们也都明白汉武帝的难言之隐，纷纷落泪。

一时间朝堂上是愁雾弥漫、唏嘘一片。突然，东方朔跳了出来！他不知从哪里找到一个酒杯，高高举起，敬献给汉武帝说：“臣听说圣君执政，赏赐不避仇人，诛罚不分骨肉。陛下遵循古训，这是天下百姓的福分啊！”好个东方朔！想出风头想疯了吗？皇帝家要死

隆虑公主子昭平君尚帝女夷安公主，隆虑主病困，以金千斤钱千万为昭平君豫赎死罪，上许之。隆虑主卒，昭平君日骄，醉杀主傅，狱系内官。以公主子，廷尉上请请论。左右人人为言：『前又入赎，陛下许之。』上曰：『吾弟老有是一子，死以属我。』于是为之垂涕叹息，良久曰：『法令者，先帝所造也，用弟故而诬先帝之法，吾何面目入高庙乎！又下负万民。』乃可其奏，哀不能自止，左右尽悲。朔前上寿，曰：『臣闻圣王为政，赏不避仇雠，诛不择骨肉。《书》曰：「不偏不党，王道荡荡。」此二者，五帝所重，三王所难也。陛下行之，是以四海内元元之民各得其所，天下幸甚！臣朔奉觞，昧死再拜上万岁寿。』——**《汉书·东方朔传》**

人了，这是插科打诨的时候吗？群臣哑然，面面相觑，汉武帝也因他的“冷笑话”吃了一惊，愣在那里。

汉武帝退朝，马上召见东方朔，质问他：“我听古书上说，该你说话的时候再说话，才不至于讨人嫌。今天这个状况，你疯疯癫癫地敬酒，是什么意思？”

东方朔赶紧脱下帽子，叩头请罪说：“陛下，天下之大，能够消忧解愁的只有酒。今天看到您那么伤心，我献上一杯美酒，一来祝贺皇上秉公办案，二来希望陛下借酒消忧。可惜我脑子笨，缺根筋，不懂得挑时候，真是罪该万死。”

汉武帝听了东方朔的一番话，心想：东方先生哪里笨？大智若愚，心里透亮得很啊！他当着群臣敬了那杯酒，是怕我情绪不稳，让我以江山社稷为重、祖宗成法为重，痛下决心。喝了那杯酒后，我是绝难再收回成命的啊！不过，汉武帝没有降罪东方朔，反而免了他因殿上小便而受到的处罚，另外又赏了他一百匹绢。

处死昭平君是汉武帝的英明之举，伤心落泪亦是人之常情。大臣要附和皇上，当然陪哭，只有东方朔的表现再次匪夷所思。东方朔说到底就是皇帝的开心果、减压器，眼见皇帝痛不欲生，干吗还不知轻重地跑上来“添堵”？这哪里有一点“大隐”的味道？

第三件事，呵斥窦太主内宠入宣室。

这位窦太主来头可不小，她既是皇后陈阿娇的亲生母亲，又是辅佐汉武帝登上太子之位的五个重要女人之一，因此深得汉武帝尊宠，势力很大。窦太主的先生陈午死得很早，她守寡多年，五十多岁的时候，她梅开二度，招了一个十八岁的内宠董偃。

原来，董偃十三岁时随着母亲经营珠宝，经常出入窦太主家中。窦太主身边的人都夸董偃长得眉清目秀，窦太主虽然不是年轻姑娘，但“爱美之心人皆有之”，打起了董偃的主意。她召董偃进来一看，果然长得英俊，就对董偃说：“吾为母养之。”董偃的母亲是珠宝商，生意全仰仗窦太主关照，自然不敢得罪“财神爷”，既然窦太主看上了自己的儿子，就只好让董偃留在了窦太主家中。窦太主教董偃读书、计算、驾车、射箭。过了五年，到董偃十八岁的时候，董偃成大帅哥了，窦太主就让他伴寝。此时，窦太主已经五十多岁了，得了这么一个帅气的内宠，自然喜不自胜。

窦太主被爱情冲昏了头脑，主动提出来拨出一笔专项资金，用于董偃结交京城权贵，而且下令：董偃每天花的金子不到百斤，钱不到百万，绢帛不到千匹，不用向她请示，随便花，超过这个数了，再向她报告。

所谓狐假虎威，京城的达官贵人也因此对董偃十分客气，尊称他为“董君”。

可不要以为，整件事就是董偃吃“青春饭”、傍上了“大富婆”这么简单。内宠说到底就是权贵夫人的泄欲工具，不仅没名没分，没有法律保障，还处在权、钱、欲的旋涡，命悬一线。后世武则天的内宠、太平公主的内宠，就是不明白这一点，所以他们的下场都非常凄惨。一位好友曾提醒董偃：“你作为一介布衣私下侍奉窦太主，犯的是难以预料结果的罪，你将来该怎么办？”董偃也愁眉不展：“我料到这事早晚是个大麻烦，但苦于毫无对策。”

这位好友就劝他说：“你为什么不劝窦太主把她的长门园献给皇上呢？这是他早就想要的一个园子了。皇上要是知道你劝窦太主进献长门园，一定会非常喜欢你的。有了皇上的赏识，你还担心什么呢？”

董偃一听，非常高兴，立即回宫向窦太主提出了这个建议。

其实，窦太主私纳董偃伴寝，心里也发虚，怕自己的侄子汉武帝治董偃的罪，一听这个计策不错，马上打了个报告，明确表示要将自己的长门园献给皇上。汉武帝一看姑姑的报告，一个愿打一个愿挨，立即照单接受，还将这个园子改名为长门宫。窦太主万万没有想到，这个长门宫一时成全了她和董偃的私情，后来却成了女儿阿娇被废之后的寝宫。真是造化弄人！

窦太主让董偃拿了黄金百斤去答谢董偃的那位朋友，那位朋友“好人做到底”，又为董偃设计了面见汉武帝的办法：让窦太主称病不上朝，汉武帝自然会亲自来探病，询问窦太主有何要求。窦太主借此机会对武帝说：“我蒙陛下厚

初，帝姑馆陶公主号窦太主，堂邑侯陈午尚之。午死，主寡居，年五十余矣，近幸董偃。始偃与母以卖珠为事，偃年十三，随母出入主家。左右言其姣好，主召见，曰：『吾为母养之。』因留第中，教书计相马御射，颇读传记。至年十八而冠，出则执辔，入则侍内。为人温柔爱人，以主故，诸公接之，名称城中，号曰董君。主因推令散财交士，令中府曰：『董君所发，一日金满百斤，钱满百万，帛满千匹，乃白之。』安陵爰叔者，爰盎兄子也，与偃善，谓偃曰：『足下私侍汉主，挟不测之罪，将欲安处乎？』偃惧曰：『忧之久矣，不知所以。』爰叔曰：『顾城庙远无宿宫，又有萩竹籍田，足下何不白主献长门园？此上所欲也。如是，上知计出于足下也，则安枕而卧，长无惨怛之忧。久之不然，上且请之，于足下何如？』偃顿首曰：『敬奉教。』——《汉书·东方朔传》

恩，被封公主，衣食无忧，但我年事已高，一旦有个三长两短，心中会留下一个很大的遗憾，希望皇上能在日理万机之时，抽空拐到我的住所，我备一份宴席，给我个机会向皇上敬一杯酒。”她准备向皇上挑明这个遗憾从何而来了！

过了一阵儿，窦太主称自己病好了，亲自拜见皇上。

姑姑如此拘礼，侄儿也不敢怠慢。几天之后，汉武帝亲临窦太主的住所。窦太主这次为了自己和董偃，算是拉下老脸，豁出去了。她索性穿起用人的衣服，亲自掌勺，烧了一桌好菜好饭。难得姑姑盛情，汉武帝也猜到了她的用心所在。一切停当，汉武帝主动提出希望见见“主人翁”(对主人的尊称，此指董偃)。这“主人翁”即男主人，汉武帝此言显然是戏称。

窦太主一听皇上提到董偃，赶快去掉所戴的全部首饰，光着脚，叩头请罪说：“我确有一些无法见人的事，触犯国法，有负陛下厚望。求陛下恕罪！”姑姑守寡多年，也不容易。汉武帝也想成人之美，于是传旨，不予追究。窦太主这才重新戴上首饰，穿好鞋，还要董偃也入席拜见汉武帝。

董偃穿着下人的服装，跪在殿下拜见汉武帝。前面我们讲到，汉武帝也是个喜欢俊男美女的性情中人，一见董偃果然长得帅，也很高兴，于是传旨，让董偃平身，更衣上殿。窦太主亲自端菜盛饭，倒茶敬酒。汉武帝酒兴高涨，一口一个“主人翁”，与董君感情迅速升温。

从此，董偃经常陪着汉武帝斗鸡、踢球，变着法儿哄汉武帝开心。皇宫中到处可闻两位英俊少年的欢声笑语。这一下，董偃也身价倍增，京城的王公大臣无人不知董君的大名。

一天，汉武帝在宣室设酒款待窦太主和董偃，东方朔正好执戟站岗，看见董偃高高兴兴地正要进入宣室，立即用长戟拦住了董偃。平日朝廷上那些尔虞我诈、刀光剑影的烦心事见多了、看烦了，汉武帝难得休息一下，闲暇之余让皇亲国戚们来一次家庭聚会，东方朔没有近前来几个小段子，怎么又跳出来使绊子了？东方朔对汉武帝说："董偃有三条大罪可杀，他怎么能进宣室呢？"汉武帝问："哪三条罪？"东方朔应声而答：

"第一，以家臣的身份，私通公主。

"第二，有伤风化，非婚同居，损害先王的制度。

"第三，皇上正是建功立业的时候，董偃却引导皇上沉湎声色犬马之中。"

汉武帝听东方朔这一番话，沉默了好长一段时间，才说："我已经备好酒宴了，吃完这次，下不为例。"东方朔不依不饶："不行！宣室是先帝处理朝政的正殿，董偃进这个正殿，有违法度，不能进。"

东方朔慷慨陈词，引史为鉴。汉武帝

入言之主，主立奏书献之。上大说，更名窦太主园为长门宫。主大喜，使偃以黄金百斤为爰叔寿。叔因是为董君画求见上之策，令主称疾不朝。上往临疾，问所欲。主辞谢曰：『妾幸蒙陛下厚恩，先帝遗德，奉朝请之礼，备臣妾之仪，列为公主，赏赐邑入，隆天重地，死无以塞责。一日卒有不胜洒扫之职，先狗马填沟壑，窃有所恨，不胜大愿，愿陛下时忘万事，养精游神，从中掖庭回舆，枉路临妾山林，得献觞上寿，娱乐左右。如是而死，何恨之有！』上曰：『主何忧？幸得愈。恐群臣从官多，大为主费。』上还。有顷，主疾愈，起谒，上以钱千万从主饮。后数日，上临山林，主自执宰敝膝，道入登阶就坐。坐未定，上曰：『愿谒主人翁。』主乃下殿，去簪珥，徒跣顿首谢曰：『妾无状，负陛下，身当伏诛。陛下不致之法，顿首死罪。』有诏谢。主簪履起，之东箱自引董君。董君绿帻傅鞲，随主前，伏殿下。主乃赞：『馆陶公主胞人臣偃昧死再拜谒。』因叩头谢。上为之起，有诏赐衣冠上。偃起，走就衣冠。主自奉食进觞。当是时，董君见尊不名，称为『主人翁』，饮大欢乐。主乃请赐将军列侯从官金钱杂缯各有数。于是董君贵宠，天下莫不闻。

——《汉书·东方朔传》

听了东方朔这一番话之后，击节赞叹说：“讲得好！”立即下诏，将这次酒宴改到北宫举行，然后，带着董君从东司马门走。从此，东司马门改名为东交门，成为下人入宫的地方。同时，汉武帝还赏了东方朔黄金三十斤。

人要脸，树要皮。试想：董偃也是富商之后，十三岁被窦太主包下做内宠，难道他从不知羞愧吗？不能啊。他邀宠献媚也是势单力薄，身不由己啊。一向玩幽默的东方朔这次突然翻脸，让董君受到了极大的精神打击，从此失去汉武帝的宠爱，整天郁郁寡欢，三十岁就死去了。董偃死后，窦太主心情也非常郁闷，苟活了没几年，也死了，和董偃合葬在霸陵。

董偃是汉武帝姑妈的情人，和汉武帝年龄相仿，又有共同语言，模样俊俏，又会来事，两人一见如故。你东方朔为什么就是容不得他呢？东方朔的这一番陈词，不仅让董偃无地自容，而且让窦太主大失脸面：无论你是什么皇亲，你那个小情人就是不能进先皇的正殿！这哪里有一点“大隐”的味道？

试问东方朔：你自己的私生活就那么经得起考验吗？一年一换妻，比人家非婚同居

郡国狗马蹴鞠剑客辐凑董氏。常从游戏北宫，驰逐平乐，观鸡鞠之会，角狗马之足，上大欢乐之。于是上为窦太主置酒宣室，使谒者引内董君。是时，朔陛戟殿下，辟戟而前曰：『董偃有斩罪三，安得入乎？』上曰：『何谓也？』朔曰：『偃以人臣私侍公主，其罪一也。败男女之化，而乱婚姻之礼，伤王制，其罪二也。陛下富于春秋，方积思于《六经》，留神于王事，驰骛于唐虞，折节于三代，偃不遵经劝学，反以靡丽为右，奢侈为务，尽狗马之乐，极耳目之欲，行邪枉之道，径淫辟之路，是乃国家之大贼，人主之大蜮。偃为淫首，其罪三也。昔伯姬燔而诸侯惮，奈何乎陛下？』上默然不应，良久曰：『吾业以设饮，后而自改。』朔曰：『不可。夫宣室者，先帝之正处也，非法度之政不得入焉。故淫乱之渐，其变为篡，是以竖貂为淫而易牙作患，庆父死而鲁国全，管蔡诛而周室安。』上曰：『善。』有诏止，更置酒北宫，引董君从东司马门。东司马门更名东交门。赐朔黄金三十斤。董君之宠由是日衰，至年三十而终。后数岁，窦太主卒，与董君会葬于霸陵。——《汉书·东方朔传》

强了多少？所以说，在这件事情上，东方朔不仅不是玩世不恭，简直有点固执迂腐。这到底是怎么回事？

东方朔七个方面另类的表现让我们可以看到一个大大咧咧、没心没肺的搞笑天才。但是，本章中的三件事，让我们怀疑这个东方朔是不是改变戏路，玩起“黑色幽默”了？可你哪里找得到一句戏谑、一丝调侃？特别是坚决阻止董偃进入宣室这件事，东方朔最后那一点点幽默都没有了。

这是常态，还是非常态？东方朔难道有什么不可告人的企图？

《汉书 · 东方朔传》载：东方朔虽然滑稽搞笑，但是，东方朔经常察言观色，直言进谏，而且，他的意见经常被汉武帝所采纳（朔虽诙笑，然时观察颜色，直言切谏，上常用之）。

可见，东方朔直言进谏是常有的事。东方朔从未任过地方官，一直在汉武帝身边。一位近侍臣子，能够直言进谏，算得上是一位直臣了。

怀抱经纬　屈尊弄臣

我们讲了两个不同面貌的东方朔，一张脸是“喜剧之王”，一张脸是“一代直臣”，到底哪一个是东方朔的庐山真面目呢？

我们不妨看看东方朔的两篇著名文章，一篇是《答客难》，一篇是《非有先生论》。

《答客难》是东方朔的代表作。此文以“博士、诸先生”质问东方朔，东方朔回答辩难为结构组织成文。其实，这是东方朔首创的一种自问自答的文章。

质问者的问题非常单一：战国时期的苏秦、张仪，都高居卿相之位，泽及后世，而你东方朔读了那么多书，“自以智能海内无双，则可谓博闻辩智矣”《汉书·东方朔传》，但是，干了几十年，“官不过侍郎，位不过执戟（一种爵位）”《汉书·东方朔传》，这是什么原因造成的呢？

东方先生回答：“彼一时也，此一时也，岂可同哉？”《汉书·东方朔传》苏秦、张仪的时代和现在的时代差别太大了。诸侯割据的时代，得到人才和得不到人才关系到国家的危亡，所以，各国的君主都特别珍惜人才，苏秦、张仪都是在那个大环境中脱颖而出的。

天下无害灾，虽有圣人，无所施其才。——《汉书·东方朔传》

现在的大环境和那个时代的大环境完全不同，“天下平均，合为一家”，“贤与不肖，何以异哉？”《汉书·东方朔传》现在是天下太平无事，贤者和非贤者就看不出有什么差别了。即使是圣人，如果天下无灾，也没有用武之地。

何况用人之权在上不在下。“尊之则为将，卑之则为虏；抗之则在青云之上，抑之则在深泉之下；用之则为虎，不用则为鼠。”《汉书·东方朔传》用你，你可当将军；不用你，你只能当个兵。捧你，你能达到青云之上；压你，你只能居深泉之下。用你，你可以为虎；不用你，你只能当老鼠。

于是诸先生默然无以应也。——《史记·滑稽列传》

听东方朔这么一谈，所有的先生都无话可说了。

东方朔这篇《答客难》名气极大，成为后世诸多失志文士争相仿效的样板。扬雄的《解嘲》、班固的《答宾戏》、张衡的《应间》等，都是模仿东方朔的作品。特别是“用之则为虎，不用则为鼠”两句成为揭露封建专制制度压制人才的名句。

这篇《答客难》写出了东方朔怀才不遇的牢骚，也表达了他对事物的相对性和变动性的一种参悟。

正所谓“世易时移”，不仅是帝王，任何事物都只是在一定条件下与你命运相系，相生相克。环境一旦改变，今天是你的天堂，明天就是你的地狱。即使同一个人在不同人生阶段，要取舍的东西也不一样。

东方朔是在用“另类”求得自保啊！误会也不是一天两天了。一贯嘻嘻哈哈的东方朔为什么突然如此消沉，要用这篇“牢骚”表白自我呢？原来，东方朔上书“陈农战强国之计”《汉书·东方朔传》，希望得到重用，结果，一篇“辞数万言”的上书，“终不见用”，所以，“朔因著论，设客难己，用位卑以自慰谕”《汉书·东方朔传》。

可见，东方朔绝不是什么“大隐”，更不是混吃混喝，及时行乐，他一直怀抱经纬之才，根本没有摆脱中国传统知识分子“修身齐家治国平天下”的固有价值观。可惜一开始调子定得不好，汉武帝第一眼就将东方朔定位在弄臣的位置上。汉武帝似乎总是对东方朔说：“朕不再需要社稷之臣了，东方先生不必太劳心了，给朕谈谈奇闻逸事，讲些个开胃的笑话，足矣。”在屡屡不受重用的情况下，东方朔不得已而放浪形骸，游戏人生。

更多的时候，我们看到的是世界浩大而琐碎的表象。一些人的内心，我们无法抵达；一些事情的真相，我们也难以穷尽。东方朔的另类，欢笑隐忍着泪水，洒脱深埋着执着。每个生命都是一个世界，我们无法洞悉，唯有尊重。

于是，东方朔的庐山真面目很少被人记起来，有些人根本不知道东方朔这一面，侈谈东方朔的滑稽搞笑，完全是将东方朔进行了错误的解读。

为什么历史没有记住一位富有正义感和雄大抱负的真正的东方朔呢？

原因大概有这么两点：

第一，个性流传。

集体思维的惯性足以在真实历史的背后重新塑造一个全新的人物。东方朔的庐山真面目和一般士子没有太大的区别，都是希冀辅佐明君，治平天下。但是，人们对历史人物的解读不免带上个体的兴趣取向，记住的只是那些最有个性色彩的一面。显然，东方朔最为大众喜闻乐见，也是最具个性色彩的一面，恰恰是他的幽默滑稽，因此，他的“喜剧之王”乃至“智圣”形象深入人心。

第二，小说影响。

东方朔身后出现了一些诸如《东方朔别传》之类的书籍，这些书多半介于野史和小说之间，班固《汉书》为东方朔写传之时，就特意交代：除了他记录的这些作品是东方朔所作外，其他所谓东方朔的书都是伪书（世所传他事皆非也）。

一次汉武帝到甘泉宫去，路上看到一种虫子，紫红色的，头眼牙齿耳鼻都有，看到的人都不知它是什么东西，汉武帝就让东方朔前去辨认。东方朔真是无所不知，他答道：“这种虫名叫‘怪哉’。以前秦朝关押了大量无辜百姓，百姓们愁怨太大，仰首叹息道：‘怪哉！怪哉！’

百姓的叹息感动了上天，上天愤怒了，就生出这种虫子，因此它的名就叫‘怪哉’。此地一定是秦朝的监狱所在地。”汉武帝叫人查对地图，果然是秦代监狱所在地。汉武帝又问：“怎么除去这种虫子呢？”东方朔回答：“凡是忧愁得酒就能消解，所以以酒浇灌这种虫子，它就会消亡。”汉武帝叫人把虫放在酒中，一会儿，虫子果然消散了。

武帝幸甘泉宫，驰道中有虫，赤色，头目牙齿耳鼻悉尽具，观者莫识。帝乃使朔视之，还对曰：“此‘怪哉’也。昔秦时拘系无辜，众庶愁怨，咸仰首叹曰：‘怪哉怪哉！’盖感动上天，愤所生也，故名‘怪哉’。此地必秦之狱处。”即按地图，果秦故狱。又问：“何以去虫？”朔曰：“凡忧者得酒而解，以酒灌之当消。”于是使人取虫置酒中，须臾，果糜散矣。**[南朝梁] 殷芸《小说》卷二**

君山上有美酒数斗，如能喝到，可以不死为神仙。汉武帝知道后，就斋居了七天，派了栾巴带童男童女数十人到山上求酒，果然得到了仙酒，就带回来献给武帝。武帝未喝之前，东方朔就偷偷地喝光了。于是汉武帝大怒，下令将东方朔处死。东方朔能言善辩：“假如酒真有灵验，你杀我我也不死；要是没有灵验，你要这酒有什么用？”武帝想了想，明白了其中的道理，笑着把他放了。

《岳阳风土记》庾穆之《湘州记》云：“君山上有美酒数斗，得饮之，即不死为神仙。汉武帝闻之，斋居七日，遣栾巴将童男女数十人来求之，果得酒。进御未饮，东方朔在旁，窃饮之。帝大怒，将杀之，朔曰：‘使酒

有验，杀臣亦不死；无验，安用酒为？’帝笑而释之。”《湖广通志》卷一百一十九

可见，如果我们以为东方朔真是以博学换取钱财，再用钱财换取一个实惠的人生，这就把东方朔缩小了。可是，我们有没有将东方朔放大？的确，我们看到了东方朔嘻嘻哈哈背后的内心苦痛，一种悲观到极致的彻悟。前面也说到，他是一个“伪小人”，但是，“伪小人”就能等同于“真君子”吗？为什么他那一身诡诈之气总令我们不安？

东方朔的诡诈就在于他太聪明，太爱惜自己，在于他不够天真，不够执着。一封求职信命中三元，一书强国计为什么就必须一发命中？不能重来吗？不可以多试几次吗？

当你真心渴望某样东西时，整个宇宙都会联合起来帮你的忙，所以，汲黯仕途坎坷仍清廉一方，司马迁惨遭宫刑著成史家之绝唱。世间大事业多是“笨人”花“笨功夫”千辛万苦磨出来的。

这样说来，对东方先生未免求全责备，作为“弄臣”，他的处境实在尴尬。汉武帝不仅需要“弄臣”，更需要的是重臣，特别是在对匈奴作战中的重臣，因为对匈奴作战毕竟是武帝一生的事业。武帝建元、元光年间，汉武帝对匈奴作战拉开了序幕，大将军卫青、骠骑将军霍去病也陆续登上了政治舞台。前边我们已经讲过卫青在对匈奴作战中初露锋芒、平步青云，那么，卫青到底是一位什么样的人呢？他在汉武帝心目中又充当一个什么样的角色呢？

请看：一代将星。

一代将星

三十三

卫青是武帝一朝最为重要的军事将领，他出身骑奴，最终官拜大将军，三个儿子都被封侯，又娶了汉武帝的姐姐平阳公主。卫青是汉武帝的重臣、小舅子、姐夫，二人既尊卑有序，又裙带相连，关系非常微妙。卫青是否会陷入功高震主的强臣怪圈？又是什么成就了他一代将星的美名？

温良谦恭　仁善退让

卫青是“苦出身”，童年时因私生子的尴尬身份，在家中抬不起头；长大了被姐姐带进宫，糊里糊涂地被长公主当作出气筒非法拘禁，差点死于非命。就连对他的提拔，也是汉武帝和陈阿娇赌气的副产品。所以，卫青的谦恭，相当程度是早期际遇的性格烙印，但也不乏后期历练的官场智慧。

我们先看两件事：

一是辞封与争封。

元朔五年（前124）夏，因为漠南之战的战功卓著，汉武帝加封卫青六千户，并且加封卫青的三个小儿子卫伉（kàng）、卫不疑、卫登为侯。卫青闻之大惊，坚决推辞说：“卫青不才，能在军中任职已经非常幸运了，仰仗陛下神威，各位将领拼力奋战，才屡屡获得大捷。我有何德何能？如今，陛下已经降恩加封我的食邑，可三个小娃娃乳臭未干，又无任何战功，怎么敢接受封赏？这不是我鼓励战士的本意啊！”

天子曰：『大将军青躬率戎士，师大捷，获匈奴王十有余人，益封青六千户。』而封青子伉为宜春侯，青子不疑为阴安侯，青子登为发干侯。青固谢曰：『臣幸得待罪行间，赖陛下神灵，军大捷，皆诸校尉力战之功也。陛下幸已益封臣青。臣青子在襁褓中，未有勤劳，上幸列地封为三侯，非臣待罪行间所以劝士力战之意也。伉等三人何敢受封！』——《史记·卫将军骠骑列传》

汉武帝一听，言之有理，立即表示：“我没有忘记各位将军的功劳，本来就考虑要给他们奖赏！”于是封公孙敖、公孙贺等七人为侯，李息等三人为关内侯。

辞儿子的受封，争诸将的受封，这一辞一争突出表现了卫青的谦恭，也为他赢得了极大的官声，聚拢了人心，保证了部队的凝聚力。

二是善待汲黯。

卫青加封大将军之职，备受尊宠，满朝文武对他也是毕恭毕敬、唯他马首是瞻，只有汲黯只揖不拜。于是就有好事者点拨汲黯：“你小子傻呀！当今皇上都巴不得大家主动自屈于大将军之下，你怎么能不拜啊！”这个童言无忌的汲黯才不管呢：“难道大将军有一个只揖不拜的人，他就不尊贵了吗？”卫青听说这件事之后，更感到汲黯是个人物，有个性、有思想，于是，经常将朝中不好决断的疑难杂事带去向他咨询，对汲黯的礼遇更是连升几个星级，越发地谦恭。

人或说黯曰：『自天子欲群臣下大将军，大将军尊重益贵，君不可以不拜。』黯曰：『夫以大将军有揖客，反不重邪？』大将军闻，愈贤黯，数请问国家朝廷所疑，遇黯过于平生。——**《史记·汲郑列传》**

我们不知道卫青对汲黯的态度是真心还是作秀，但是，一位外戚大将军能这样做，已经非常不易了。

《史记·卫将军骠骑列传》说卫青“仁善退让”，就是说卫青有仁爱之心，为人善良，不与人争功。

谦恭者何止卫青？有人对帝王谦恭，有人对长辈谦恭，而卫青对部下同僚谦恭，难能可贵！

仰慕强势简单，尊崇弱势困难；特立独行简单，化育包容困难；锋芒毕露简单，藏愚守拙困难。谦恭，考验的是一个人的气度，更是智慧。

功高震主　旧不如新

汉武帝与卫青，既是君臣，又是郎舅，于公于私，都是高敏感、高难度的人际关系模式。伴君如伴虎，这一关系处理得好与坏，不仅事关卫青个人的身家性命，更牵扯到卫氏家族的盛衰荣辱。那么，卫青是如何处理自己和汉武帝关系的呢？

大体看来，卫青与汉武帝的关系可以分为五个时期。

第一，蜜月期。

卫子夫初受汉武帝宠幸，汉武帝爱屋及乌，宠爱卫青。此时，汉武帝与卫青的关系最融洽，也最简单，因为此时汉武帝与小舅子卫青的关系只有一重色彩——姻亲关系。

第二，微妙期。

随着卫青的军事才能被汉武帝发现、挖掘，卫青立下的战功越来越多。元朔五年（前124），漠南之战胜利结束，卫青官拜大将军。这一年，也是汉武帝和卫青关系的一个拐点。随着卫青的地位逐渐升迁，他和汉武帝的关系也在悄悄地变化着，由单纯的姻亲关系转变为君主与重臣的关系。卫青不是一般的功臣，而是大功臣，其功劳之高，当时无人出其右。虽然此时的汉武帝并没有怀疑卫青，但是卫青的姐姐是皇后，外甥是太子，本人是大将军，一枝独秀的大功臣。尽管卫青一贯行事低调，但是，卫青还是让汉武帝惦记上了。

此时的卫青是否开始陷入功高震主的强臣怪圈了呢？

历史上，功高震主的原因无外乎两种：

一是恃宠而骄，有损主上威严。

如韩信之于刘邦，此类人物不见得他们都想夺权，他们的悲哀在于，当“主”已经成为万民敬仰的“真命天子”时，你还当他是穿一条裤子的老伙伴。

卫青是皇帝的小舅子，“恃宠而骄”是有资本的。元朔六年（前123），阴山北麓之战中，卫青的部下苏建率领的军队损失殆尽，只有苏建一个人逃了回来。如何处理苏建，有人主张“杀”，有人主张“奖”。我们看卫青怎么说：“我以皇亲的身份带兵，从不考虑个人的威严，要我杀苏建以树立自己的威严，大失我作为臣子的本意。即使我的职权允许我处死有罪的将军，我也不敢在外擅自诛杀，而应当把情况报告给皇上，由皇上来裁决。”于是，卫青把苏建带回来交给朝廷，汉武帝赦免了苏建的死罪，废为普通百姓。

“将在外，君令有所不受。”卫青不仅救了苏建一命，而且让汉武帝看到了自己不恃宠、不擅权的一面：时时事事听从武帝的安排，从来不擅作主张。

二是行事耿直，危及君主利益。耿介之臣往往是权力斗争中首当其冲的“炮灰”。

还是这个苏建。《史记·卫将军骠骑列传》记载了一段话：“苏建语余曰：‘吾尝责大将军至尊重，而天下之贤大夫毋称焉，愿将军观古名将所招选择贤者，勉之哉。’大将军谢曰：‘自魏其、武安之厚宾客，天子常切齿。彼亲附士大夫，招贤绌不肖者，人主之柄也，人臣奉法遵职而已，何与招士！’骠骑亦放此意。其为将如此。”

苏建曾亲口告诉司马迁，自己对卫青的处境感到非常憋屈。为什么卫青地位尊贵却没有好评？于是建议卫青向古人学习，招揽门客。卫青一口回绝：“魏其侯、武安侯当年大养宾客，皇上常常恨得咬牙切齿。因为，招贤纳士是皇帝的事，作为一个臣子，只要遵守法令、恪尽职守就可以了，何必广招才士呢？”

可见，卫青的政治头脑非常清醒，他一生谨慎：汉武帝反对的事，他绝不去干；更不会妄做一事，妄发一言。更勿论“功高震主”！

是不是卫青这样做了，汉武帝就没有意见，卫青也可以平平安安了呢？

第三，倦怠期。

元朔六年（前123），卫青的外甥霍去病崭露头角，进入了汉武帝的视野。汉武帝是拥有巨大的造星能力的一代君王，他深知自己所拥有的政治资源足以捧红一颗新星。群星璀璨没有关系，因为他们再怎么亮，都是星星，只在夜晚发光；而自己，是太阳，一日中天。怕就怕满天就一颗星星，看起来比这白昼的太阳还显眼。这是汉武帝绝对不能容忍的。于是，霍去病出场了！

霍去病与卫青虽同为私生子，但按现在的流行说法，霍去病是含着银汤匙出生的，一直过的是锦衣玉食的贵胄生活，“年十八幸，为天子侍中。善骑射，再从大将军”《史记·卫将军骠骑列传》，一路坦途。两人虽同为名将，但境遇两重天，个性迥异。卫青沉稳如山，霍去病性烈如火。

元朔六年霍去病刚刚十八岁。大将军卫青出征，汉武帝任命霍去病为剽姚校尉，并关照卫青特别对待，于是，卫青派出八百壮士。霍去病率领这八百名精锐骑兵，离开大军，深入匈奴腹地，寻找有利的机会杀敌，结果他们斩杀二千零二十八名匈奴人，杀敌的数量大大超过了自己的损失。汉武帝闻之大喜，立即封霍去病为冠军侯，以彰显其为“军锋之冠”。

一年封侯绝不是不可能，但是，汉武帝这么急匆匆封霍去病为侯，耐人寻味。

元狩二年（前121）春、夏，霍去病河西之战两出奇兵，大获全胜，两次被加封。

元狩二年秋，霍去病成功接应了匈奴浑邪王部的投降，再次被汉武帝加封。

虽然史载卫青也是英武非常，但和他的外甥霍去病比起来，无疑，一个实力派，一个偶像派。偶像明星的走红总是更加疯狂迅猛，令人眩晕。霍去病还是一个大冒险家，敢于深入敌军境内作战。他长途奔袭，打遭遇战、突袭战，让匈奴人摸不着头脑，无法进行有针对性的防守。虽然这种打法具有很大的风险，但是，霍去病竟然每次出兵都大胜而归，真是幸运之神的护佑啊。

霍去病被开发之前，卫青是唯一一位独掌军权、战功卓著的外戚将军。霍去病的发迹使卫青垄断军事统帅的局面被打破了。双子星座迅速替代了一枝独秀。

元狩二年这一年，霍去病三次挂帅，而且战功显赫。相反，卫青这一年全年没有出战。

可见，汉武帝是有意给霍去病创造良机！迅速捧红一颗新星的背后，就是对老牌明星的一种抑制。长江后浪推前浪，前浪死在沙滩上。

汉武帝为什么要这样做？我们可以给出多种答案：

一是培养新人。

二是真心喜爱。

三是压制权臣。

不论我们做何猜测，有一点非常明确：卫青和汉武帝的关系从“蜜月期”走入“倦怠期”。

话说回来，汉武帝的确是一个好恶全凭己心的性情中人。他偏爱后生才俊，汉武帝真是发自内心地喜爱霍去病。“天子尝欲教之孙吴兵法”，“上为治第，令视之。对曰：‘匈奴不灭，无以家为也。’由此上益重爱之”。《史记·卫将军骠骑列传》虽然皇帝教武将兵法，班门弄斧，重在联络感情；但大家想想看，“治第”就是成家立业，这几千年来，什么人能帮什么人盖房娶媳妇？霍去病作为刘彻的晚辈，“为人少言不泄，有气敢任”《史记·卫将军骠骑列传》，跟汉武帝一样又酷又拽。一句“匈奴不灭，无以家为”《史记·卫将军骠骑列传》的大丈夫情怀，都使汉武帝对霍去病有几分“视若己出”的感情用事。

在霍去病承受着浩荡皇恩之时，卫青却在经历着人生的一次考验。此时的卫青应该是喜忧参半，喜的是卫家又出了一位社稷之臣，光耀门楣；忧的是他开始意识到，自己似乎走到了“芳兰当户，不得不锄”的境地。

接受还是抵触？史书没有记载这一年里卫青有何言行。这说明卫青选择了默默承受，未有出格之话，未行越轨之事。

第四，打压期。

重磅推出新人，造势之后，就是新旧同台献技，看谁让谁“相形见绌”。停战一年的卫青，在元狩四年（前119）春，与霍去病同时出击匈奴，这也是一代将星卫青的最后一战。但是，两位将军同时受命出兵却有两点重要不同：

一是为霍去病配备的是精兵，为卫青配备的是一般士兵。

二是开始派霍去病走西线，迎战单于。后来得到消息单于在东边，又改派霍去病走东线，迎战单于。

元狩四年春，上令大将军青、骠骑将军去病将各五万骑，步兵转者踵军数十万，而敢力战深入之士皆属骠骑。骠骑始为出定襄，当单于。捕虏言单于东，乃更令骠骑出代郡，令大将军出定襄。——《史记·卫将军骠骑列传》

这次出征，前期的兵力配备与出击方向都明显偏袒霍去病，战后，卫帅与霍帅的封赏更是有天壤之别。

卫青打得不错，唯独让匈奴单于逃走是一个遗憾，因此，从卫帅到全军将领都没有任何封赏。霍帅战功辉煌，加封五千八百户，跟随霍帅出征的将士们也大得封赏。

汉武帝为此还专门设了一个大司马的职位，下令：卫帅与霍帅均任大司马，官职相等。这样一来，下面的人也看出了苗头，原来在卫青门下的人纷纷改换门庭，弃卫帅而奔霍帅，而且，改换门庭之后大多数人如愿以偿地得到了官爵。

定令，令骠骑将军秩禄与大将军等。自是之后，大将军青日退，而骠骑日益贵。举大将军故人门下多去事骠骑，辄得官爵。——《史记·卫将军骠骑列传》

难怪古时将军得胜回朝，第一句就是：“吾皇万岁万万岁！”看看汉武帝在这次出兵中的表现，前期兵力配备和出击方向都明显偏袒霍去病。战争结束后，对卫帅与霍帅的封赏也有天壤之别。如果卫青因此怨恨汉武帝，应当说事出有因，但是，我们翻遍《史记》，仍然找不到卫青一句怨诽之词，一步不满之举。

由此我们可以看到卫青处理与汉武帝关系的一个重要特点：善于摆正君臣位置。

所谓善于摆正君臣位置，说白了就是无怨无悔。无论皇上怎样有意或无意地伤害卫青，压制卫青，卫青都不会有任何怨恨的情绪，更勿论怨恨的表现。

我们不知道卫青这种做法是出于天性，还是刻意为之。前者叫生而知之，后者叫学而知之。但是，不论是哪一种，做到这一步相当不易！“聪明反被聪明误”是小聪明，不足为道。面对命运不公却能泰然处之，才是大智慧。

懂得进退有序、明哲保身的卫青，难道只是一味隐忍，在自己和汉武帝关系蜕变的进程中，不断地丢城弃池吗？

进攻是最好的防守。早在霍去病刚刚走红的元朔六年（前123），卫青已注意到调整自己与汉武帝的关系。

这一年，汉武帝发动了阴山北麓之战。卫青率部杀了匈奴一万多人，但是没有完成消灭匈奴大单于的战略目标，而且损失了两位将军（苏建、赵信）的军队，翕侯赵信叛逃。

霍去病大得汉武帝青睐，功封冠军侯；卫青回京后，汉武帝仅赏了他千金。

此时的卫青已经感受到了压力，做了一件他平生从未做过的事：

卫青把“千金”拿出了五百金，送给了王夫人的双亲祝寿。原来，此时王夫人正受到汉武帝的宠幸。一个叫甯乘的人跟卫青分析局势：“将军您军功还不太多，自己却食邑万户，三个儿子都受封为侯，主要是卫皇后的缘故。如今得宠的已经是王夫人了，而她的亲戚都没您富贵，不如把皇上赏赐的千金，送给王夫人的双亲祝寿吧！”

卫青于是拿出了五百金前去祝寿。汉武帝听到这消息，向卫帅求证，卫帅不会隐瞒，把事实经过全部报告了皇上。汉武帝知道事件的真相后，立即提拔甯乘做了东海郡的都尉。

汉武帝没有追究卫青向王夫人献金一事，反而重奖了这个出谋划策的甯乘。说明了什么？说明爱卿此举甚合朕意！

那么，甯乘为什么此时要劝卫青向汉武帝的宠妃送礼呢？这里边应当有两个重要前提：一是卫子夫的失宠和王夫人的得宠，二是卫青此时已走到人生的重要拐点。

卫青为什么要听甯乘的建议呢？因为卫青对这两个前提表示认同。自己的姐姐是否得宠，卫青当然心知肚明。汉武帝迅速捧红霍去病，卫青也了然于心。为避免“芳兰被锄”的险境，卫青立即采取他人的建议，调整自己与汉武帝的关系。

元狩四年（前119），卫帅、霍帅同时官拜大司马。两年之后，元狩六年（前117），年仅二十五岁的霍去病病逝。

第五，冰点期。

霍去病逝世后，汉武帝暂时没有再发动任何对匈奴的战争，此时倒不是没有将领，因为卫青尚在，问题出在战马不足上。再者，对其他方向的用兵也在逐年增加。

汉武帝对匈奴的战争进入一个相对平静期。就在这个相对平静期中，卫青的三个儿子相继失侯。首先是长子，再下来是另外两个儿子。

自骠骑将军死后，大将军长子宜春侯伉坐法失侯。后五岁，伉弟二人，阴安侯不疑及发干侯登皆坐酎金失侯。——《史记·卫将军骠骑列传》

卫青的三个儿子在卫青最受宠爱时受封，卫青辞都辞不掉。但是，到了霍去病病故，对匈奴作战进入休整期，卫青的三个儿子却又相继失封。虽然每次失侯都有每次的理由，但是“欲加之罪，何患无辞”，卫青与汉武帝的关系至此进入“冰点期”。

卫青自元狩四年（前119）官拜大司马后，在家闲居了整整十四年。

元封五年（前106），卫青病卒，将星陨落。

与主谋姻　温良善终

卫青娶平阳公主为妻，是后人对其人品耿耿于怀的一处疑点。

首先，卫青是否有攀龙附凤、抛弃原配之嫌？

卫青的婚姻状况，《史记》《汉书》都没有记载。但是，《史记 · 外戚世家》褚少孙补传记载了这一事件。

褚少孙的这段补传在叙述了卫青被封大将军、三子被封侯之后，“是时平阳主寡居”，才提到商议嫁卫青一事。据此，我们应当承认，在平阳公主与卫青成婚之前，卫青已有三个儿子。这三个儿子是卫青和谁所生，史书未载。因为这不是一个儿子，是三个儿子，而且，卫青一生非常谨慎，没有像刘邦在婚前与姓曹的女人有一个非婚生的刘肥。因此，卫青此前应当有过一段婚姻。这段婚姻的女主人是谁？为什么结束的？什么时候结束的？史书都没有记载。

平阳公主是汉武帝的大姐，她原嫁汉初功臣曹参的曾孙曹时，还生了一个儿子曹襄。后来因为曹时有病，与平阳公主离婚，回到封国，平阳公主因此寡居。

按照常规，平阳公主应从已封的列侯中选老公。平阳公主与她身边的人商量这件事，大家都主张找大将军卫青。平阳公主最初听到这话后，第一反应是“笑”，第二反应是说卫青原是自己家中的骑奴，地位悬殊。

但是，平阳公主身边的人却一致认为：卫青现为大将军，三个儿子都封了侯。英雄美人、门当户对，哪里去找如此般配的夫妻呢？最终平阳公主应允了这场婚姻，并且由皇后卫子夫报告了汉武帝，汉武帝下诏让卫青“尚主”。

是时平阳主寡居，当用列侯尚主。主与左右议长安中列侯可为夫者，皆言大将军可。主笑曰：『此出吾家，常使令骑从我出入耳，奈何用为夫乎？』左右侍御者曰：『今大将军姊为皇后，三子为侯，富贵振动天下，主何以易之乎？』于是主乃许之。言之皇后，令白之武帝，乃诏卫将军尚平阳公主焉。——《史记·外戚世家》

其次，这场“姐弟恋”到底有没有爱情的成分呢？是纯粹的政治交易吗？

虽然，世间不乏“忘年之恋”，但从卫青与平阳公主的年龄相差几何，多少也可以一窥其中“爱有几分”。可惜，这一点史书没有记载，但是，可以从一件事中得以求证。

平阳公主是汉武帝的大姐。汉武帝认识卫子夫是建元二年（前139），此时汉武帝十七岁。武帝与卫子夫第一次见面，就一见钟情，携卫子夫入宫。此时卫子夫的年龄应当小于十七岁，最多与汉武帝同岁。卫青是卫子夫的弟弟，所以，卫青的年龄应该小于平阳公主。

我们从这场婚姻的文献记载中只看到了一位当事人——女方平阳公主开始如何不同意，后来如何同意，完全看不到另一位当事人——男方卫青如何如何。卫青对这场婚姻似乎没有任何反应，但这个没有反应恰恰说明了卫青对此事的认可！是不是能就此推断二人“郎情妾意”呢？

卫青和平阳公主的这场婚姻一开始就是不平等的。卫青曾经是平阳公主家的骑奴，一个奴才和主子的婚姻怎么可能拥有平等的话语权？更何况，卫青是奉诏成婚。平阳公主和她的“老前辈”长公主一样，也是皇帝的长年婚介人，卫子夫就是从平阳公主家走出来的皇后。皇族地位举足轻重，这样的婚姻，卫青更不可能“让爱做主”。

不过，《汉书 · 卫青霍去病传》载：“与主合葬，起冢象庐山。”可见，平阳公主死于卫青之前，卫青死后与平阳公主合葬。因此，可以逆推，卫青与平阳公主婚后的感情还是不错的，这段婚姻的善终也可见卫青人性的温良。

尽管如此，个人官场的失意，姐姐卫子夫的失宠，三个儿子相继失侯，外甥刘据太子之位风雨飘摇，都令这位从羊圈里走出来的名将晚年寂寥难堪。

卫青凭借坚毅隐忍，得以善终。那么，他的后世子孙也能够延续繁华吗？卫氏家族失去了卫青这个顶梁柱，前途是吉是凶？卫子夫的失宠，又将在宫廷内部引发怎样的新一轮权力再分配？

请看：宠信江充。

三十四

汉武帝晚年，最具毁灭性的“大手笔”就是巫蛊事件。整个事件阴森恐怖，汉武帝的皇后、皇太子、皇太孙一脉全部遇害，可谓汉武帝执政期间最为严酷的家族悲剧。在这场空前的大劫难中，有一个人发挥了超乎寻常的作用。正是他推波助澜、搬弄是非，把巫蛊事件扩大化，酿成了一场波及数万人的流血惨案。他是谁？他为什么能够得到汉武帝的宠信呢？

江充御状　一告成名

汉武帝一生处理过无数重大案件，也受理过无数告状信。可他万万没有想到，在他晚年，一封越级上告的奏状竟然“拔出萝卜带出泥”，引发了一系列重大事件，直捣皇族内部秩序，彻底改写了汉武帝晚年的历史。

告状者江充，状告赵王刘彭祖的太子刘丹与其姐妹私通，交往各地豪强，为非作歹，地方政府无法治理。

诣阙告太子丹与同产姊及王后宫奸乱，交通郡国豪猾，攻剽为奸，吏不能禁。——《汉书·蒯伍江息夫传》

其太子丹与其女及同产姊奸，与其客江充有郤。——《史记·五宗世家》

汉代告状，应该按司法管辖逐级告劾，除非蒙受冤屈，又无处可申，才可以越级直接上书皇帝申冤，江充的诣阙上书就是越级上告。

汉武帝看到江充的告状信后勃然大怒，立即派兵包围了赵王的王宫，逮捕太子刘丹，将他投入魏郡大狱。经过审理，情况属实，太子刘丹被判死刑。这一下，赵王刘彭祖急了眼，慌忙上书为太子丹申辩：江充不过是一名自身难保的通缉犯，一向胡言乱语、品性不端，他这是有意要激怒圣上啊。赵王还表示，我愿意带领赵国的武士攻打匈奴，赎免太子丹的死罪。面对赵王的苦苦哀求和效忠的誓言，汉武帝不为所动，最终虽免了刘丹死罪，

充逋逃小臣，苟为奸讹，激怒圣朝。——《汉书·蒯伍江息夫传》

极尽死力，以赎丹罪。——《汉书·蒯伍江息夫传》

但还是废掉了其太子资格。

充告丹，丹以故废。赵更立太子。——《史记·五宗世家》

那么，这个生出如此混蛋儿子的糊涂老爹——赵王刘彭祖又是个什么样的人呢?

刘彭祖是汉武帝同父异母的哥哥，表面是个谦卑的老好人，内心却刻薄阴毒，才不“糊涂”呢！吴楚七国之乱后，汉朝中央政府对各路诸侯王防范加强，规定诸侯国必须由中央直接任命国相。但是，派到赵国的国相，往往干不到两年，就获罪免职，“大者死，小者刑”。难道这赵国竟是个贼窝？原来，每一个中央任命的国相第一次来到赵国，刘彭祖都会毕恭毕敬，亲自去迎接。但是，刘彭祖从来不会正装出场，他穿着不知从哪里淘来的一身破破烂烂的奴仆衣衫去迎接国相。“低调”得太有些掉价了吧！这还不算，还有更诡异的！刘彭祖执意为新上任的二千石官员打扫房子，当起“老家奴”。见官员神色平缓、警戒松懈，便专找些争议性强的、敏感度高的话题，拿来讨论。这个时候，初来乍到的国相已经被刘彭祖这一套伪善的外表给忽悠得不知天南地北了，两张嘴皮子噼里啪啦，话一多，难免失当，触犯朝廷禁忌。好！要的就是这一点！这时，任你千叩万跪，他二话不说，唰唰几笔，条条罪状全都记录在案。这就是“罪证”，未曝光的“案底”！如果你们这些官员愿意顺从我刘彭祖，大家同流合污，你好我好大家好。可谁想奉法办事，没门儿，他立即就上书告发。这是什么搞法？这是黑社会的一套“无间道”啊！所以，刘彭祖在位六十多年，国相、二千石的高官，任期两年就是他们的“大限”，重者处死，轻者受刑，无人能逃此劫。堂堂大汉诸侯国，一国之王竟然是个黑帮老大。往来的使者、过路的旅客哪里有半点安全感？国都邯郸人气低迷，旅店生意清淡，流动人口都不敢留宿。

彭祖立六十余年，相二千石无能满二岁，辄以罪去，大者死，小者刑。——《汉书·景十三王传》

阴险狡猾的赵王只是这幕大戏的“友情客串”，真正的男一号还没介绍呢！那么，男一号江充又是谁？他为什么要状告赵国太子刘丹呢？

江充是赵国邯郸（今河北邯郸市）人，原名江齐，后来为了逃脱赵国太子刘丹的追杀，改名为江充。

江齐身无长物，所幸有个小妹，能歌善舞，年轻漂亮，这个小妹结识了赵王的太子刘丹。很快，江齐成了太子的大舅哥，从此自由出入赵国宫廷，还被赵王奉为上宾。可以说，小妹嫁入太子后宫，令江齐如鱼得水，过得有滋有味。但是，好景不长，一场突发事件打碎了江齐的幸福时光。

原来赵王太子刘丹骄奢淫逸、无恶不作。他竟然秽乱父王后宫，还跟自己的亲姐妹甚至亲生女儿私通！这个禽兽不如的不肖子，还交往各地豪强，坏事做尽，奸事做绝，无法无天，地方政府也管不了。

“做尽亏心事，害怕鬼敲门。”太子刘丹整天疑神疑鬼，生怕有人告发他。最怕谁呢？江齐与父王。

怕父王很容易理解，自己淫乱父王后宫，私通亲姐妹、亲生女儿，如此大逆不道，国法家法，条条毙命！

一文不名的街头混混江齐，又有什么可怕的？

你想想，他们俩郎舅，整天结伴而行，好得跟一个人似的，太子刘丹的这些肮脏事，江齐的心里最透亮。谁会递太子的黑材料？没有第二个人，非江齐莫属！心腹往往能够成为大患。如惊弓之鸟的太子，突然爆发，派重兵抓捕江齐！可这事前保密工作做得不到位，江齐知道了，跑了。江齐一跑，江家上下全被太子刘丹抓起来了，杀得一个不留！

这样，江齐与太子刘丹结下了血海深仇。

江齐改名江充，逃到京城，直接上访，向汉武帝揭发赵太子刘丹的罪行，终于得报灭门之仇！

混混江充打赢这场官司可不容易！一路通关升级，好不惊险！

第一关，躲过太子刘丹追杀。通关成本：满门抄斩。成本极高。

第二关，成功诣阙上书汉武帝。通关成本：触目惊心之详尽罪证。风险难测。

第三关，一举扳倒太子刘丹。这一关的通关成本更不是凭江充一己之力就能支付得起的。

江充之所以能够一举扳倒太子刘丹，根本原因自“上”而起，而非自“下”而来。大汉开国以来，中央政府与各诸侯国之间一直保持着一种紧张而微妙的关系。汉武帝使尽浑身解数，十八般武艺，力图遏制嚣张跋扈的诸侯王势力，强化中央政府。江充这一纸状书，时势所趋，雪中送炭，汉武帝如获至宝，大做文章，给了赵王刘彭祖致命一击！

做人、做事首先要分析大势。犹如炒股，大盘调好了，个股赚钱不难；大势已去，个人回天乏力。所以，先看大势，谋定而动。

江充成功，全在其暗合大势。

一天，汉武帝兴之所至，想会会这个扳倒太子丹的上访户，来个零距离接触。

初见惊艳　异装得宠

汉武帝下令，在犬台宫（皇上玩狗之地）召见江充。

江充得知这个消息，没有喜形于色，倒是和皇帝谈起了条件。我家境贫寒，没有什么像样的衣服面见圣上，如果皇上同意的话，容我穿着“平常”的衣服觐见，可以吗？平常就平常吧，小地方来的，没见过什么世面，可以理解！汉武帝并未在意。

召见之日，犬台之上。江充穿的哪里是“平常”衣服？里里外外，完完全全是特别研发的一身奇装异服！这款薄纱所做的“蝉衣”长外套样式，衣襟从领子斜至腋下，制造了“身短腿长”的视觉效果，就像大家在韩剧中看到的那种民族服装。所不同的是，这种蝉衣更凸显身材。它通身紧窄，长可曳地，下摆呈喇叭状。后面的曲裾繁复、拖延，就像如今新娘的婚纱。江充费尽心机，细节之处，无不精雕细琢。头戴丝制的帽子，还不忘插着斑斓的鸟羽，走起路来，上下摇动。

充衣纱縠禅衣，曲裾后垂交输，冠禅缅步摇冠，飞翮之缨。——《汉书·蒯伍江息夫传》

江充本来就是一美男，加上这么一打扮，更显得潇洒飘逸，如仙子下凡啊。面见天子，为什么要如此怪异的打扮呢？一者，古代服饰审美，男女界限没有当下这么明显，只要你愿意，都可以穿得轻盈、曼妙。二者，江充摸准了汉武帝的脾气，知道皇上喜欢美男子。皇上喜欢什么样咱就穿成什么样！果然，汉武帝一见江充穿着如此别致，身材又如此高挑，立刻眼前一亮，向左右的人夸赞说：“燕赵这个地方出来的人就是不一样。”

充为人魁岸，容貌甚壮。帝望见而异之，谓左右曰：『燕赵固多奇士。』——《汉书·蒯伍江息夫传》

每个人都有自己不可替代的优势，一个街头小混混，无才无学，有什么比得过别人的？江充的核心竞争力无非一张巧嘴、一副好皮囊。“知己知彼，百战不殆。”没有什么真才实学的江充，对阵全凭个人好恶行事的汉武帝，如何一发命中？全在攻心，让汉武帝被深深地打动。江充知道汉武帝喜欢漂亮，喜欢与众不同，所以，他的核心竞争力的第一张牌，就是从外表入手，博得汉武帝的好感。

接下来，就是江充这张巧嘴立功的时候了！汉武帝也会有一番心理活动，这小伙子长得好是好，不知头脑怎么样？别是绣花枕头，肚子是草包啊！草包没关系，只要嘴巴够甜、够巧，能点石成金也算一种本事！迎接评委前，江充提前恶补了一番时事政治，对汉武帝的问题是对答如流，谈吐不凡，大合汉武帝的胃口，断定他是个人才。江充没什么才华，但他充分挖掘自身核心竞争力，成功地自我推销，打开了汉王朝中央政府这个超级市场，为今后发展创造了一个极好的平台。

没有最好的，只有最适合的。任何人都具备某种别人所不能拥有的核心竞争力，这将成为你的“人生密码”。而它一旦和“事业密码”对上号，就意味着你开始踏上了成功之路。

问以当世政事，上说之。——《汉书·蒯伍江息夫传》

恩宠有加　咬强邀功

江充知道汉武帝心中最看重对匈奴作战，因此，在第一次面君之时，他就“自请”出使匈奴：你喜欢什么我就干什么。汉武帝问他出使匈奴有什么打算，他回答说：“随机应变，事事以我们的敌人匈奴人为师，无须事先制订什么计划。”汉武帝听后很满意，就让他作为谒者（皇帝身边管收发的秘书）出使匈奴。江充“因变制宜，以敌为师”，在战争中学习，既有动态思维，又有逆向思维，简单实用，非常具有超前性。看来，江充的确是机灵。

江充从匈奴回来以后，皇帝就让他做了直指绣衣使者。直指绣衣使者，《汉书·百官公卿表》载：“侍御史有绣衣直指，出讨奸猾，治大狱，武帝所制，不常置。”亦作绣衣直指御史，是西汉侍御史的一种。之所以这么称呼，是“衣以绣者，尊宠之也”。这是皇帝派出的特别专使，出

因变制宜，以敌为师，事不可豫图。——《汉书·蒯伍江息夫传》

使时持节仗，穿绣衣，可以调动郡国军队，独行赏罚，甚至可以诛杀地方官员。这是汉武帝为惩治地方豪强、办理大案而临时设置的特别监察官。《汉书·武帝纪》曾记载："泰山、琅邪群盗徐勃等阻山攻城，道路不通。遣直指使者暴胜之等衣绣衣、杖斧分部逐捕，刺史、郡守以下皆伏诛。"一人独揽公、检、法三项大权，这明摆着是钦差大臣的权限啊！

江充以一个亡命之徒的身份，居然得到汉武帝如此垂爱，麻雀变凤凰！恐怕他做梦都要笑出声来啊。有劲的，派他犁田；能跑的，让他拉车；这能咬的，就给他个机会，对付各路"牛鬼蛇神"！汉武帝还真是个知人善任的好领导！

一上台，江充就为汉武帝筹了大笔军饷，一炮走红！江充怎么有如此能耐？

原来，这皇城根儿底下，有个北军。平常负责维护京师地区安全，一旦有战事，北军属于战略预备队，随时准备保家卫国。但是，北军的军饷是个问题。江充请命，把京城的皇亲国戚、达官贵人奢侈逾制的案底一个个刨出来，毫不留情，又整理成册，一一上奏弹劾。他向汉武帝建议："凡越制之人，没收车马，关押北军军营里，准备上前线攻打匈奴吧！"汉武帝二话不说，批准了江充的请求。

江充得令，逮捕违法近臣，全部送往北军大营，不得随意出入。这一下让京城里的"官二代"全都急红了眼。老爸充军了，将来他们怎么当个"花花公子"啊！于是，联名上访，请求拜见皇上，叩头哀求，纷纷表示愿意拿钱赎罪。就等着这句话！汉武帝和江充二人见好就收，答应了罪犯家属的要求，让他们按照罪行轻重，分等级拿钱，送往北军大营。这一下子就弄到了几千万军饷。

既打击了贵戚，又筹集了军饷。汉武帝可乐坏了！江充这小子太有才啦——执法不徇私情，忠诚可靠。

贵戚近臣多奢僭，充皆举劾，奏请没入车马，令身待北军击匈奴。奏可。充即移书光禄勋中黄门，逮名近臣侍中诸当诣北军者，移劾门卫，禁止无令得出入宫殿。于是贵戚子弟惶恐，皆见上叩头求哀，愿得入钱赎罪。上许之，令各以秩次输钱北军，凡数千万。上以充忠直，奉法不阿，所言中意。——《汉书·蒯伍江息夫传》

这是江充发迹的第一步。

不过，江充任上的最大政绩是整治“高速公路”。

驰道，是供皇帝专用的“高速公路”，始建于秦始皇时期。据记载，“道广五十步，三丈而树。厚筑其外，隐以金椎，树以青松。”《史记·秦始皇本纪》注引《汉书·贾山传》可以想见，这样气派的“高速公路”，在两千多年前的汉代，多么令人神往。

但是，“高速公路”既令人神往，更难以企及。秦汉两朝法律都规定，臣子、百姓不能骑马乘车经过这种“高速公路”，如果经过皇帝特许，也只能走这种“高速公路”的两边。这倒不是说皇帝一天到晚要在“高速公路”上奔波，或者是汉代京城的交通已经跟现在北京一样，上下班高峰期就得堵车，必须为天子开条绿色通道。这纯粹是为了维护皇帝的尊严。然而在社会上，越是明令禁止的行为，往往越具有诱惑性。于是，一些贵戚实在忍不住，还是踩着“高压线”到“高速公路”上过把瘾。

江充把准了汉武帝的心思，极好虚荣，讲究尊严。因此，他对“高速公路”特别关注。他知道在“高速公路”上做文章，往往可以逮住大鱼！

果然如江充所料，江充盯上“高速公路”不久，就在路上截住了馆陶大长公主的车队。江充“铁面无私”，厉声责问馆陶大长公主，为何竟敢越制走圣上的“高速公路”。馆陶大长公主解释说，是太后亲自下诏，准许她走“高速公路”的。窦太后此时已死。江充问了问周围资深的小吏，果真是当年窦太后恩准了大长公主走“高速公路”。但是，江充还是不依不饶：“既然如此，公主可以通行，其他车马不能过。”转眼就把大长公主的车队都给没收了。

充出，逢馆陶长公主行驰道中。充呵问之，公主曰：『有太后诏。』充曰：『独公主得行，车骑皆不得。』尽劾没入官。——**《汉书·蒯伍江息夫传》**

大长公主是多大的腕儿啊，她的车队就这样被江充给收拾了！而且，史书没有记载大长公主作何反应。史书未载，只能证明大长公主没敢声张，吃了个哑巴亏。江充连皇帝的姑妈、宫中最有权势的女人大长公主都敢收拾，多大的胆子啊！多么尽职啊！

这是逮着的第一条鱼。

又一次，江充跟随汉武帝到甘泉宫去，在甘泉宫附近的“高速公路”上，江充又发现了皇太子刘据使者的车队。因为汉武帝在身边，江充没有立即发作，只是拦住车队，直接把使者转送“交警”处罚。太子知道后，诚惶诚恐。谁看到不行，怎么能让这个父皇整天宠着、“拿着鸡毛当令箭”的江大人看到了？赶紧派人向江充赔不是说：“我不是舍不得那辆新车，只是不想这件事让父皇知道了，落下个对下属管教不严的罪名，希望江先生能够抬抬手，权当没看到，宽恕他这一次吧！”江充面对太子的求情，不为所动，马上奏报给了汉武帝。汉武帝对江充的秉公执法大加赞赏，说：“做臣子的就该是这个样子，江爱卿就是个表率嘛！”

后充从上甘泉，逢太子家使乘车马行驰道中，充以属吏。太子闻之，使人谢充曰：『非爱车马，诚不欲令上闻之。以教敕亡素者。唯江君宽之！』充不听，遂白奏。上曰：『人臣当如是矣。』大见信用，威震京师。——《汉书·蒯伍江息夫传》

江充好像一只斗志昂扬的公鸡，汉武帝这个饲养员不停地给他投兴奋剂，鼓励他越战越勇。这一系列故事传达了“宠信江充”的两方面信息：

一是主观因素。

江充急于报答汉武帝的知遇之恩，邀功请赏，所以，他才在“高速公路”上一而再再而三地做文章，收拾那些敢于走“高速公路”的大长公主、太子使者。同时，汉武帝的一再肯定和嘉奖又给了他无尽的勇气和胆量，去与那些贵戚近臣正面冲突。

二是客观因素。

江充迅速走红，完全是汉武帝造“星”的结果。他不计后果、近乎疯狂地收拾皇亲国戚、达官贵人，使汉武帝暗暗高兴。因为汉武帝最喜欢的是惩办皇亲国戚，扼制违法乱纪。汉武帝不喜欢什么样的人，江充就把矛头指向谁。对于汉武帝来说，宠信江充，代价最小。万一江充将来得罪人多了，他还有退路，可以杀江充以谢天下啊。江充死了，还可以找“李充”“王充”，还愁没人为皇帝做事吗？

那么江充真的是一位刚正不阿、不畏权势（忠直，奉法不阿）的循吏吗？我们回头来看。

第一，对赵王刘彭祖。

如果江充真是“忠直，奉法不阿”之臣，他能在赵王刘彭祖手下待那么长时间吗？赵王没开你，你自己可以炒老板啊！为什么不走？是江充对刘彭祖的劣迹一点都不知道吗？赵王刘彭祖奸诈狡猾，为什么偏偏又看重了你江充，让你来做这个上宾？很简单，物以类聚！

第二，对赵太子刘丹。

如果江充真是“忠直，奉法不阿”之臣，天天眼见赵太子丹做的那些无法无天、龌龊肮脏的勾当，他劝说过吗？江充可能有投鼠忌器之虑，他亲妹妹还在太子家做夫人呢。那么实在看不过去的时候，他有没有想过带妹妹跳出火坑呢？那么多年，要揭发什么时候不行啊！要想逃走什么时候不能走啊！难道江充一直引而不发，就是要等赵太子丹杀了自己全家才敢上访？除非他脑子进了水！显然，在江充眼里，那太子家不是火坑，而是人间天堂啊！

在儒家义利观中，公利即义。行义不计个人利害，但并不意味着“行义”必然与“得利”相冲突。重义的人不重己利，这是一层；但重义的人，必重他人之利，重社会之利。这才是行义的核心所在。

综上所述，江充上书揭发太子丹的罪行，虽然所告属实，但初衷只是为了报一己私仇，以江家灭门为界，早一天是行义，晚一天是谋利，无论如何，与“刚正不阿、不畏权势”相去甚远。

还有一件事可以佐证江充的为人。

第三，居官犯法。

江充连续收拾了大长公主、太子这些大腕之后，汉武帝送给了他一个肥缺——二千石的水衡都尉，职掌上林苑农田、水池、禽兽。

这个差事管田、管地，是个肥缺。汉武帝这一番安排，也是用心良苦。一来，江充已经犯了众怒，也该歇歇、避避风头了。二来也想给这个效了好一阵犬马之劳的功臣一些油水。江充还用点拨？千恩万谢，领了调令，直奔新的工作岗位，铆足了劲大捞一把。这个一向“忠直”的宠臣，没了家人，还有族人吧。一时间，他把自己三亲六故、亲朋好友，全都安排在手下，你有我有大家有，一人得一份美差。这帮人本来就是冲着大汉皇宫的墙脚来的，不挖白不挖，时间一长，更是上下其手，什么坏事都干尽了。“奉法不阿”的江充也被拖下了水，丢了官，名节不保。

迁为水衡都尉，宗族知友多得其力者。久之，坐法免。——《汉书·蒯伍江息夫传》

即便如此，汉武帝对江充还是宠信有加，就算丢了官，江充还能经常神气活现地到皇帝宫中，登门请安问候。他要是兴致来了，在汉武帝面前搬弄是非，仍然屡屡得中、招招致命。落水狗上岸，照样咬人。这世界从不以一时的成功论英雄，也不以偶然的失败判输赢。没有持久的上佳表现，别说肯定，即使被关注也很难。而已经被肯定的人，就算偶尔落马，一时间也不容易被推翻。

在江充逐步取得汉武帝信任之时，太子刘据却在一步步失去汉武帝的信任。这位太子是汉武帝与皇后卫子夫当年爱情的见证，但是，此时的太子岌岌可危。他为什么会一步步失去汉武帝的宠爱呢？

请看：太子失宠。

三十五

元朔元年（前128），戾太子刘据出世。大汉天子刘彻，十六岁登基，十三年等待，终于盼到了自己的儿子！这是汉武帝的第一个儿子，也是他和第一位宠爱的女人卫子夫所生的儿子！是皇室的血脉，帝位的继承人！即使历史尘雾漫漫，至今，我们依然能够感受到这位年轻父亲的狂喜：大祭诸神还愿，大赦天下祈福。就是这样一位盼星星盼月亮盼来的太子刘据，最终屈死于父亲的严威之下，谥号戾（戾，过错、违逆之意）。太子究竟犯了什么过错？他和汉武帝的关系因何恶化到水火不容的地步？他又是如何走向灭亡的呢？

人与人的关系历来都是动态变化的，更何况深陷权力旋涡的皇家父子？戾太子刘据与汉武帝的关系也是如此。这对特殊的父子，他们的关系经历了五个阶段。

子不类父　暗生嫌隙

第一阶段，父子情深。

太子刘据是汉武帝的嫡长子，刘据的出生曾经让汉武帝非常兴奋。

第一，二十九岁得子。

戾太子刘据出生之时，卫子夫已经为汉武帝生了三个女儿。阿娇未能生育，卫子夫专生女儿，这件事让汉武帝非常心烦。等到汉武帝二十九岁，他的第一个儿子刘据才“千呼万唤始出来”。喜得长子，汉武帝一颗心放回了肚子里，祖宗的基业终于不会后继无人了。

第二，卫子夫所生。

刘据出生之时，卫子夫尽管已经为汉武帝生了三个女儿，但容颜未改，而且，此时汉武帝身边还没有其他更为中意的女人。

专宠爱妃加上久盼独苗，卫子夫母子的一笑一颦，一粥一饭，无不牵动着汉武帝的侠骨柔肠，二人宫廷人气指数更是一路飙升至顶点。

刘据刚七岁，汉武帝便迫不及待地立他为太子。再大点，又让人教他《公羊春秋》和《穀梁春秋》。戾太子弱冠移居太子宫的时候，汉武帝又为其立博望苑，希望太子广博而有声望，将来好继承自己的事业，统驭大汉江山。不仅如此，汉武帝还破例让太子在博望苑里按照自己的意愿豢养宾客。汉武帝历来将豢养宾客的人视为政敌，当年的窦婴、田蚡广招门客惹得汉武帝十分不满。由此可见汉武帝对刘据很是疼爱。

二十曰弱冠。——《礼记·曲礼上》

从刘据出生到博望苑设立，是汉武帝与太子刘据关系最为密切的时期。

第二阶段，暗生嫌隙。

也许是人类延续基因的潜意识在作怪，现实生活中，父亲总是更喜欢长相酷肖抑或性情类似自己的儿子。可这个太子越大越不像汉武帝，令汉武帝甚是懊恼。别的像不像倒无所谓，关键是太子刘据生性仁慈敦厚，谦恭谨慎，与汉武帝张扬的个性很不一样。因此，当太子一天天长大，个性逐渐显现出来时，汉武帝对太子刘据开始不满了，觉得他的才能远远不及自己，性格也不像自己。

上嫌其材能少，不类己。——《资治通鉴》卷二十二

大家回忆一下，当年刘邦因为什么产生废立太子的念头的？就一句：太子刘盈“不类己”！如今，刘据也被贴上了“不类己”的标签，这是一个十分危险的信号！汉武帝与太子之间已经出现了某种外人不易觉察的裂痕。是刘据变得越来越不像父皇，还是汉武帝一颗慈父之心发生了转移？到底是谁变了？发人深省。

屋漏逢雨　岌岌可危

第三阶段，心口不一。

在每对关系敏感微妙的父子中间，总有一根女性的纽带从中斡旋。那就是父亲的妻子，儿子的母亲。当年，刘彻得子欣喜若狂，多少带些爱屋及乌的感情色彩。而如今卫子夫年老色衰，失去宠幸，汉武帝之变似乎在所难免。

汉武帝贵为天子，性情风流，他怎么会专宠一个卫子夫呢？卫子夫失宠之后，第一个得宠的是王夫人，再往下就是那个“倾城倾国”的李夫人。李夫人的大哥李广利、二哥李延年都搭上了妹妹的便车，一个封为贰师将军，一个成为汉武帝的幸臣，风光直逼卫后当年。

及卫后色衰，赵之王夫人幸，有子，为齐王。王夫人蚤卒，而中山李夫人有宠，有男一人，为昌邑王。李夫人蚤卒，其兄李延年以音幸，号协律。协律者，故倡也。兄弟皆坐奸，族。是时其长兄广利为贰师将军，伐大宛，不及诛，还，而上既夷李氏，后怜其家，乃封为海西侯。——**《史记·外戚世家》**

此时，卫子夫、太子明显地感受到了一种潜在的威胁。

觉察到太子与皇后的不安，汉武帝一反倨傲、粗暴的常态，非常善解人意地托了一个中间人——卫青，向母子俩真情告白：汉王朝刚刚建立，一切还都只是草创，加上四夷侵陵中国，我这个皇帝也很尴尬！我要是不变更制度，后世将没有可以遵循的准则。我要是不征讨四夷，天下将永远不得安宁。不得已才连累百姓苍生受苦。我内心沉痛，日夜反省。如果后世的继承人，仍然像我这样穷兵黩武，汉王朝就会走上秦朝灭亡的道路。所幸我们的太子稳重好静，将来必能安定天下，不会让我担心。做皇帝的挑来挑去，无非想找一个能够守住基业的未来国君，还有谁能比太子更合适呢！听说皇后、太子心里犯嘀咕，认为我可能不宠爱他们了，哪有的事？你将这些话传达给他们，也算给娘儿俩吃下定心丸。

汉家庶事草创，加四夷侵陵中国，朕不变更制度，后世无法；不出师征伐，天下不安；为此者不得不劳民。若后世又如朕所为，是袭亡秦之迹也。太子敦重好静，必能安天下，不使朕忧。欲求守文之主，安有贤于太子者乎！闻皇后与太子有不安之意，岂有之邪？可以意晓之。——《资治通鉴》卷二十二

江山是老子的，但是归根结底还是儿子的。我的太子我做主，不会让娘儿俩失望的。汉武帝能说出这番话非常不易，而且，又通过卫子夫的弟弟、刘据亲舅舅卫青转告，更是大有深意。

其一，汉武帝解释了自己为什么要执行现行的内外政策，解释了变更制度的原因与征伐四夷的原因。

其二，后世帝王要以民生为主，不能以征伐为主。

其三，汉武帝深知太子、皇后内心的恐惧。

其四，再三申明自己对太子的信任。

听了汉武帝这番“肺腑”之言，卫青感激得连连叩首（大将军顿首谢）。回去向卫子夫一通气，卫子夫也连忙解下首饰请罪（皇后闻之，脱簪请罪）。

如此敞开心扉，在汉武帝来说，的确是历史记

载的第一次。特别是对自己改革制度、征伐四夷国策的解释，就差一道“罪己诏”了。

但我们不禁要问，如此冠冕堂皇的说辞，汉武帝这番话发自真心吗?

笔者认为: 汉武帝此言只是一场政治秀。

但是，汉武帝在申明国策，表达信任之时，有四点非常值得重视:

第一，掩盖对太子的不满。

汉武帝让卫青捎话时丝毫没有提及太子“不类己”，说明这种不满还没有发展到要废立太子的程度。但是，汉武帝为什么要将对太子的不满掩盖起来呢?

引而不发，最具威慑力；刻意地掩盖，更令人不安。这样的做法是在安抚臣子而不是安慰儿子。不说出来，就是不想让对方有所察觉、有所准备，可见汉武帝此时对刘据这个曾经的宝贝蛋儿已经有所提防了。

第二，回避对皇后的不爱。

汉武帝对卫子夫的不喜欢也是客观事实。皇上身边从来不缺少女人，得宠时泰然，失宠后超然；寂寞也好，委屈也罢，你被淘汰了，没有什么价钱可讲。况且，卫子夫一介歌伎出身，更没有阿娇“皇姐老妈”的背景，哪有资本一哭二闹三上吊？只能默默承受。问题是汉武帝面对旧爱的忐忑不安，再次选择了回避，甚至没有提及一句有关卫子夫母子的言辞。汉武帝自始至终不正面触及问题的核心——卫子夫母子失宠，目的只有一个：置对方于捕风捉影、无理取闹的“无义”境地。你无义，朕没有责怪你，为什么？我就是要你欠我这个人情，以后就会安分老实了。

那么，卫子夫母子是否果真多虑了呢？

第三，有意表示对皇后、太子的信任。

就事论事，汉武帝的确很信任皇后和太子。每次外出，皇帝都将朝中之事托付太子处理，宫中之事托付皇后处理。回来之后，让他们拣最重要的事报告一下，汉武帝对于他们所做的处理也从来没有提出过什么异议，有时候连报告都懒得听了。既能始终将决策权掌握在自己手中，又善于放权，乐得逍遥！如此说来，汉武帝着实委屈。

> 上每行幸，常以后事付太子，宫内付皇后；有所平决，还，白其最，上亦无异，有时不省也。——《资治通鉴》卷二十二

第四，卫子夫、太子是庸人自扰吗？

汉武帝与卫子夫是夫妻，与刘据是父子。如此骨血相连，一方的任何一点细微变化，另一方都会觉察到。对于拥有生杀大权的皇帝的态度的任何细微变化，皇后与太子应当非常敏感。因此，如果不是汉武帝自身有了某种变化，卫子夫、刘据何必自找烦恼呢？如果不是这种变化对自己构成了巨大的威胁，他们又何苦诚惶诚恐呢？既然是客观存在，又拒不承认，还托卫青捎话，表示信任太子，汉武帝这分明是在作秀。

汉武帝和太子之间如何变成了一种危险关系？

其一，政见不合。

汉武帝是典型的铁血派，而刘据则是怀柔派。儿子

在作风上比老爸优柔，更带有和平年代皇室子弟温情脉脉的优越感。刘据反对向四邻各国用兵，反对穷兵黩武，他希望能够休养生息，更厌恶酷刑酷吏。

其二，不懂权术。

汉武帝和太子刘据一样，都是七岁立为太子。但是，汉武帝当年不过是默默无闻的王美人的儿子啊！他的最后胜出，是后宫五个女人角逐、博弈的结果。汉武帝自小便看到了宫廷的冷酷，因此，他更冷血、更世故。而太子刘据是皇后卫子夫的幼子，从小养尊处优，未见宫廷纷争，在谋略和手腕上都过于稚嫩，性格上更是温良有余霸气不足。汉武帝屡屡征伐四夷，太子刘据都要上前苦苦劝谏。每次，汉武帝都笑着说：“我吃这个苦，让你做个安逸的皇帝，不很好吗？”

吾当其劳，以逸遗汝，不亦可乎！

——《资治通鉴》卷二十二

汉武帝脸上在笑，可心里呢？满朝文武，高呼吾皇神武！公孙弘、张汤，曲意奉迎，花样翻新！所以，面对太子的执意劝谏，汉武帝心中肯定非常不快。

太子没有城府，明确表示不同政见，既说明太子忠于父皇，又说明太子不懂权术。

权术又叫谋略，只有拥有权力的人使用谋略时我们才将它称为权术。提起权术，总有人恨得咬牙切齿。笔者认为：懂得权术、了解权术，与玩弄权术是两码事。即使在现实生活的人际交往中也不乏惯用权术之人，因此，我们要懂得权术、认识权术。玩弄权术并不是学得来的，更多依赖于天赋。帝国时代的官场中，身居高位却不懂权术，只能称之为政治幼稚，太子就是这样一个政治上十分幼稚的人。

其三，朝臣分裂。

一方是独断专行的汉武帝，用法严苛，信任酷吏和执法严格的官员。一方是天真执着的太子，大臣们判决的结果很多都被太子推翻、平反，虽然此举很得民心，但是却得罪了很多大臣。“知夫莫若妻”，卫皇后怕长此以往得罪了皇上，苦劝太子停止此类举动，顺从皇上的意思，不要任意而为。汉武帝听说后批评了皇后，称赞太子忠直善良。

上用法严，多任深刻吏；太子宽厚，多所平反，虽得百姓心，而用法大臣皆不悦。皇后恐久获罪，每戒太子，宜留取上意，不应擅有所纵舍。上闻之，是太子而非皇后。——《资治通鉴》卷二十二

群臣中宽厚的人、长者都依附太子，与汉武帝周围的一群严刑苛法的官员形成鲜明的对比。大臣们因此分为了两派，一是拥护太子做派者（太子党），二是反对太子做派者（君王党）。朝臣的分裂，最让汉武帝揪心。君子朋而不党，而邪臣多党羽。因此，毁谤太子的官员大大多于赞赏太子的官员。君王党中不乏政治投机商，说白了就是要从拥护中捞取利益。

群臣宽厚长者皆附太子；而深酷用法者皆毁之，邪臣多党与，故太子誉少而毁多。——《资治通鉴》卷二十二

但是，这件事情我们也不能过分估计。如果我

们过于看重太子与汉武帝两派的角逐，认为汉武帝视太子为政敌，那就夸大了太子与汉武帝政见不合的矛盾性质。以为凭此就引发了巫蛊事件，那就大错特错了。

其四，卫青下世。

元封五年（前106），太子刘据的舅舅卫青去世。自元狩四年（前119）漠北大战后，虽然汉武帝因为多方原因没有再发动对匈奴作战，卫青也一直未再出征，但是卫青大司马、大将军的地位仍在，赫赫战功俱在，侯爵名分仍在，特别是元狩六年（前117）霍去病去世之后，汉武帝用来打压卫青的一张王牌自动消失，卫青的军事统帅地位更无人挑战。这一切对太子刘据是一种非常有力的支持。卫青虽然相当谨慎，从不妄言，从不妄举，但是，卫青是卫子夫的弟弟，是太子的舅舅，他在朝中的存在本身对反太子的官员就是一种震慑。

卫青的下世，使卫子夫失去了在朝中的最大支柱。“唇亡齿寒”，卫子夫与太子刘据马上就感受到了失去卫青后的政治孤独。那些慑于卫青地位、权势的官员纷纷跳出来，诬陷太子。从“竞欲”二字可见，这些反对派迫不及待落井下石的丑态。

由于上述四个方面的原因，汉武帝与卫皇后和太子的关系都疏远了。其中，最为危险的一条是皇后不能再自由地见到汉武帝。这使得卫子夫在紧急情况下无法直接与汉武帝沟通。

此时，太子刘据与汉武帝，一个是真执着，一个是假大度。温情脉脉的言语掩盖着内心的嫌恶，他们的关系进入了一段非常敏感而微妙的时期。

四面楚歌　暗箭难防

第四阶段，疑窦重重。

这一时期，太子刘据成了众矢之的，宦官屡屡告密，导致父子关系由“不喜欢”升级为“不信任”。

有一次，太子去见皇后，见面的时间长了一点，汉武帝身边的宦官黄门（禁宫侍从）苏文立刻对汉武帝说：“太子只顾与皇后的宫女们戏耍。”汉武帝听后，也不责备太子，而是不动声色地给太子宫增加了二百名宫女。

太子看父皇莫名其妙地给自己增加了这么多宫女，很纳闷儿，后来一打听，才知道是太监苏文给汉武帝打了小报告，心里暗暗恼恨苏文。苏文与小黄门常融、王弼等一直暗中观察太子的过失，动不动就向汉武帝打小报告。皇后知道后恨得咬牙切齿，真是“明枪易躲，暗箭难防”。只有诛杀苏文等人，才能免除后患。太子依然一副无知者无畏的口气：“我自己又不犯错，何须害怕苏文！父皇何等聪明，不会相信那些邪恶谗言的，不用担心。”

卫青薨，臣下无复外家为据，竞欲构太子。上与诸子疏，皇后希得见。太子尝谒皇后，移日乃出。黄门苏文告上曰：『太子与宫人戏。』上益太子宫人满二百人。太子后知之，心衔文。文与小黄门常融、王弼等常微伺太子过，辄增加白之。皇后切齿，使太子白诛文等。太子曰：『第勿为过，何畏文等！上聪明，不信邪佞，不足忧也！』——《资治通鉴》卷二十二

他没有想到父皇也是人，纵然再聪明，也逃不脱偏听轻信的人性弱点。

又有一次，汉武帝身体轻微不适，叫常融召唤

太子，常融回来又投出一封刁状：“太子听说您害病，面露喜色。”汉武帝听后心下一沉，仍默然不语。等到太子请安，汉武帝细细观察他的脸色，哪里有喜色？虽然强颜欢笑，倒是残留哭泣过的痕迹。于是详细盘查，才知道儿子是害怕自己有什么意外，刚刚哭过一场。也许汉武帝心中有愧，立刻杀了挑拨离间的常融。

上尝小不平，使常融召太子。融言『太子有喜色』，上嘿然。及太子至，上察其貌，有涕泣处，而佯语笑，上怪之；更微问，知其情，乃诛融。——《资治通鉴》卷二十二

皇后从此更加如履薄冰，远避嫌疑，虽然长时间不受宠爱，但还受到了汉武帝礼遇与尊敬。

小太监们为什么敢于如此放肆地陷害太子，下药下套呢？

一是洞察时势。

小太监们整天与汉武帝近距离接触，非常熟悉汉武帝。汉武帝与太子的微妙关系，他们也是看得最清楚的人。起码太子、皇后不能经常进宫，不能随便见到汉武帝，这就足以让他们知道皇后、太子与汉武帝的关系疏远了。再者大将军卫青去世，皇后和太子失去了靠山，连大臣们都知道见风使舵，他们这些修炼成精的小太监自然敢为所欲为，极尽谗毁之能事。

二是汉武帝相信。

第一次听了黄门苏文的小报告，立即给太子宫增加两百宫女，这正说明汉武帝相信小太监们的话。第二次听了小太监常融的话，汉武帝沉默不语，这也

是相信。只是后来观察到太子面有泪痕，才深入调查，了解了真相，诛杀了常融，但是，开始汉武帝听了之后也是相信的啊！

皇族中的父子之情与平常人家的父子之情是不同的，它带有更多的政治因素，亲情淡漠后也就只剩下政治上的君臣关系了。

第五阶段，危机四伏。

就在小太监群起诽谤太子之时，太子又遭遇了一个强劲的对手。

原来，汉武帝晚年一次打猎，路经河间（今河北献县），一个懂得望气占卜的人说，这里有一位奇女子。汉武帝派人去找，结果还真找到了一个女人。这个女人双手紧握着。汉武帝一见，立刻就被她的美丽所倾倒，亲自去为她掰拳。于是，奇迹出现，她的手马上就伸开了，这就是钩弋夫人的传说。从此以后，她深得汉武帝宠幸，又被称为拳夫人。

武帝巡狩过河间，望气者言此有奇女。天子亟使使召之。既至，女两手皆拳，上自披之，手即时伸。由是得幸，号曰拳夫人。——《汉书·外戚传》

《列仙传》说汉武帝把她的手掰开后，发现她手里握着一个玉钩，这可能是从钩弋夫人这个称号衍化出来的。

拳夫人后来大得汉武帝宠爱，被晋升为婕妤，居住在钩弋宫，史称钩弋夫人。

拳夫人进为倢伃，居钩弋宫，大有宠。——《汉书·外戚传》

后人推测这位钩弋夫人之所以紧握拳头，是因为她小时候得了小儿麻痹，手伸不直，并不是什么奇女子。

太始三年（前94），钩弋夫人生了一位皇子，取名弗陵，号称钩弋子。拳夫人怀孕十四个月后才生下钩弋子。汉武帝说：“我听说从前尧是怀孕了十四个月才出生，现在钩弋子也是这样。”于是就下令将钩弋子出生的宫门命名为尧母门。

任身十四月乃生。上曰：『闻昔尧十四月而生，今钩弋亦然。』乃命其所生门曰尧母门。——《资治通鉴》卷二十二

尧是儒家尊奉的圣人之一，其文治和武功俱佳。汉武帝这一次像当年太子出生一样，又兴奋了，惊喜之余，立即来了个命名仪式。司马光在《资治通鉴》谈到“尧母门”时说过一段非常中肯的话：

为人君者，动静举措不可不慎，发于中必形于外，天下无不知之。当是时也，皇后、太子皆无恙，而命钩弋之门曰尧母，非名也。是以奸人逆探上意，知其奇爱少子，欲以为嗣，遂有危皇后、太子之心，卒成巫蛊之祸，悲夫！

司马光看到了汉武帝晚年特别钟爱幼子刘弗陵的巨大危害！这个信息对于皇帝身边的人来说是一个明确的信号。别有用心之人从中看到了离间父子关系、加害太子的机会。

因为六十多岁的汉武帝娶了钩弋夫人，生了钩戈子，还因为怀孕十四个月生子将钩弋夫人的住处命名

为尧母门。闹腾得太大了！事情炒过了头，必然会惹来麻烦。

钩弋夫人被称为尧母了，等于说把钩弋子比作尧了，“尧”不当皇帝还有谁能当皇帝呢？

这是皇上想要换太子的暗示吗？汉武帝此时会有废立太子的打算吗？

卫皇后已年老色衰，失宠多年。皇族之中母子宠衰是紧紧相连的，太子与汉武帝的关系也比较疏远。从感情上讲汉武帝倾向于刚出生的幼子，但是，理智上看汉武帝想不想废长立幼呢？笔者认为他不想。

一是汉武帝认为太子稳重成熟、仁慈宽厚，能够继承汉家的基业。虽然太子与汉武帝的政见、性格、作风都不一样，但是，汉武帝晚年已经渐渐认识到自己广征四夷、对百姓的横征暴敛所造成的后果：对国家、子民的伤害，太子的做法与自己相反，正好能弥补自己造成的创伤。

二是钩弋子刚刚出世（太始三年，前94），汉武帝根本无法判断其将来长大成人之后会是一个什么样的人，是否适合做皇位的继承人。如果说汉武帝宠爱钩弋夫人就要立其子为太子，似嫌武断。钩弋夫人之前，除了皇后卫子夫，汉武帝先后宠幸过很多夫人，也有几位生下皇子，可是没有一个动摇了太子的地位。汉武帝是一个极其理性的人，不可能不慎重地对待国家的未来。

“巫蛊之祸”发生后，太子、太孙丧命，其他几位皇子又令汉武帝很失望，汉武帝真要立钩弋子为太子的时候，又担心子少母壮而重蹈吕后的覆辙，果断处死钩弋夫人。

这些可以看出，在“尧母门”事件发生的时候，汉武帝尚未有易位太子的念头。

那么，什么时候汉武帝产生了立幼子为太子的想法呢？应当是在巫蛊事件后。此时，太子叛乱，太子、太孙遇难。燕王刘旦、广陵王刘胥不断闹出违法之事，惹得汉武帝很烦。宠姬王夫人的儿子齐怀王、李夫人的儿子昌邑哀王都年轻早逝。钩弋子五六岁时就长得高大，而且很懂事，汉武帝经常说“钩弋子很像我”，又感到他出生时的与众不同，所以就特别喜欢他，心中打算立他为太子，但又因他年小母少，怕王后专横危乱国家，因而犹豫了很久。

钩弋子年五六岁，壮大多知，上常言『类我』，又感其生与众异，甚奇爱之，心欲立焉，以其年稚母少，恐女主颛恣乱国家，犹与久之。——《汉书·外戚传》

由于尧母门事件，太子刘据与父王汉武帝的关系已由微妙期进入危险期。此时，仿佛天意，又接连发生几件事：

征和元年（前92），汉武帝已六十四岁，这个年龄在古代已经算是高龄了。汉武帝之前的汉高祖（前256—前195）、汉文帝（前202—前157）、汉景帝（前188—前141），分别活到六十二岁、四十六岁、四十八岁。此时，汉武帝体弱多病，很多事情已经力不从心了，开始变得敏感而多疑，天天害怕有人害他，怀疑有人在诅咒他，不让他的长生计划得逞。

这年春天，汉武帝住在建章宫中，看到一个

带剑的男子进入中龙华门，下令把他抓起来，那名男子弃剑逃亡，侍卫竟没能追上。汉武帝非常生气，杀了宫门守卫官。十一月，汉武帝亲自调集京城附近的骑士在上林苑中进行拉网式的搜查，寻找可疑之人，又关闭所有的长安城门，在长安城内全城大搜查。折腾了一个月才解除戒严。

上居建章宫，见一男子带剑入中龙华门，疑其异人，命收之。男子捐剑走，逐之弗获。上怒，斩门候。冬，十一月，发三辅骑士大搜上林，闭长安城门索；十一月乃解。——《资治通鉴》卷二十二

这次疾风骤雨揭开了“巫蛊之祸”的序幕，更残忍、更血腥的杀戮即将开始。这场祸及长安城中数万生灵的惨案究竟如何从天而降？又将怎样惨淡收场？

请看：巫蛊之祸。

巫蛊之祸

三十六

一个搬弄是非的宠臣，一位书生意气的太子，再加上一位杯弓蛇影的老皇帝，就等于一场波及数万人的流血惨案，一出千年扼腕的父子悲剧。那么，这场牵涉皇后、皇太子、皇太孙的巫蛊事件究竟是怎么爆发的呢？是什么原因酿成了这场惨案呢？

巫蛊事件是汉武帝一朝一道挥之不去的阴影，几乎与汉武帝一生相伴。

武帝朝遇到的第一件巫蛊事件就是“金屋藏娇”陈皇后导演的一幕悲剧。阿娇由于无子失宠，嫉妒、怨恨卫子夫等得宠的嫔妃，又找不到解决问题的良方，于是找来巫师楚服，用桐木刻成人偶，写上被害人的姓名，天天诅咒。这就是当时第一起上自王公、下至黎民，谈之色变、闻之丧胆的“巫蛊”。此事败露之后，楚服被杀，阿娇被废。

此时，汉武帝年少气盛，身体健康，虽然因此严惩了巫师，废掉了陈皇后，但并没有引发他精神上的崩溃。

心魔衍生　巫蛊初起

大漠的刀枪骏马，拖垮了汉武帝的身体；宫闱的尔虞我诈，耗尽了汉武帝的精神；接连受挫的求仙，击溃了汉武帝的梦想；岁月的无情流逝，使雄心犹在的汉武帝进入了多病的晚年。汉武帝的身体和精神大不如从前，虚弱的体质带来了恍惚的精神，巫蛊的心魔于此滋生扩大，年迈的汉武帝对巫蛊的恐惧逐渐扩大，他将身体的衰老想成是被人巫蛊的结果。

汉武帝一生杀了无数的人，有无数的人有理由去痛恨汉武帝，但是他已经身疲力尽，无力再考虑、追查过多，那就从身边的人下手吧，宁可错杀三千，绝不放过一个！于是，悲剧诞生了。第一个被牵连进去的是战功卓著的名将公孙敖家族。公孙敖是卫青好友，当年拼死救过卫青，参与过多次对匈奴的远征。太始元年（前96）正月，公孙敖坐妻为巫蛊，本人被腰斩，全族被杀。

七岁，复以因杅将军再出击匈奴，至余吾，亡士卒多，下吏，当斩，诈死，亡居民间五六岁。后发觉，复系。坐妻为巫蛊，族。

——《史记·卫将军骠骑列传》

第二个被牵涉进去的又是一位抗击匈奴的名将公孙贺。

少年公孙贺随军打仗，屡立战功。汉武帝得到太子之位后，公孙贺被任命为太子舍人，陪太子读书。汉武帝继承大统之后，他被任命为太仆，掌管皇帝的车驾，亲自为皇帝驾车。太仆是九卿之一，地位尊崇，而且与皇帝的关系非常亲密。后来，公孙贺又娶了皇后卫子夫的姐姐卫君孺为妻，成为汉武帝的连襟，恩宠更盛。公孙贺多次带兵攻打匈奴，两次封侯。

公孙贺最为后人传诵的是他拜相之事。太初二年（前103），汉武帝让他接任丞相。丞相乃一人之下，万人之上，那是真真正正的位极人臣。不过武帝一朝已有多任宰相死于非命。因此，公孙贺视相位如鬼门关，极不想接丞相一职。汉武帝让他继任丞相时，他拒绝接受印绶，跪在地上号啕痛哭。汉武帝拂袖而去，他不得不接受了这一安排。

初贺引拜为丞相，不受印绶，顿首涕泣，曰：『臣本边鄙，以鞍马骑射为官，材诚不任宰相。』上与左右见贺悲哀，感动下泣，曰：『扶起丞相。』贺不肯起。上乃起去，贺不得已拜。出，左右问其故，贺曰：『主上贤明，臣不足以称，恐负重责，从是殆矣。』

——《汉书·公孙刘田王杨蔡陈郑传》

有了前车之鉴，公孙贺相当谨慎，但是，他的儿子公孙敬声给他惹了一场天大的麻烦。

公孙敬声在父亲任丞相后，接任了太仆一职。父子俱列公卿，显赫一时。

公孙敬声仗着自己是皇后姐姐的儿子，骄横奢侈，不守法纪。征和元年(前92)，他擅自挪用北军军费一千九百万，事情败露被捕。

汉朝保卫京师的军队有南军和北军，因驻扎在长安城内的南、北而得名，南军的主要任务是保卫宫廷的安全，而北军的主要任务是保卫长安及京畿地区的安全。挪用军费当然是重罪。

当时皇上正在追捕京师大侠朱安世，但是，下了很大的气力也没能成功。朱安世犯了什么错，史书没有记载。

公孙贺爱子心切，向汉武帝提出，以抓到朱安世为条件赎他儿子的罪，汉武帝答应了。后来，朱安世果然被公孙贺抓到了。

但是，朱安世并不是省油的灯，当他得知公孙贺抓他是为了替儿子赎罪后，仰天大笑说："丞相，你和你的家族就要大祸临头了！"朱安世是京师大侠，这种人交际极广，消息极为灵通，公孙敬声的许多隐私他都知道。

于是，朱安世在狱中上书，揭发公孙敬声与卫子夫的女儿阳石公主私通，并让人用巫术诅咒皇上，还在皇上去甘泉宫必经的路上埋了带有诅咒恶语的木偶人。

公孙敖的巫蛊事件已经严重刺激了汉武帝的敏感神经，公孙敖因此遭到了灭族之祸。年迈的皇帝再也经不起这种怪力乱神的刺激，他的精神已经到了崩溃的边缘，朱安世的上书无疑是在汉武帝不堪重负的精神上又压了千斤重担。其结果是：汉武帝大怒，立即下令彻查罪犯。

征和二年（前91）春天，公孙贺和他的儿子都死在狱中，其家族被满门抄斩。

四月，卫子夫的女儿诸邑公主、阳石公主，大将军卫青的儿子长平侯卫伉，都因巫蛊事件被牵连处死。

本来，公孙贺事件只是一个孤立的事件，但是，心怀叵测的江充却从这次事件中看出了不少东西：

第一，巫蛊是汉武帝的软肋。

汉武帝晚年非常介意此类事件。公孙敬声挪用军费都可以用抓一个大盗来赎罪，但是“巫蛊”一出，汉武帝就立即下令要穷究罪犯，决不轻饶，连自己的两个女儿也不放过。

此时汉武帝怀疑真的有人诅咒自己。一次，汉武帝白天睡着了，竟梦见有数千个木人手持木杖要攻击自己，汉武帝被这个噩梦惊醒以后，开始觉得身体有些不适，精神恍惚，记忆力也不行了。精神上饱受巫蛊之苦的汉武帝，此时已成了惊弓之鸟，任何和巫蛊有关的事情都足以令他智丧疯狂。

第二，巫蛊株连卫皇后家族。

公孙贺巫蛊事件已牵扯到卫青的长子卫伉，卫伉的被杀把卫皇后和太子的失势暴露出来了。

（征和元年）丞相公孙贺夫人君孺，卫皇后姊也，贺由是有宠。贺子敬声代父为太仆，骄奢不奉法，擅用北军钱千九百万；发觉，下狱。是时诏捕阳陵大侠朱安世甚急，贺自请逐捕安世以赎敬声罪，上许之。后果得安世。安世笑曰：『丞相祸及宗矣！』遂从狱中上书，告『敬声与阳石公主私通；上且上甘泉，使巫当驰道埋偶人，祝诅上，有恶言。』（二年）春，正月，下贺狱，案验；父子死狱中，家族。以涿郡太守刘屈氂为丞相，封澎侯。屈氂，中山靖王子也。夏，四月，大风，发屋折木。闰月，诸邑公主、阳石公主及皇后弟子长平侯伉皆坐巫蛊诛。——《资治通鉴》卷二十二第三，巫蛊易于栽赃。

在地下埋上有咒语的木偶人之事非常容易栽赃，而且，这种事都是“莫须有”的事，很难查证。

江充为了邀宠，在“高速公路”上抓太子使者的车队，自认为得罪了太子与卫氏家族的人，而太子在汉武帝去世以后，肯定要继承皇位。江充认为太子一旦登基肯定不会放过自己。所以，江充就预谋用这件事陷害太子刘据，把太子拉下马，便于自己在汉武帝百年之后也可以高枕无忧。

江充构陷　太子蒙冤

晚年的汉武帝体弱多病，怀疑有人诅咒自己，让自己不能长寿，因而变得敏感多疑，整天担心有人要对自己不利，对一些捕风捉影的事也越来越相信。由于汉武帝迷信鬼神之道，礼遇方术之士，方术及神巫之士多聚集京城，以邪道惑众。一些女巫与宫中人士过往甚密，声称：在居处埋置小木人，定时祭祀，可以消灾免祸。于是不少宫女信以为真，如法而为。由于彼此之间的猜忌怨恨，互相检举揭发说对方是诅咒皇上，大逆不道。汉武帝大怒，大肆诛杀后宫之人并株连到朝中大臣，死者达数百人。

于是江充对汉武帝说：“陛下的病根，还是因为有人暗埋小木人诅咒。要想病愈，只有挖尽小木人，杀光诅咒者。”

汉武帝听了江充的话，信以为真，就派江充专门治理巫蛊之狱。江充得了圣旨，立即带上一个胡地巫师，在长安城内到处抓人，施以种种酷刑，一定要犯人诬服，并且再诬攀他人。巫蛊之狱从京师波及各地，卷入此案被杀的官绅百姓前后达数万人。

但凡被牵上此案的，不管真假，必死无疑，没有一个人敢替他们辩白。

后上幸甘泉，疾病，充见上年老，恐晏驾后为太子所诛，因是为奸，奏言上疾祟在巫蛊。于是上以充为使者治巫蛊。充将胡巫掘地求偶人，捕蛊及夜祠，视鬼，染污令有处，辄收捕验治，烧铁钳灼，强服之。民转相诬以巫蛊，吏辄劾以大逆亡道，坐而死者前后数万人。是时，上春秋高，疑左右皆为蛊祝，有与亡，莫敢讼其冤者。——《汉书·蒯伍江息夫传》

此时汉武帝怀疑宫中左右的人都搞巫蛊。江充发现了这一点，感觉时机已经成熟，应该推出最后的重磅之举了。于是他让胡巫奏道："宫中有巫蛊气，如果不除灭，陛下的病终究难以痊愈。"汉武帝又命江充入宫搜查，并派宦官苏文与宠臣安道侯韩说、御史章赣做江充的助手。

江充先从失宠的嫔妃处挖起，渐渐地延伸到皇后、太子的宫殿，纵横挖掘，遍地开花，弄得皇后与太子连搁床的地方也没有了。江充声称："在太子宫中挖出的桐木人特别多，并且附有写着谋逆的帛书！"要马上报告皇上，太子听了之后非常害怕。

充云：『于太子宫得木人尤多，又有帛书，所言不道，当奏闻。』太子惧。——《资治通鉴》卷二十二

此时，汉武帝在甘泉宫避暑，只有皇后和太子在京城。太子此时命悬一线，赶快与少傅石德商量。石德作为太子的师傅，担心追究起来自己也难脱干系，就怂恿太子起兵捉拿江充。石德说："去年丞相与两个公主都是因巫蛊一事被杀掉了。如今这些木人，谁也无法证明是巫师等预

先埋的，还是宫中原有的。只有先假托皇上的命令，捉住江充等人严加审讯，揭穿他们的奸谋。再说皇上在甘泉宫养病，存亡未卜，奸臣如此凶狠狡猾，秦公子扶苏的教训，怎能不吸取！”太子听了之后说：“我做儿子的怎么可以独断专行杀皇上的大臣呢？我还是拼着性命去甘泉宫找皇上分辩，希望能够无罪。”犹豫不决的太子刘据，还是打算到甘泉宫向武帝谢罪。哪知江充逼迫甚急，根本无法脱身。太子万般无奈，便决定铤而走险。

可见，太子决心杀江充是被逼无奈的结果。

征和二年（前91）七月，太子派人装扮成汉武帝的使者，前去捉拿江充一干人。安道侯韩说起了疑心，他怀疑使者的身份，不肯受诏，被武士们格杀。江充被捉住。御史章赣和黄门苏文在混战中趁乱逃回甘泉宫。武士们把被捉的江充带到太子跟前，刘据痛骂江充道：“赵贼，你以前离间你们赵国的父子还不够吗？现在竟敢离间我们父子吗？”骂完，太子亲自监斩，杀了江充，又将胡巫烧死在上林苑中。太子派人拿着节杖到未央宫，向卫皇后报告了事变的经过，卫皇后此时只能全力支持儿子，于是调用皇宫中所有的车马，打开武库，调动长乐宫的卫士。

太子曰：『吾人子，安得擅诛！不如归谢，幸得无罪。』太子将往之甘泉，而江充持太子甚急；太子计不知所出，遂从石德计。秋，七月，壬午，太子使客诈为使者，收捕充等。按道侯说疑使者有诈，不肯受诏，客格杀说。太子自临斩充，骂曰：『赵虏！前乱乃国王父子不足邪！乃复乱吾父子也！』又炙胡巫上林中。太子使舍人无且持节夜入未央宫殿长秋门，因长御倚华具白皇后，发中厩车载射士，出武库兵，发长乐宫卫卒。——《资治通鉴》卷二十二

苏文和章赣逃回甘泉宫，向汉武帝报告说太

子谋反。汉武帝开始不相信，说：“那一定是因为太子害怕了，又因为痛恨江充他们才出了事。我打发人叫他过来问一问就知道了。”就派身边的内侍作为使者进城去召唤太子前来问话。使者怕太子此时杀红了眼，像对待苏文那样宰了他，就在外面晃了一圈回来对汉武帝说：“太子真造反了！他还要杀我，我只好逃回来了。”汉武帝勃然大怒。

此时，长安城中谣言四起，形势一片混乱。丞相刘屈氂听说太子谋反，慌慌张张地从家里逃到城外，连丞相的大印也丢了，并立刻派长史（秘书长）乘快马到甘泉宫报告。

汉武帝一听说儿子真造老子的反了，顿时火冒三丈。这时正好丞相刘屈氂派丞相府的长史来询问对策，汉武帝就问：“丞相在做什么？”丞相长史说：“丞相为了保密，正在封锁消息，不敢发兵平叛。”汉武帝大怒道：“事情已经危急纷乱到了这个程度，还有什么秘密？丞相没有周公的风度，周公难道不诛杀管叔、蔡叔吗？”于是赐给丞相玺书，告诫士兵说：“尽全力捕杀造反的人，我自然会赏罚分明。用牛车结阵，不要进行短兵相接的肉搏，多杀伤反者。坚闭城门，不要让造反的人逃脱。”就这样，汉武帝不顾疾病，从甘泉宫中出来，亲自赶到长安城西的建章宫指挥平叛。汉武帝还下诏征召京城邻近各县的

苏文迸走，得亡归甘泉，说太子无状。上曰：『太子必惧，又忿充等，故有此变。』乃使使召太子。使者不敢进，归报云：『太子反已成，欲斩臣，臣逃归。』上大怒。丞相屈氂闻变，挺身逃，亡其印绶，使长史乘疾置以闻。上问：『丞相何为？』对曰：『丞相秘之，未敢发兵。』上怒曰：『事籍籍如此，何谓秘也？丞相无周公之风矣，周公不诛管、蔡乎！』乃赐丞相玺书曰：『捕斩反者，自有赏罚。以牛车为橹，毋接短兵，多杀伤士众！坚闭城门，毋令反者得出！』——《资治通鉴》卷二十二

士兵，各地两千石以下的官员都归丞相节制。

城中，太子宣告百官说：“皇上病重，困在甘泉宫，不知道是否有变故，奸臣准备作乱。”

太子派使者假传圣旨（矫诏）释放长安城里的囚犯，人人发给武器，由少傅石德和太子的门客张光率领着抵抗丞相的军队。他又打发人持节杖去征招驻扎在长水及宣曲的胡人骑兵军团，没想到汉武帝的侍郎赶来，告诉胡人说：“他的节杖是假的，不要听他的命令！”原来汉朝的节杖本来是纯赤色的，太子派人持的就是这种赤杖，因为现在是紧急时刻，所以现在朝廷加上黄色的旄缨以示区别。于是太子的使者被斩，胡人骑兵军团来到长安帮助攻打太子的军队。

太子又乘车持节来到北军大门，召见护军使者任安，要求他发北军精兵助战。任安想置身事外，既不想帮太子反抗汉武帝，又觉得太子真是受了冤屈，也不想帮着丞相打太子。他客客气气地接受了太子发给他的节杖，等太子一走他便下令关闭营门，只作壁上观。

太子见调不动任安的北军，只好悻悻离去，征召了长安城内数万平民，赶到长乐宫的西门阙下，正遇到丞相的军队。双方混战了五天，死伤了好几万人，鲜血流满了沟渠。

太子既诛充发兵，宣言帝在甘泉病困，疑有变，奸臣欲作乱。上于是从甘泉来，幸城西建章宫，诏发三辅近县兵，部中二千石以下，丞相兼将。太子亦遣使者挢制赦长安中都官囚徒，发武库兵，命少傅石德及宾客张光等分将，使长安囚如侯持节发长水及宣曲胡骑，皆以装会。侍郎莽通使长安，因追捕如侯，告胡人曰：『节有诈，勿听也。』遂斩如侯，引骑入长安，又发辑濯士，以予大鸿胪商丘成。初，汉节纯赤，以太子持赤节，故更为黄旄加上以相别。太子召监北军使者任安发北军兵，安受节已闭军门，不肯应太子。太子引兵去，驱四市人凡数万众，至长乐西阙下，逢丞相军，合战五日，死者数万人，血流入沟中。——**《汉书·公孙刘田王杨蔡陈郑传》**

本来长安城中有很多人受了江充的祸害，听说太子杀了江充，都挺同情他，他们又不知道到底是怎么一回事，就稀里糊涂地跟着太子打丞相的军队。等到汉武帝回到建章宫，人们才知道是太子作乱，心里害怕，就一哄而散。丞相的兵越聚越多，太子的人越打越少。最后，太子只好带着两个儿子从南边的一个城门逃跑了。

汉武帝是一代明君，为什么会做出太子谋反的错误判断呢？

第一，宠信江充。

汉武帝对江充的过度宠信，使得汉武帝赋予了江充几乎不受约束的权力，而江充自认为已经得罪了太子，不杀太子，汉武帝百年之后自己必死。因此，江充利用汉武帝的宠信肆无忌惮地迫害太子，逼得太子无路可走，最后只能选择铤而走险，杀江充以自卫。

第二，太子失宠。

由于卫子夫的年迈失宠，太子刘据又与汉武帝的政见不合，使得太子与父皇的关系已经处于一种十分微妙的阶段。特别是卫子夫与太子无法经常见到汉武帝，即使有了误解也无法沟通，这使得汉武帝闭目塞听，判断严重失误。

第三，偶然性因素。

汉武帝最初得到苏文等人的报告时，并未立即相信太子造反，他认为太子是被逼得害怕了，又痛恨江充，才会闹出乱子来。应当说，汉武帝的第一反应是正确的，因为他对太子有一个基本的判断：太子不是无法无天之人！但是，非常可惜，汉武帝派去传唤太子到甘泉宫来的使者既胆小又胆大。胆小的是他不敢进入长安城面见太子传达汉武帝的旨意，胆大的是他竟敢不见太子而说太子真造反了，还要杀他。正是这个偶然性的因素导致汉武帝错误地认为太子真的造反了，决心平定太子的“叛乱”。

历史往往是必然性与偶然性结合的产物。如果被派出去的使者既胆大敢进城面见太子，说明汉武帝召见太子的意图，太子又能面见父皇说明真相，这出惨剧还能上演吗？

太子兵败，实属情理之中，最主要有两点：

一是太子手中没有兵权。

北军的掌管者任安是卫青的部下，他同情太子，但是，他知道太子是矫诏发兵，因此，他不敢公开出兵支持太子。然而，假如太子手中握有兵权，有调兵的权力，任安还会不会按兵不动呢？很难说。

二是汉武帝亲自主持“平叛”。

汉武帝虽然年迈有病，但是，此时他执政已半个世纪，对整个政局的掌控能力绝非太子所能比。因此，只要汉武帝宣布太子“造反”，京城的百姓就不会支持太子，太子必败无疑。

兵败的太子只能选择逃亡。

这天夜里正好是司直田仁守城门，他认为太子到底是皇上的亲生儿子，也挺同情太子，就睁只眼闭只眼把太子放走了。丞相刘屈氂赶来，查出田仁放走了太子，当时就要杀他的头。这时，御史大夫暴胜之赶紧拦住他说：“田仁是二千石的官员，要杀他也得先奏明皇上，怎么能擅自处死呢？”田仁有苦衷，他怕汉武帝杀了儿子将来后悔；暴胜之怕丞相冤杀了好人将来受到追究，也是一片好意。刘屈氂想趁机杀了田仁，向汉武帝报告。汉武帝正在气头上，当时就火了，他立即派人责问暴胜之：“司直放跑了谋反的人，丞相将他处斩，正是执行法律。御史大夫凭什么自作主张制止呢？”就把暴胜之也关起来了。暴胜之被关起来以后很害怕，就自杀了。

汉武帝平定了太子“叛乱”之后，立即派人收缴了皇后卫子夫的印绶，这意味着卫皇后被废。于是，卫子夫自杀。

汉武帝平定太子“叛乱”之后，立即进行赏罚。他把私放太子的田仁和北军使者任安杀了。

任安帮了太子，如果太子失败，他肯定是同案犯，一定会被杀。他不帮太子，导致太子被杀，在太子平反时他也会被杀。

封建制下的官场有一些事是身不由己，只有居此位者，最知其中甘苦。

任安的选择是接受太子之节，不帮太子。但是，汉武帝认为任安是个首鼠两端的人，受了太子的节杖却作壁上观，是想两面讨好，怀着二心，应该杀头。

汉武帝杀了任安和田仁，也要赏一批人，赏了一些在平定太子“叛乱”中立功的人。太子的门客曾经出入宫门者全被诛杀，跟随太子发兵的，按谋反罪族诛。被太子裹挟的普通士卒，全部发到敦煌郡守边。因为太子逃亡在外，长安城的各个城门都派重兵把守，严密防范。

丞相附兵浸多，太子军败，南奔覆盎城门，得出。会夜司直田仁部闭城门，坐令太子得出，丞相欲斩仁。御史大夫暴胜之谓丞相曰：『司直，吏二千石，当先请，奈何擅斩之。』丞相释仁。上闻而大怒，下吏责问御史大夫曰：『司直纵反者，丞相斩之，法也，大夫何以擅止之？』胜之皇恐，自杀。及北军使者任安，坐受太子节，怀二心。司直田仁纵太子，皆要斩。——**《汉书·公孙刘田王杨蔡陈郑传》**

举棋不定　天人相隔

太子出逃后，汉武帝非常生气，群臣战战兢兢，不知道该怎么办。

恰在此时，壶关（今山西壶关县）三老（掌管教化）令狐茂很同情太子，面对这场人间悲剧，冒死上书汉武帝：

第一，皇上与皇太子父子关系，至亲至密，绝非世间其他关系可比。

第二，江充是一布衣，却奉皇上之命迫害太子。

第三，太子受到江充的严重迫害却不能与父皇沟通，忍无可忍才起兵杀江充，兵败逃亡。

第四，子盗父兵，以求自免，并无其他邪恶之心。

第五，速速罢兵，不要让太子长期在外逃亡。

令狐茂的这封上书是在汉武帝刚刚平定了所谓太子“叛乱”之后，太子逃亡，汉武帝盛怒未消的情况下上奏的。就令狐茂本人而言，上这封奏书的风险非常大。汉武帝身边的大臣们个个心中有数，都知道太子蒙受不白之冤，但没有一个敢于上书，为太子辩冤，唯独这位乡间三老敢于上书，极为不易。

就其内容而言，令狐茂的上书，讲了两个问题，一是对太子起兵杀江充的看法，二是劝汉武帝尽快停止对太子的追杀。

这是汉武帝晚年第一个敢于站出来说公道话

骨肉至亲，父子相疑。何者？积毁之所生也。由是观之，子无不孝，而父有不察。今皇太子为汉嫡嗣，承万世之业，体祖宗之重，亲则皇帝之宗子也。江充，布衣之人，闾阎之隶臣耳，陛下显而用之，衔至尊之命以迫蹴皇太子，造饰奸诈，群邪错谬，是以亲戚之路鬲塞而不通。太子进则不得上见，退则困于乱臣，独冤结而亡告，不忍忿忿之心，起而杀充，恐惧逋逃。子盗父兵以救难自免耳，臣窃以为无邪心。——《汉书·武五子传》

的人。

不论对这次重大事件的分析，还是他提出来的立即停止追杀的内容，都可以说十分到位，十分中肯。

汉武帝看过之后，豁然醒悟，但是，毕竟自己是一国之君，即使意识到太子被冤枉，还是不愿明说赦免太子的事。

书奏，天子感寤，然尚未敢显言赦之也。
——《资治通鉴》卷二十二

这件事情汉武帝确实做得不果断，因为，太子在外逃亡，自己又下了追杀令，太子随时可能被杀。壶关三老的上书，已经讲得十分到位了，汉武帝也已认为此书有理。但是，让汉武帝此时急转弯确有难度。

其中，最大的难度是承认自己判断失误，处理失当；这是要汉武帝本人认错。对于一个一生刚愎自用的皇帝，要让他立即认错，的确有点难为这位皇帝了。

但是，历史从来不会因为一个人的内心犹豫而停止进程。就在汉武帝徘徊不定之时，噩耗传来——太子自杀。

原来，太子逃到湖县（今陕西潼关县与河南灵宝市之间），藏匿在泉鸠里这个地方的一户人家里，这家人比较穷，靠卖鞋供养太子。太子有一位老朋友也在湖县，太子听说此人比较富裕，让人把他叫来希望这位朋友能够接济自己一下，结果被官府的人发现了行踪。八月，官吏围捕太子。太子感觉自己不能再逃脱，回到房间，关紧房门，自缢身亡。山阳县男子张富昌当时是一名士卒，用脚踢开房门，新安令史李寿跑过去把太子抱住解下来。这家主人也在保护太子的格斗中被杀死了，太子的两个儿子全部遇害。

汉武帝知道自己的儿子死了，非常伤心。但是，李寿和张富昌在第一时间想到解救太子，尽管未能救活太子，其行为却感动了汉武帝，于是，仍封李寿为邘侯，张富昌为题侯。

汉武帝晚年，健康状况日下。这本是再正常不过的自然规律。但是，笃信神仙之说的汉武帝却在江充的蛊惑下认为是巫蛊所致。这才有了大规模的巫蛊之祸，逼死了皇后、太子、太孙，造成了京城的大难，国家的大难。

可以说，没有对长生的迷信，就不会有巫蛊；没有巫蛊，就没有江充受宠，也就没有巫蛊之祸；没有巫蛊之祸，汉武帝的晚年就不会为谁当太子而纠结。

但是，历史不能假设。京城的一场大屠杀终于收场了，汉武帝的皇后、太子、太孙全部遇难，巫蛊之祸最终落下了帷幕。汉武帝既然知道太子是被逼杀江充，迫于无奈而起兵，他将会怎样为这件事善后呢？而且，皇太子刘据的下世又带来了一个新的重大问题，即立储之事。汉武帝又将怎样破解这一难题呢？

请看：临终托孤。

临终托孤

三十七

巫蛊之祸后，年迈的汉武帝面临三大难题：一是太子“谋反”案如何善后，二是由此引发的内政怎样调整，三是空缺的太子之位谁来填补。三者息息相关，一着不慎，全盘皆乱。已届老年的汉武帝怎样战胜丧子之痛、杀子之悔，完成生命中最后的使命呢？

终了恩怨　诛罚严明

戾太子（汉宣帝即位，追赠刘据谥号为“戾”，故史称“戾太子”）死后，汉武帝彻查“巫蛊”之狱。一件件检举，一条条诅咒，一宗宗血案，阴森恐怖，骇人听闻，笔笔追下去，却没有几个属实；浮出水面的冤狱越多，汉武帝的追悔越痛。太子是冤屈的，并无谋反之意！汉武帝想给太子平反，但苦于没有台阶可下。

征和三年（前90）九月，高寝郎（管理高帝刘邦陵墓的官员）田千秋，呈上紧急奏章为太子鸣冤。

田千秋的上疏非常简明，只讲了三点：

一是儿子盗用父亲的军队，顶多打一顿。

二是皇上的儿子错杀了人，究竟该判什么罪？

三是梦中一位白发老翁教我这么说。

子弄父兵，罪当笞。天子之子过误杀人，当何罪哉！臣尝梦一白头翁教臣言。——《资治通鉴》卷二十二

汉武帝晚年，第一个仗义执言的是山西乡下的一位基层文教干部令狐茂（壶关之老），请求赦免太子；第二位就是这位看守皇家陵园的小芝麻官田千秋。难道只有远离政治中心的人才能看清事件真相吗？当然不是。没有人说实话，意味着没有人愿意听实话。汉武帝晚年，内心之敏感脆弱，恰如他的身体。田千秋之言最大的贡献是给太子之罪以全新的阐释：

第一，子盗父兵不是罪。

第二，太子错杀人也不是罪。

第三，这是神人授意。

田千秋这份冒险提案是颗糖衣药丸，不仅有益，而且顺耳。尤其一句“臣尝梦一白头翁教臣言”。汉武帝不是好神仙方术吗？那就来点神的，而且，这个神人的来头还不一般。田千秋是汉高祖刘邦陵寝的门卫官，那么，他梦见的奇人无疑就是汉高祖刘邦啊！同时，田千秋用平民心看帝王事，将“太子谋反”这一危害国家安全罪大大淡化，不过是子盗父兵打一顿，家务事儿。

汉高祖显灵赦免戾太子之罪，多好的台阶！搬得多及时啊！

汉武帝看到田千秋的奏章，立即召见田千秋：“父子之间外人最难插话，只有你能明白其中的曲折；而且，这又是高祖神灵让你告诉我，因此，你应当做我的助手。”田千秋以情度人，迅速赢得了汉武帝的信任。

汉武帝随即作了三个决定：

一是任命田千秋为大鸿胪（管理诸侯国及少数民族事务）。

二是诛灭江充全族，烧死到汉武帝甘泉宫告太子造反的宦官苏文，诛杀当初逼杀太子后被封赏的人。

三是修思子宫，建望思之台。

田千秋的上书正式拉开了为戾太子平反的序幕。

追悔莫及的汉武帝在太子兵败的长安，修建了“思子宫”；在太子逃亡自尽的湖县，盖起了“归来望思之台”，天下人无不为之伤感。什么是世间最珍贵的？已

上乃大感寤，召见千秋，谓曰：『父子之间，人所难言也，公独明其不然。此高庙神灵使公教我，公当遂为吾辅佐。』立拜千秋为大鸿胪，而族灭江充家，焚苏文于横桥上，及泉鸠里加兵刃于太子者，初为北地太守，后族。上怜太子无辜，乃作思子宫，为归来望思之台于湖，天下闻而悲之。——《资治通鉴》卷二十二

经失去的和永远得不到的！约四十年前，英姿勃发的汉武帝喜得长子刘据，大祭诸神还愿，大赦天下祈福，视若珍宝。然而，当他站在长安城西声色俱厉地鼓动全军坚闭城门，不许放走一个反贼；当他调派的丞相正规军攻击慌不择路的太子平民队伍，烽火连天，血流成河；当他为尊严而犹豫不决，层层士兵正将太子最后栖身的穷家小院重重包围……曾经的宝变成了草，而且还是杂草，必欲除之而后快。他是否想过，有一天也会后悔。对此，后人纷纷题咏，留下不少佳作：

望思台

（唐）胡曾

太子衔冤去不回，临高从筑望思台。
至今汉武销魂处，犹有悲风木上来。

望思台

（唐）李山甫

君父昏蒙死不回，谩将平地筑高台。
九层黄土是何物，销得向前冤恨来。

望思台

（唐）汪遵

不忧家国任奸臣，骨肉翻为蓦路人。
巫蛊事行冤莫雪，九层徒筑见无因。

望思台

（唐）郑还古

谗语能令骨肉离，奸情难测事堪悲。

何因掘得江充骨，捣作微尘祭望思。

轮台罪己　矫枉过正

丧子剧痛让汉武帝开始反思自己的一生。

征和四年（前89）二月，汉武帝到钜定（今山东广饶县北）视察，这位运筹沙场的皇帝亲自下田犁地，表示对农业的重视；回来又祭祀泰山，求教天地。汉武帝会见群臣，说："朕自继位以来，做了很多荒谬疯狂的事，让天下苍生受苦，追悔莫及。从今天开始，所有劳民伤财的事，一律废止。"

朕即位以来，所为狂悖，使天下愁苦，不可追悔。自今事有伤害百姓，糜费天下者，悉罢之！——《资治通鉴》卷二十二

伴随戾太子事件的平反，汉武帝已进入生命倒计时，亲自犁田，自我批评，都是对国策进行重大调整的信号。

田千秋非常敏感，他第一个听懂了汉武帝发出的信号。三月，田千秋上书："言神仙之事的方士太多，又没有明显功效，臣恳请把他们罢免遣散。"

汉武帝点头，遣散了神仙方士。此后，汉武帝每每对群臣感叹："以前我很愚昧，被方士们欺骗，天下哪有什么仙人呢，都是胡说八道！节制饮食、服用丹药，

只不过少害病而已。”

上每对群臣自叹：『向时愚惑，为方士所欺。天下岂有仙人，尽妖妄耳！节食服药，差可少病而已。』——《资治通鉴》卷二十二

汉武帝迷信方士，追求长生，荒唐至极。“巫蛊之祸”从某种意义上来说，是他长生不得、移祸于他人的产物。现在，连这个问题都可以让他自我反省，极力纠正，说明此前的政策都有机会得以调整。

六月，汉武帝任命田千秋担任丞相，并且封他为富民侯。

田千秋的出现真是一个奇迹。他的出现，为汉武帝一度昏聩、虚弱的晚年平添了些许光彩；同时，他顺应汉武帝晚年的追悔心理，提出了平反戾太子、遣散方士等重要措施。

田千秋不是科班出身，没有太高的政治素养。如果不是在那种风雨飘摇的特殊年代，他将陪伴高祖的魂魄终老一生。可见“才”不是绝对的，唯天时地利，“才”应运而生。这位平凡的守陵老人，一生有三大亮点：一是戾太子“叛乱”事件平反的发起人；二是他的出现成为汉武帝晚年自我反省的转折点；三是预示汉武帝执行多年的政策进入调整期。所以，田千秋成为汉武帝晚年提拔最快、最为信任的丞相，也是武帝一朝十三位丞相中的最后一位。

征和四年（前89），时任搜粟都尉的桑弘羊等人建议，派兵到西域轮台（今新疆轮台县）屯垦戍边。桑弘羊是汉武帝最为信任的财政大臣，他的意见深

受汉武帝重视。但这一次，汉武帝不仅没有采纳桑弘羊的建议，还专就此事下了一道诏书，此诏因轮台屯垦而起，史称“轮台罪己诏”。

“罪己诏”特指皇帝承认自己有过错的诏书，也就是皇帝的自我批评。汉武帝的“罪己诏”主要是罪巫蛊、罪征伐、罪求仙。主要内容有四点：

第一，不许轮台屯垦戍边。

第二，追悔即位以来许多政策给百姓带来的痛苦。

第三，今后严禁增加百姓负担。

第四，采取各种措施恢复生产。

这份诏书，是中国历史上第一份帝王罪己诏，不仅对西汉，而且对整个中国历史，都产生了重大深远的影响。

从此，汉武帝不再派兵出征，一心一意搞建设，殚精竭虑谋发展。“轮台罪己诏”的颁布，标志着汉武帝晚年政策发生了根本性转变。在停止连续四十年征伐的同时，将重心转移到重视农业生产、减轻百姓负担、恢复民力上来，伤害老百姓或浪费财物的事一概不做。这些政治、经济上的改革，挽救了当时濒危的局势。所以司马光才会说，汉武帝“有亡秦之失而免秦之祸”。

执政者“罪己”传统在中国很早就有。《左传·庄公十一年》记载：“禹汤罪己，其兴也勃；桀纣罪人，其亡也忽焉。”但是，“禹汤罪己”的具体情况没有保存下来。汉武帝是文献记载中第一个用“罪己诏”进行自我批评的皇帝。后代皇帝犯了大错，也会下“罪己诏”，公开认错。

唯我独尊、一言九鼎的汉武帝，居然向天下人昭告自己给百姓造成的痛苦，甚至剖白内心——非常追悔，“轮台罪己诏”因此蒙上了淡淡的悲剧色彩。虽然，封建统治者的“罪己”往往只是一种收买人心的手段，而善良普通的人们总是容易因悲剧而动容，为悲剧所感动。不论如何，敢于罪己，置自己过失于天下舆论之中，亦可谓大智大勇。

清君之侧　顾托得人

元封五年（前106）对匈奴作战中，汉武帝重用李夫人的长兄李广利。清人论及此事有一句名言：“汉武三大将，皆缘内宠。”三大将指卫青、霍去病、李广利。李广利官运亨通，缘于外在条件不错，妹妹李夫人是汉武帝最宠幸的女人之一；但他内在条件很差，远没有卫青、霍去病的军事奇才。

征和三年（前90），匈奴大举入侵，贰师将军李广利挂帅，与其余两位将军，共同出兵。这次出兵前的一次谈话，使李广利踏上了不归之路。

出征之前，李广利和丞相刘屈氂依依惜别，二人在渭桥窃窃私语。李广利对刘屈氂说：“希望您早点让昌邑王立为太子，如果昌邑王被立为太子，丞相还有什么可忧虑的事呢？”刘屈氂当即答应了李广利的请求。

昌邑王是李夫人的儿子，李广利的外甥。丞相刘屈氂与李广利又是儿女亲家，宠辱相连。戾太子刘据死后，太子之位再次成为朝堂内外的关注焦点。如果昌邑王能当上太子，李广利、刘屈氂都是受益者，所以，他俩联手要立昌邑王。

不料，两人一番体己话，被旁人听到后告发了。

大臣私下商议立太子，是大逆不道之罪。追查下去，丞相刘屈氂与夫人还涉巫蛊之事。这样，刘屈氂夫妇首先被处决。接下来，李广利的妻子也被逮捕。

李广利在前线得知这一消息，急于邀功自保，率兵冒进。首先是发生内讧，接着受到匈奴单于重兵围攻，终兵败投降。

大汉皇宫，金碧辉煌。龙椅上端坐着“视茫茫而发苍苍”的老皇帝，而太子之位却空空荡荡。这是怎样的诱惑？受舅舅李广利怂恿，李夫人的爱子昌邑王第一个向太子位冲刺，终因李广利降敌，李广利的亲家丞相刘屈氂被杀，第一个铩羽而归。

如果说昌邑王无辜，燕王旦可谓无识。汉武帝后元元年（前88），燕王刘旦突然上书汉武帝，要求到汉武帝身边侍从皇上。汉武帝何等精明，怎么会看不出他这套把戏？一怒之下，斩杀燕王使者，继而严惩燕王私藏逃

初，贰师之出也，丞相刘屈氂为祖道，送至渭桥。广利曰：『愿君侯早请昌邑王为太子；如立为帝，君侯长何忧乎！』屈氂许诺。昌邑王者，贰师将军女弟李夫人子也；贰师女为屈氂子妻，故共欲立焉。会内者令郭穰告『丞相夫人祝诅上及与贰师共祷祠，欲令昌邑王为帝』。按验，罪至大逆不道。六月，诏载屈氂厨车以徇，要斩东市，妻子枭首华阳街，贰师妻子亦收。贰师闻之，忧惧，其掾胡亚夫亦避罪从军，说贰师曰：『夫人、室家皆在吏，若还，不称意适与狱会，郅居以北，可复得见乎！』贰师由是狐疑，深入要功，遂北至郅居水上。虏已去，贰师遣护军将二万骑度郅居之水，逢左贤王、左大将将二万骑，与汉兵合战一日，汉军杀左大将，虏死伤甚众。军长史与决眭都尉煇渠侯谋曰：『将军怀异心，欲危众求功，恐必败。』谋共执贰师。贰师闻之，斩长史，引兵还至燕然山。单于知汉军劳倦，自将五万骑遮击贰师，相杀伤甚众；夜，堑汉军前，深数尺，从后急击之，军大乱；贰师遂降。单于素知其汉大将，以女妻之，尊宠在卫律上。宗族遂灭。——《资治通鉴》卷二十二

犯之罪，削了他三个县的封地。燕王偷鸡不成蚀把米，落荒而逃。

“皇帝轮流做，明年到我家。”燕王旦就是这样一个头脑简单、眼高手低的家伙。试问，太子之位是拼速度就能得手的？难道太子之位也讲先来后到？也讲毛遂自荐？都不能啊！什么是天下？什么是皇权？太子刘据怎么死的？“我给你，你才能拿；我不给你，你不能抢！”妄动痴心，是为不明；急不可耐，是为不智；自请入宫，是为大逆。燕王此举，徒增天下一笑。

燕王的弟弟广陵王刘胥很有勇力，但平时骄横不法，同样未能进入汉武帝的视野。

燕王旦自以次第当为太子，上书求入宿卫。上怒，斩其使于北阙；又坐藏匿亡命，削良乡、安次、文安三县。上由是恶旦。旦辩慧博学，其弟广陵王胥，有勇力，而皆动作无法度，多过失，故上皆不立。——《资治通鉴》卷二十二

癞蛤蟆断然吃不到天鹅肉，但癞蛤蟆无法停止对天鹅肉的幻想。

这也不能完全归咎于诸皇子自不量力，汉武帝已入古稀之年，却迟迟不将“立储”纳入议事日程。是不是汉武帝已有合适的太子人选？谁堪当此重任呢？

幼子刘弗陵，当时不过六岁。他和母亲钩弋夫人，幼子少妻，是汉武帝晚年的开心果、忘忧草，是汉武帝晚年的最后安慰。刘弗陵身体棒，头脑好。汉武帝非常喜爱刘弗陵，想立他为太子。

但是，刘弗陵再有本事，也是个小娃娃。而汉武

帝去日无多，一旦驾崩，刘弗陵必须立即当政。他能独掌江山吗？想当年，汉武帝做了几年太子？从七岁到十六岁，整整九年。从一个不谙世事的孩子，成长为恩威并施的天子。刘弗陵不可能有那样足够的成长期。因此，必须为他找几个辅佐朝纲的左膀右臂。汉武帝老了，不再锋芒毕露，不再搞“海选”、廷辩。他现在更喜欢沉思，在他的脑海里，身边的大臣被一个个翻检出来，在脑海里过了一遍又一遍，最终眼前一亮，霍光可担此大任。于是，汉武帝非常郑重地赐给霍光一幅画。画的是什么呢？周公背着成王接受诸侯朝见。

> 时钩弋夫人之子弗陵，年数岁，形体壮大，多知，上奇爱之，心欲立焉；以其年稚，母少，犹与久之。欲以大臣辅之，察群臣，唯奉车都尉、光禄大夫霍光，忠厚可任大事，上乃使黄门画周公负成王朝诸侯以赐光。——《资治通鉴》卷二十二

周武王临终时，儿子成王年幼，周武王就将成王托付给他的弟弟周公姬旦。汉武帝赠送霍光这幅画，用心良苦，就是要霍光效仿周公，辅佐少主刘弗陵。霍光千恩万谢，却丝毫没有流露出完全理解汉武帝心思的任何话语——这正是霍光的高明之处。作为臣子无论何时不要显得比皇上还聪明，这是为臣之大忌啊！

后元二年（前87），汉武帝病危。霍光哭着问汉武帝：“陛下如果不测，谁可以继承大统？”汉武帝回答：“你到今天还不理解我送你那幅画的意思吗？立我的小儿子刘弗陵，你当周公。”霍光不是现在才明白，是不愿显得自己比皇上还聪明，故作糊涂，连连

叩头说：“我不如金日磾(mì dī)合适。”金日磾马上说：“我不是汉人，不如霍光合适，而且会让匈奴人轻视大汉。”

后元二年(前87)正月，汉武帝下诏立幼子刘弗陵为皇太子，霍光、金日磾、上官桀、桑弘羊四人为辅政大臣。

汉武帝下诏后的第三天，溘然长辞。

司马光曾在《资治通鉴》里，毫不留情地批评汉武帝：“穷奢极欲，繁刑重敛，内侈宫室，外事四夷，信惑神怪，巡游无度，使百姓疲敝，起为盗贼。其所以异于秦始皇者，无几矣。”

他认为，汉武帝的作为与秦始皇几乎没有什么区别。但是，汉武帝有秦始皇之失，而无秦始皇之祸，原因是什么呢？“诛赏严明，晚而改过，顾托得人，此其所以有亡秦之失而免亡秦之祸乎？”司马光认为，“诛赏严明，晚而改过，顾托得人”是汉武帝能避免秦亡覆辙的三大原因。

汉武帝的“诛赏严明”，表现得非常充分。尤其是巫蛊事件，他先逼杀皇太子、皇太孙，甚至连接受太子节令而未采取任何行动的任安也杀，放太子出城门的田仁也杀。平反冤案时，再将诬告太子、逼杀太子的人全部杀掉。田千秋因为上书得体，连续提拔，很快当上丞相，封富民侯。

但是，“诛赏严明”自然是汉武帝值得褒扬之事，但汉武帝晚年最值得称道的是“晚而改过”与“顾托得人”。

关于“晚而改过”，指汉武帝以“轮台罪己诏”为纲领，改革各种弊政。“晚而改过”使长期战争状态下的非正常政策得到调整，百姓得以休养生息，大大缓和了社会矛盾，保证了国家稳定。

“顾托得人”指让霍光等四人辅佐幼主刘弗陵，这是汉武帝晚年最耐人寻味的大手笔。

汉武帝在立幼子刘弗陵为皇太子这一问题上，面临两大考验：

一是刘弗陵的两个哥哥。

汉武帝一共有六个儿子：刘据、刘闳、刘旦、刘胥、刘髆、刘弗陵。

长子刘据七岁被立为太子，后因巫蛊事件被杀，他的三子一女也被杀害，只留下嫡长孙刘询。次子刘闳，被封为齐王八年后夭折。昌邑王刘髆短命，死于汉武帝病故之前。

刘弗陵是幼子，汉武帝立他为皇太子之时，他还有两个兄长：燕王刘旦，广陵王刘胥。燕王、广陵王平日骄横不法，汉武帝绝不会将江山交给这种不肖子。但是，以他们的劣根性，在汉武帝百年之后会不会制造麻烦呢？汉武帝不能不考虑啊！

二是刘弗陵的母亲钩弋夫人。

据《史记·外戚世家》中褚少孙的补传记载：

汉武帝确定立刘弗陵为太子后，就决心除掉钩弋夫人。

汉武帝严厉斥责钩弋夫人，钩弋夫人吓得脱下首饰，叩头认罪。汉武帝毫不手软，立即把钩弋夫人押送宫廷狱中。这位年轻的宠妃，当年紧握玉钩出现在年迈的汉武帝面前，有如神话。而今，被拖出宫门仍不停地回头哀求。汉武帝声色俱厉：“你必须死！”

为什么一定要除掉钩弋夫人呢？汉武帝有自己的解释。

钩弋夫人死后，有一天，汉武帝闲来无事，问左右侍从：“大家对处死钩弋夫人有什么看法啊？”侍从大着胆子说：“马上要立她的儿子当太子了，为什么还要处死她呢？”

汉武帝说：“你们这些俗人不明白啊。历史上国家内乱，起因往往是皇上年少，母亲盛年。年轻的太后独居深宫，寂寞骄奢，淫乱之事难免发生，又没有人管得了，因为她是寡居的皇太后。你们没有听说过吕后的事吗？所以我不能不除去她。”

汉武帝晚年，所有为他生过孩子的妃嫔，无论生男生女，全部赐死。

这就是汉武帝的“杀母存子”之法。对于年轻无辜的钩弋夫人，实在是太无辜、太残酷；但是，对于即将走入坟墓的汉武帝，不能不说是防患于未然。毕竟，对汉代帝王来说，吕后实在是一个难以摆脱的噩梦。何况钩弋夫人实在年轻，刘弗陵立为皇太子时才八岁，钩弋夫人不过二十来岁，让如此青春的皇太后守寡终生，有悖人的本性，会不会闹出绯闻，惹出事端，实在难料。

汉武帝的识人之明，举世公认。在“巫蛊之祸”中，他犯了大错，也吸取了教训。刘弗陵的哥哥们骄横不法，绝对不能立为皇太子。而选择幼子刘弗陵，虽有无奈之意，也是英明之举。

不过，汉武帝只说了原因之一，还有一点他没有讲：杀死钩弋夫人，提前为霍光辅政扫清障碍。

汉武帝为什么选择霍光担任首席顾命大臣？霍

后数日，帝谴责钩弋夫人。夫人脱簪珥叩头。帝曰：『引持去，送掖庭狱！』夫人还顾，帝曰：『趣行，女不得活！』夫人死云阳宫……帝闲居，问左右曰：『人言云何？』左右对曰：『人言且立其子，何去其母乎？』帝曰：『然。是非儿曹愚人所知也。往古国家所以乱也，由主少母壮也。女主独居骄蹇，淫乱自恣，莫能禁也。女不闻吕后邪？』——**《史记·外戚世家》**

光是霍去病同父异母的弟弟，十几岁就入宫，二十多年中，从未出过任何差错，其谨慎小心无人可比。但是，霍光是臣不是君，必须给他创造一个风调雨顺的政治环境。只要钩弋夫人在，霍光的执政能力就会大打折扣。因为，钩弋夫人是汉昭帝刘弗陵的母后，皇太后的地位、权威，次于小皇帝刘弗陵，而高于顾命大臣霍光。这样，她就会成为汉武帝下世之后的又一个政治中心。

钩弋夫人如果干政，秉公执政的霍光将会与钩弋夫人成为政敌。即使钩弋夫人不干政，反对霍光的势力也会联合钩弋夫人，打着太后的旗帜作乱宫廷。无论哪一种情况出现，都会使霍光束手束脚，寸步难行。

后来的历史证明：汉武帝诛杀钩弋夫人固然残酷，但对于维护汉代政权也是必要的。

金日磾本是匈奴休屠王之子。汉武帝元狩二年(前121)春，朝廷派骠骑将军霍去病将万骑出陇西，执浑邪王子，缴获了休屠王的祭天金人。

秋天，匈奴单于因浑邪王屡为汉军所破，怒不可遏，欲诛浑邪王。浑邪王说服休屠王降汉。休屠王中途反悔，浑邪王杀了休屠王，率四万余人降汉。汉武帝封浑邪王为列侯。金日磾因父被杀，和母亲、弟弟随浑邪王降汉，被安置在武帝皇宫黄门署养马，时年

去病死后，光为奉车都尉光禄大夫，出则奉车，入侍左右，出入禁闼二十余年，小心谨慎，未尝有过，甚见亲信。——《汉书·霍光传》

十四岁。

一次，汉武帝在宫中宴游，令阅马助兴。当他看到一个体型魁伟、容貌威严、目不斜视的青年牵着膘肥体壮的骏马从殿上走过时，很惊讶，问起这个牵马人。汉武帝这才得知这位牵马人金日磾是休屠王之子，即拜为马监。之后，升迁为侍中、驸马都尉、光禄大夫。金日磾孝敬母亲，做事小心谨慎，从不越轨，深受汉武帝信任，成为亲近侍臣。

金日磾有两子，汉武帝很喜爱，时常留在身边嬉戏。长子放荡不羁，和宫女嬉戏，被金日磾亲手所杀，此事让汉武帝对金日磾敬重有加。武帝征和二年（前91），江充制造巫蛊之祸诬陷太子败露，汉武帝诛灭江充。江充好友马何罗兄弟担心自己被牵连，阴谋反叛，被金日磾察觉。于是，金日磾暗中监视。一天，汉武帝出行到林光宫，金日磾因小病卧床休息，马何罗窜入宫中准备行刺，早有警惕的金日磾迅速上前抱住马何罗，大喊：“马何罗反了！”

马何罗被擒，后治罪。从此，金日磾的忠诚闻名朝野。

后元二年（前87），汉武帝病重，托霍光与金日磾等辅佐太子刘弗陵，并遗诏封金日磾秺（dù）侯。

汉武帝走完了他七十年的人生道路，也留下了说不尽、道不完的话题。他是文治武功，还是穷兵黩武？是雄才大略，还是好大喜功？是一代英主，还是嗜血魔王？两千多年来，众说纷纭，始终没有共识。汉武帝到底是个什么样的人呢？

请看：千秋功过。

初，侍中仆射马何罗与江充相善。及卫太子起兵，何罗弟通以力战封重合侯。后上夷灭充宗族、党与，何罗兄弟惧及，遂谋为逆。侍中驸马都尉金日磾视其志意有非常，心疑之，阴独察其动静，与俱上下。何罗亦觉日磾意，以故久不得发。是时上行幸林光宫，日磾小疾卧庐，何罗与通及小弟安成矫制夜出，共杀使者，发兵。明旦，上未起，何罗无何从外入。日磾奏厕，心动，立入，坐内户下。须臾，何罗袖白刃从东厢上，见日磾，色变；走趋卧内，欲入，行触宝瑟，僵。日磾得抱何罗，因传曰：『马何罗反！』上惊起。左右拔刃欲格之，上恐并中日磾，止勿格。日磾投何罗殿下，得禽缚之。穷治，皆伏辜。——《资治通鉴》卷二十二

千秋功过

三十八

皇皇大汉，巍巍朝堂，金戈铁马，红粉过客，汉武帝神秘复杂的一生尘埃落定。死者长已矣，后人议不休。誉之者众，毁之者多。司马光《资治通鉴》的评判毫不留情：“穷奢极欲，繁刑重敛。内侈宫室，外事四夷。信惑神怪，巡游无度。”当代史家翦伯赞的品评则妙趣横生：“汉武帝是一位较活泼、较天真、重感情的人物……用剑犹如用情，用情犹如用兵。”那么，当朝太史公司马迁，是怎样评价顶头上司的功过是非的？我们今天又该如何看待司马迁的褒扬指责呢？

旷代武功　天下一统

汉武帝是第一个奠定中国辽阔疆域的皇帝。

千古一帝秦始皇统一六国，建立了秦帝国。但是，辽阔的秦帝国版图，不过是汉武帝时代版图的二分之一。

汉武帝对匈奴用兵四十四年，如此大事武功，在中国历代帝王中前无古人，后无来者。

建元元年（前140），汉武帝执政。其时匈奴气焰嚣张，西域神秘莫测。

汉武帝绝不能忍受其父其祖的“和亲外交”，忍气吞声，靠女人、珠宝，换取短暂和平。他有足够的财力和人力，持久的雄心和野心，去征服，去开拓。

汉武帝即位第二年（建元二年，前139），选送张骞出使大月氏，希望借此形成反击匈奴的战略联盟，压缩匈奴的生存空间，实现对匈奴的战略包围。年仅十七岁的帝王有如此眼光，历朝历帝，谁可比拟？张骞出使西域，开辟了千古丝绸之路，促进了东西方经济与文化的交流，中原汉族政权力量延伸到今天新疆以西的中亚。

即位第八年（元光二年，前133），汉武帝第一次运筹帷幄征战匈奴，却未能决胜千里，马邑之谋失利。但是，短暂的失利，丝毫不能影响二十四岁天子的征战豪情，反而促使汉武帝破釜沉舟，毅然抛弃汉王朝施行近七十年的和亲国策，全力出击匈奴！变和平体制为战争体制，弃祖宗制度启现实制度。纵然毁誉参半，其间的勇气和魄力，令人叹为观止！

汉武帝曾在一篇《求贤诏》中说:“盖有非常之功,必待非常之人。”这篇踌躇满志、殷情恳切的《求贤诏》,收录在萧统《文选》中。千百年来,英雄传诵,志士吟咏。当年汉武帝以此“广延天下人才”,今日反观汉武帝一生功过,此语更是恰如其分!汉武帝之所以立下非常之功,皆因他就是非常之人!

《史记·卫将军骠骑列传》记载汉武帝曾打算亲自教霍去病兵法,霍去病虽未学,但可见汉武帝深通兵法,这是他成为卓越的战略军事家的基础。

论及汉武帝一朝的战争,人们往往言必称卫青、霍去病、李广,没有人注意到璀璨四射的将星、帅才背后,庙堂之上,那位足以与西方亚历山大、恺撒、拿破仑相匹敌的最高统帅——汉武帝。

当年,汉武帝决意改变祖制、对匈奴开战,韩安国、汲黯等前朝老臣,公孙弘、主父偃等当朝新锐,纷纷高唱反调。群臣应者寥寥,首战无功而返,年轻的总指挥却岿然不动。此后,河南之战、漠南之战、漠北之战,对匈奴作战的三大重要战役,都由汉武帝亲自决策部署,选将调兵。至于具体的用兵时间、出兵地点、兵力部署、攻击方向,汉武帝都事无巨细,总览无遗。汉帝国最终重挫匈奴的主要原因是汉征伐匈奴有总体战略:先断匈奴右臂,再击匈奴单于,最后击溃匈奴左贤王部。整个部署极有章法,绝非匈奴的只以抢掠为唯一目的而毫无战略目标。汉帝国对匈奴作战的总战略即出自这位雄才大略的汉武帝。

与此同时,汉武帝又剑指东方、南方、东南方、东北方,使汉朝的势力到达今天西方的中亚,西南的云贵川,东北的黑吉辽,南方的海南与福建，勾勒出了现代中国版图的基本框架。

这是一次真正意义上的大国崛起。

但四十四年旷日持久的征战杀伐，毕竟劳民伤财。对于汉武帝的军事外交战略，司马迁也非常矛盾。《史记·匈奴列传》是中国历史上第一篇少数民族史，司马迁给匈奴立传，把匈奴看作中华民族之一，表达了他对这场战争的性质定位：这是中华民族内部的一场悲剧，战争使双方付出了极高的代价。

虽然当时的汉帝国还无法形成多民族的统一，最好的办法应该是两个民族和平相处。可惜，到了汉武帝时代，和亲政策已走入绝路，不得已而对匈奴用兵，司马迁对此是理解的；而战线越拉越长，汉武帝偶有任人失当，司马迁也是痛心疾首。

为了宠幸李夫人，汉武帝任命李夫人的哥哥李广利为贰师将军，率领数万人出征，讨伐大宛。这次大规模出征，不过艳羡其汗血宝马。结果，打了两年，军队损失十分之八。如此轻率，可谓草菅人命！

而欲侯宠姬李氏，拜李广利为贰师将军，发属国六千骑，及郡国恶少年数万人，以往伐宛。期至贰师城取善马，故号『贰师将军』。——《史记·大宛列传》

时间是抚平创痛的良药。和平年代，人心思定，我们早已无法体察战争带来的切肤之痛，所以，今人的评价理智多于感情。而两千多年前，司马迁与天下百姓一道，亲历家园变废墟，忍看朋辈成新鬼。一代史家的良心，使司马迁不可能面对战争之害无动于衷，必然会对汉武帝连年征战导致民生凋敝有所批评。

千古文治　万世之基

汉武帝是第一个用儒家学说统一中国思想文化的皇帝。

一统江山易，凝聚人心难。秦皇、汉武深解其中三昧。秦始皇“焚书坑儒”，汉武帝则“独尊儒术”。

窦太后去世前，汉武帝就暗度陈仓，设立五经博士，为尊儒打基础。即位之初，汉武帝迫不及待，举国推选贤良方正直言敢谏之士。一位寂寞书生董仲舒，凭“天人三策”，石破天惊，脱颖而出。从此，本为民间一家的儒学被指定为官方思想，与政治、皇权紧密相连。

汉武帝创建太学、乡学，设立举贤制度，形成了中国独特的文官制度。秦代至汉初，选拔人才用的是军功爵制。汉武帝时代，逐渐转变为察举征辟制，从根本上解决了大汉人才匮乏的局面。

文景崇黄老，宽厚无为，垂拱而治。汉武帝一反祖宗定法，尊儒术以约束官吏，效法家而严惩贪官，王道霸道，交错为用。其中尊儒兴教，首立太学，予后世以至深影响。倘非此举，儒家学说何以成“教”？倘非此举，华夏文明何以存续？倘非此举，学而优则仕何以体现？

然而，后世不乏对“天人三策”、对“独尊儒术”深恶痛绝者，他们的批评并非毫无道理。

儒家对中国政治：“独尊儒术”将政治伦理化、伦理政治化，迷信道德至上、教化万能，力图建设一种道德自律型的政治。这种重自律轻他律的思路，必然导致强权至上，个人专制。曾经的天朝上国，就这样一次次与民主政治失之交臂。中华封建社会几千年始终无法走出“人治”泥潭，摆脱因人兴废的历史惯性。

儒家对民众心理：且不论到了宋明理学，使儒家学说走向极端。单就君君臣臣父父子子夫夫妻妻，中国人就不得不在错综复杂的人际关系中，扮演好自己的道德角色。如此，权力崇拜、君尊民卑、官贵民贱、奴性心理年深日久，“救世主”和“清官”情结愈加浓厚，甚至反过来成为昏君和贪官滋生的土壤。

儒家对人才素质：穷则独善其身，达则兼济天下。儒家把“道德”作为衡量人才和录用官员的决定性条件，将“从政”作为实现人生价值的唯一途径。然而，有幸为官的是极少数，得明君而施展抱负者更是十无一二。绝大多数士人郁郁终生。名为知人善用，多少人为之贻误终生。

汉武帝时代，对应内在的儒家统治思想，就是中央集权体制。秦始皇首创中央集权的政治体制，但是，秦帝国短命，未能设计一整套执政方针。西汉帝国到武帝，彻底肃清了诸侯王分裂势力，巩固了中央政权。

对此，司马迁击节称道。《史记·淮南衡山列传》中，太史公曰：

淮南衡山，亲为骨肉，疆土千里，列为诸侯。不务遵蕃臣职以承辅天子，而专挟邪僻之计谋为畔逆，仍父子再亡国，各不终其身，为天下笑。

元鼎五年（前112），汉武帝以诸侯酎（zhòu）金（祭祀太庙时诸侯助祭的献金）成色不足为由，一次削去一百零六名诸侯的爵位。至此，高祖刘邦所封诸侯王，几乎削除殆尽。

秦行郡县，不王不藩，是真正意义上的封建体制。刘邦建汉，首封异姓诸王，后封同姓诸王。从政治体制的发展着眼，无疑是一种社会的倒退。继而，吕后大封诸吕，终酿祸乱。因此到景帝朝，乃有吴楚七国之乱。汉武帝采纳主父偃建议，令诸王推恩以封子弟，大力削藩，平淮南、衡山二王之反，夺列侯一百零六人之爵。汉武帝上接秦始皇，行郡县以推行国家政令，此后两汉四百年，虽有外戚、党锢之祸，但无藩镇之患。

之后，晋又封藩，乃有八王之乱。唐初鉴于前辙，王而不藩。安史之乱后，肃宗又大事封藩，终以藩镇割据，断送唐朝。宋仿唐初，王而不藩，故两宋无藩镇之祸。明太祖立国，复大封诸王领藩地，终有燕王朱棣靖难之役，宁王朱宸濠之叛乱。明世宗以藩王入承大统，追赠生父帝号，闹成著名的大礼议事件，随之明亡。清朝力惩前失，王而不藩，定制亲王不出国门，故有清一代未有藩祸。

由此可见，古来帝王，由秦始皇至清代宣统，正统偏安者共二百余人，真正懂得国家政体并善以此治国者，不过秦皇、汉武、宋太祖、清圣祖四人而已。

不仅如此，汉武帝在强化中央集权上多方探索，利用酷吏打击权贵即其大手笔之一。

打击不法豪强与贪官污吏，势在必行。但是，酷吏政治走到极端，难免会带来各种后遗症。

酷吏王温舒，嗜血成性，杀人为乐。汉代处决犯人，以十二月为限。春天到来，不能再杀人了，王温舒迎风感慨：如果让冬天再延长一个月，我的事（处决犯人）就办完了。司马迁对此直言不讳：“其好杀伐行威不爱人如此，天子闻之，以为能，迁为中尉。”

会春，温舒顿足叹曰：『嗟乎，令冬月益展一月，足吾事矣！』——《史记·酷吏列传》

汉武帝称赞这样的杀人魔王，提拔他担任中尉，赐予更多的生杀大权。惨遭宫刑、深受酷吏之苦的司马迁，能不有非议吗？

大司农颜异与张汤意见不合，张汤竟然以“腹诽”罪名杀了颜异。什么叫“腹诽”？就是肚子里有意见。这较之一千多年以后，秦桧构陷岳飞的“莫须有”之罪，一样地荒诞，一样地恐怖！

人有告异以它议事，下张汤治异。异与客语：『初令下，有不便者，异不应微反唇。』汤奏异：『当九卿，见令不便，不入言而腹诽，论死。』自是之后，有腹诽之法。以此，而公卿大夫多谄谀取容矣。——《史记·酷吏列传》

功过是非　毁誉参半

汉武帝是第一个用“罪己诏”进行自我批评的皇帝。

征和四年（前89），汉武帝向天下人昭告：自己给百姓造成了痛苦，从此不再穷兵黩武、劳民伤财，甚至表白内心悔意。这就是“轮台罪己诏”。这份诏书，是中国历史上第一份帝王“罪己诏”。

敢于罪己，置自己过失于天下舆论中心，汉武帝无疑是第一人！至此，后代皇帝犯了大错，也会下“罪己诏”，公开认错，展示明君姿态。

当然，封建执政者的“罪己”往往有收买人心之嫌，但总有一定的积极作用。汉武帝首开“罪己”先河，错而能改。从中，我们似乎可以一窥这位大汉霸主复杂的内心世界。

直言敢谏的汲黯曾批评汉武帝：皇上杀人太多，即使平日信任的人，也不予宽恕，这样搞下去，天下人才早晚都会被杀光。汉武帝不为所动，漠然一笑：何世无才，只是人主没有识得人才的慧眼，如果能够辨明人才，何必担心天下无才？

就是这样一位视人才如草芥的汉武帝，一方面又极端地爱才、惜才。

帝国专制体制下，人才使用有两大陋习：一是任人唯亲，只用自己熟悉的亲信。二是论资排辈，必须按“三十九级台阶”，一级一级往上爬，不能“乱”了规矩。汉武帝一是不会因言废人：只要有才华，主父偃持不同政见，汉武帝照样求贤若渴。二是敢于破格提拔：因为有能力，卫青家奴出身，汉武帝竟然破格提拔。

不仅如此，汉武帝甚至摈弃正统，容纳异类，慧眼发现东方朔，将庄严的朝堂变成一个充满温情和快乐的休息室，君臣之间宛如玩伴；同时，他不以狎亵而丧失原则，对东方朔的诤言击节赞叹，言听计从。

他初读《子虚赋》，即大为倾慕；得见作者司马相如，如获至宝，让他享受与自己同等的写作待遇。能识人、能容人、能用人，汉武帝古今无二。秦始皇、汉高祖视文人为腐儒，唐太宗、清高宗或能知人，终究雅量阙如。

司马迁在《史记》中对他有褒有贬，班固的《汉书 · 武帝纪》对他的文治大加赞扬：

> 孝武初立，卓然罢黜百家，表章《六经》。遂畴咨海内，举其俊茂，与之立功。兴太学，修郊祀，改正朔，定历数，协音律，作诗乐，建封禅，礼百神，绍周后，号令文章，焕焉可述。后嗣得遵洪业，而有三代之风。如武帝之雄材大略，不改文景之恭俭以济斯民，虽《诗》《书》所称何有加焉！

班固绝口不提汉武帝的武功，表明他对汉武帝的武功是有保留意见的。

到了司马光的《资治通鉴》，也是批评、表扬兼而有之：

> 臣光曰：孝武穷奢极欲，繁刑重敛，内侈宫室，外事四夷，信惑神怪，巡游无度，使百姓疲敝，起为盗贼，其所以异于秦始皇者无几矣。然秦以之亡，汉以之兴者，孝武能尊先王之道，知所统守，受忠直之言，恶人欺蔽，好贤不倦，诛赏严明，晚而改过，顾托得人，此其所以有亡秦之失而免亡秦之祸乎！

为什么人们对汉武帝的评价分歧如此之大呢？

汉武帝是一个多面之人。他是一个政治家，非常有政治头脑，但又是一个普通人，喜怒哀乐俱备；他是一位明君，深知自己的历史责任，但他又是一位暴君，杀伐任性；他既立下盖世之功，又给天下苍生带来巨大灾难；他宠爱喜欢的女人，可是，他也可以为了江山，杀掉了自己最宠幸的女人；他绝顶聪明，又异常糊涂，为了传说中的宝马，居然不惜牺牲数万人的生命。当更近地走近他时，我们会发现，在这些对立的角色中，他不是简单地非此即彼。两难之地，非常之时，他也会犹豫不定，甚至异常痛苦，同样有普通人的欢喜和哀愁、小气和算计、失眠和焦虑。在他果决、自信、大气的外表下，有一颗惶惑、敏感之心。总之，他就像一个专业演员，对每个角色都有自己最精彩的演绎：本色鲜明，尽职到位。或许在很多时候，他的角色并不讨巧，甚至令人厌恶，但是，他的演出是精彩的，他演出了他的“这一个”。然而，我们在对他盖棺论定时，往往流于偏激，说好时千古一人，说坏时罄竹难书。这样，分歧就在所难免了。

我们无法使用单一的标准评价任何人。人性本就复杂，更何况封建帝王！或许他的好发自本心，也可能是笼络人心的手段；或许他的坏是皇权使然，不得已而为之，也可能是天性如此。因此，既然我们无法剥离他身上的帝王枷锁，我们的评价，就只能在他的帝王与凡人两种身份之间游移。当年天真无邪的“彘儿”，如何蜕变成一个既可爱又可怕的皇帝？怎么可能一言蔽之、一书尽之？

汉武帝生平中最大的错误之一是阉割了中国历史上最伟大的史家司马迁。我们讲汉武帝，讲汉武帝一朝的名臣将相，完全不能回避司马迁的生命历程。司马迁写作《史记》的心情如何？他在《史记》之外还留下了什么作品？他为什么能够写出如此分量的史学名著？

请看：绝笔之作。

绝笔之作

三十九

史学巨著《史记》的作者司马迁与汉武帝相始终。司马迁是汉武帝时代最为重要的史学家、文学家。讲述汉武帝一代的帝王、重臣，不能不讲讲司马迁。司马迁留下了《史记》这部史学名著，还留下一篇重要文献《报任安书》。如果说《史记》是学术史，那么《报任安书》则是司马迁的心灵史，它展示了司马迁复杂隐秘的内心世界。那么，任安是谁？司马迁为什么要写信给任安？《报任安书》是一封什么样的书信？司马迁在信中都说了什么？

选贤推能　投名成状

天汉二年（前99），对于司马迁来说是一个命运多舛之年。这一年，因为李陵之祸，司马迁被处宫刑，打入大狱。出狱以后司马迁担任了汉武帝的中书令。中书令负责把大臣的奏章呈送给皇上，把皇上旨意传达给大臣。在司马迁担任中书令期间，他的一位好朋友任安写信给他，要他利用担任中书令的机会“推贤进士”。

任安是谁？他为什么写信给司马迁？司马迁看到任安的信以后会做出什么反应呢？

任安，字少卿，原是一个出身卑微之人。家境艰难，小时候家里很穷，后来当了亭长，由亭长做到乡里的三老。古代是十亭一乡，一乡设一位三老，三老是管教化的官。再往后，做过小县县长。后来，因为汉武帝出行，任安办事不力，被免职。丢官后任安投奔卫青，成了卫青家门客（舍人）。任安由于家穷，无钱贿赂卫青的管家。管家让任安养马，成了牧马人。此时，任安结识了一位好友田仁。田仁是巫蛊之祸时放戾太子出城门的官员。任安跟田仁两人都做卫青门客，但卫青并不了解这两个人。一次，卫青带任安、田仁拜访老主人平阳公主。到平阳公主家，任安、田仁被安排和平阳公主的骑奴一块儿吃饭。任安和田

出为三百石长。——《史记·田叔列传》

坐上行出游共帐不办，斥免。——《史记·田叔列传》

无钱用以事将军家监，家监使养恶啮马。——《史记·田叔列传》

仁心里很不平衡，于是做出一个惊人之举：任安拔出佩刀，把席子划断。这边坐的是任安和田仁，那边坐的是骑奴。以刀断席，表明自己和田仁与那些骑奴绝不是一类人。这让平阳公主的管家非常惊讶。这件小事显示出任安非常自负的个性。后来，汉武帝派人到卫青家选郎官，卫青在他的一百多个门客中间挑了十个人，这十个人家境富有。他让这些人准备了服装、马匹等，准备推荐给汉武帝。其中，没有田仁，没有任安。卫青把这十人选好后，著名酷吏赵禹来访。赵禹问卫青选人选得怎么样。卫青把选好的十个门客跟赵禹说了，赵禹把这十人召过来问了一遍，竟没有一位熟悉政务并有智慧的人。问完以后，赵禹对卫青说：“你挑了十个家境富有的人，但没有一个是有才的人，这不行，你不能把这十个人推荐给皇上。你把你所有的门客召集过来。”卫青把他一百多个门客都召集过来，赵禹一个一个谈话，谈完以后，最终选了两个人，一个是任安，一个是田仁。卫青按赵禹的挑选把任安、田仁两人推荐给汉武帝。汉武帝召见两人时，任安推荐田仁，说田仁比自己才能高，田仁推荐任安，说任安比自己才能高，两人互相推荐。汉武帝经过考察，对这两个人都非常满意，任命这两人为官。任安就任北军监护使者，成为管理北

此二子拔刀列断席别坐。——《史记·田叔列传》

将军取舍人中富给者，令具鞍马绛衣玉具剑，欲入奏之。——《史记·田叔列传》

赵禹以次问之，十余人无一人习事有智略者。——《史记·田叔列传》

于是赵禹悉召卫将军舍人百余人，以次问之，得田仁、任安，曰：『独此两人可耳，余无可用者。』——《史记·田叔列传》

军的最高官员。北军是京城长安的国防军，任安做了北军监护使者，即总指挥官，后又做了益州刺史。益州就是今天的四川。任安在益州刺史任上知道司马迁受宫刑后做了中书令。中书令是皇帝的秘书长，职务很重要，但武帝时期的这个重要职务都由宦官担任。司马迁接受宫刑后汉武帝给了他中书令这个职务，所以任安给司马迁写了封信，叫司马迁利用自己担任这个重要职务的机会，向汉武帝推举贤士。司马迁接到这封信后心情非常复杂，没有立即回任安的信。

巫蛊之祸发生时，任安、田仁都被卷入这一不幸事件之中。田仁此时做丞相司直，是丞相手下一个官员，负责把守城门。太子带着皇孙跑出城时，田仁把城门打开，放太子逃了。结果，田仁被杀。

任安此时又做了北军监护使者，戾太子亲自去拜访北军，拿节调任安帮他，任安接受了太子的节令，但没有出兵。戾太子“叛乱”事件过后，汉武帝认为任安虽然接受了太子的节令，但没有出兵，没帮助太子，没有处罚任安。但是，不久发生了一件小事，任安处罚了他手下的一个小吏，这个小吏受了任安的处罚，给皇上写了一个报告，说任安其实是想帮太子的。汉武帝看后，重新调查任安事件，认为任安是坐山观虎斗。将来太子赢了，他要帮太子，认为他是骑墙派，把任安抓起来，下到狱中，定为死罪。

推心置腹　表白心迹

这一年是征和二年（前91）。巫蛊之祸中被判死刑者不能赦免，所以任安必死无疑。司马迁得到这个消息后，想到任安前几年给自己写的那封信自己一直没有回，而任安不久于人世了，司马迁唏嘘不已，觉得可悲又可惜，于是写了一封将近三千字的长信回复任安，这就是《报任安书》。“报”，就是回复。这是《报任安书》的由来。

《报任安书》是司马迁的绝笔之作，也成了中国历代史学家研究司马迁生平、思想最重要的史料之一。鲁迅先生“史家之绝唱，无韵之离骚”的著名论断就是在评价《报任安书》时提到的。那么《报任安书》究竟记载了什么？为什么后世会有如此之高的评价呢？

人们写私信时，最易敞开心扉，说心里话，所以，这封信是揭示司马迁心灵非常真实的材料。这封信的主要内容是什么呢？

整个《报任安书》写了一个字：耻辱的“辱”。

一个“辱”字虽贯穿全文，但作者写时，着重写了三点：第一，受辱之因。第二，遭辱之痛。第三，忍辱之由。为什么遭受宫刑？受这场奇耻大辱后内心的痛苦如何？为什么受此奇耻大辱能够坚持活下来？整个一封信就讲了他的受辱、遭辱、忍辱。我们依次介绍这三点。

先说受辱之因。我们在本书第一章讲过，司马迁受宫刑事件和李陵事件有关。李陵事件发生后，汉武帝非常震怒。在极为震怒的情况下，他向司马迁征求意见。司马迁说，据我的观察，李陵这个人是一个很优秀的人才，按《报任安书》原话说，有国士之风。国士是一国

其素所畜积也，仆以为有国士之风。
——《汉书·司马迁传》

之中最优秀的人，所以李陵的战败投降是不得已而为之。再说，李陵带五千步兵，和匈奴大单于打了十几天，杀死的敌人远远超过他带领的军队（所杀过当），只是在弹尽粮绝时李陵才被迫投降。现在一些大臣看见李陵投降就极力说李陵坏话，这不公道。再看到汉武帝心情很郁闷，我想替汉武帝宽宽心，所以替李陵讲了几句话。这几句话导致了司马迁的宫刑。应当说，李陵兵败投降很不光彩，但这件事汉武帝要负责任。汉武帝批准李陵带领五千步兵出征，另一位老将路博德发现此事处理不妥，马上上疏，要求阻止这场行动，汉武帝没听，反而逼着李陵出兵。李陵出兵，汉武帝有责任。李陵再能打，带五千步兵出征，肯定凶多吉少。李陵出征，本身是一种冒险行为。

见主上惨凄怛悼，诚欲效其款款之愚。——《报任安书》

李陵投降匈奴在汉匈作战这个阶段并不是一件什么大不了的事情。汉匈战争中有一个很有名的将领叫赵破奴。此人的传记载于《史记·卫将军骠骑列传》。赵破奴本来是汉军将领，后来兵败投降匈奴，投降匈奴后又回到汉朝来。回到汉朝后，汉武帝没处罚他，让他担任骠骑将军霍去病的随从，后来还立功封侯。再后来，赵破奴又丢侯，又立功封侯。

将军赵破奴，故九原人。尝亡入匈奴，已而归汉，为骠骑将军司马。出北地时有功，封为从骠侯。——《史记·卫将军骠骑列传》

坐酎金失侯。——《史记·卫将军骠骑列传》

后二岁，击虏楼兰王，复封为浞野侯。——《史记·卫将军骠骑列传》

赵破奴两次封侯，而且在第二次封侯后带两万军队出征，遇到匈奴左贤王八万军队，结果打败了，赵破奴第二次投降匈奴，在匈奴生活了十年。十年后，赵破奴带着儿子又跑回来，汉帝国照样接纳了赵破奴。可见，汉匈作战时期，像赵破奴这样投过来再奔回去的事情比较多，大汉皇帝和中央政府并不太计较这类事。所以，李陵兵败投降后，司马迁开始认为他只是暂时投降，后来司马迁在《李将军列传》中谴责李陵，认为李陵投降后，整个李氏家族的名声全毁掉了。这是司马迁遭辱的原因——李陵事件。这是《报任安书》写的第一项内容。

后六岁，为浚稽将军，将二万骑击匈奴左贤王，左贤王与战，兵八万骑围破奴，破奴生为虏所得，遂没其军。居匈奴中十岁，复与其太子安国亡入汉。——《史记·卫将军骠骑列传》

第二项内容写李陵之祸给司马迁带来的那种内心的巨大痛苦——遭辱之痛。这一点，司马迁在《报任安书》中间写得非常深刻。司马迁在写这一段的时候，他写了四不辱，六受辱。他说一个人的受辱可以分为十个等级："太上不辱先，其次不辱身，其次不辱理色，其次不辱辞令，其次诎体受辱，其次易服受辱，其次关木索、被棰楚受辱，其次剔毛发、婴金铁受辱，其次毁肌肤、断肢体受辱，最下腐刑，极矣。"

《汉书·司马迁传》

司马迁认为一个人不能受到的屈辱可以分为四等，最高的一等是"辱先"，让先祖、先人受辱，这是最重的一个，这叫"太上不辱先"，绝对不能让自己的祖先蒙受耻辱。“其次不辱身”，自身不受辱。第三，“不辱理色”，尊严不能受辱。第四，“不辱辞令”，不能语言受辱，这是四不受辱。

六个受辱是什么？第一，“诎体受辱”，指被绑。第二，“易服受辱”，脱掉衣服，穿上囚服。第三，“关木索、被棰楚”，受刑罚。第四，“剔毛发、婴金铁”，剃光头发，脖戴铁圈。第五，“毁肌肤、断肢体”，皮肤被打烂，肢体被砍断。最下一等是什么？“最下腐刑，极矣”。宫刑是六种受辱中最下一等，是各等受辱之中最不能接受的一等啊！司马迁自己划分的受辱等级，宫刑是他最不能接受的一种，他恰恰受了宫刑，所以我们说《报任安书》中写他的受辱之痛一段最为典型。司马迁说：“故祸莫憯于欲利，悲莫痛于伤心，行莫丑于辱先，而诟莫大于宫刑。”作为刑余之人，自来就不被世人重视，这早就不是一时一世之事了。

刑余之人，无所比数，非一世也，所以来远矣。——《汉书·司马迁传》

司马迁作为一个史学家，对历史非常熟悉。他熟知历史上受过宫刑的人，当过太监的人，历来为世人所不齿。《报任安书》中他举了一些例子，如孔子因不愿看到一位卫君和太监同乘一辆车，竟离开卫国前往陈国（昔卫灵公与雍渠载，孔子适陈）。商鞅因通过一个叫景的太监引见见到秦孝公，秦国大臣因此对商鞅感到不齿（商鞅因景监见，赵良寒心）。

汉文帝时期，汉文帝去东宫，宦官赵谈担任侍从。

大臣袁盎看到后，拦下汉文帝的车说：“我听说与天子共乘一辆车的都是天下豪杰，大汉即使无人，陛下怎么能和一个宦官坐同一辆车呢？”汉文帝听后笑呵呵地让赵谈下车，赵谈哭着下车了。司马迁作为一个史学家，他知道历史上很多受了宫刑的人都低人一等，即使有才也被排除在天下英豪之外。自己受过宫刑后内心的痛苦是无可言传的，这就是《报任安书》写的第二项内容：莫可名状的受辱之痛。

于是上朝东宫，赵谈骖乘，盎伏车前曰：『臣闻天子所与共六尺舆者，皆天下豪英。今汉虽乏人，陛下独奈何与刀锯之余共载！』——《汉书·爰盎晁错传》

于是上笑，下赵谈。谈泣下车。——《汉书·爰盎晁错传》

两千多年过去了，现代人已经无法体会宫刑给一位视名声如泰山的士大夫带来的巨大伤害，但在一个有着强烈自尊和自强意识的士子眼里，宫刑始终让司马迁抬不起头。既然如此耻辱，司马迁为什么还是要隐忍活下来呢？

首先，司马迁对生死的独特看法。司马迁说过几句我们非常熟悉的话：“人固有一死，死有重于泰山，或轻于鸿毛，用之所趋异也。”《汉书·司马迁传》一个人的死有的重于泰山，有的轻于鸿毛。二者的区别是什么？看你为何而死。慷慨就义者未必真英雄，忍辱负重者未必皆懦夫。一个人敢于忍受千夫所指，万人所诟，为坚持自己的理想和事业而活着，应当是真英雄。司马迁讲了一段古人著书立说的例子，说明自己活下来是为了完成自己的不朽著作：

古者富贵而名摩灭，不可胜记，唯俶傥非常之人称焉。盖西伯拘而演《周易》；仲尼厄而作《春秋》；屈原放逐，乃赋《离骚》；左丘失明，厥有《国语》；孙子膑脚,《兵法》修列；不韦迁蜀，世传《吕览》；韩非囚秦,《说难》《孤愤》。《诗》三百篇，大氐贤圣发愤之所为作也。**《汉书·司马迁传》**

古代那么多富贵之人死后却默默无闻。只有那些把一切置之身外，建立功业的人得到了后人称赞：当年文王姬昌幽禁羑里，他作的《周易》流传下来了；屈原被放逐，他的《离骚》传世了；左丘明虽失明了，他的《国语》传下来了；吕不韦迁蜀自杀，但《吕氏春秋》传世；孙膑虽身残了，但《孙膑兵法》传下来了。古人能够忍受各种耻辱，为的就是把自己的著作传下来。所以，大多数人才都心聚郁闷，不能抒发，仍坚持写下自己著作传之后世。司马迁在此提出一个非常有名的观点：发奋著书。一个人在困境中要努力，要坚持，要完成自己的著作。我司马迁也是如此，我的不朽之作没完成，遭逢李陵之难，我有两种选择，但我最担心自己去世后著作没完成，所以才忍辱负重地活下来。

其次，司马迁忍辱负重地活下来是为了完成著述《史记》。遭逢李陵之祸时,《史记》尚未写完。如果司马迁当时为了不受辱，不在人们冷眼之中挣扎，他可以选择死亡，那样,《史记》无从谈起。如果完成了这部不朽之作，传之后世，所有遭受的耻辱都得到了补偿，即使被杀，亦绝无后悔！这是《报任安书》的第三项内容：忍辱之因。

> 草创未就，适会此祸，惜其不成，是以就极刑而无愠色。仆诚已著此书，藏之名山，传之其人，通邑大都，则仆偿前辱之责，虽万被戮，岂有悔哉！——《汉书·司马迁传》

《报任安书》是司马迁的心灵自述，他把多年郁积于胸的情感喷薄而出，犹如长江大河，一泻千里，让后人看到了一个有血有肉有灵魂的司马迁。然而此后，再也没有司马迁的任何消息，这封书信成为他的绝笔之作。

那么司马迁是怎么死的？他又死在什么时候？这封书信的独特价值在什么地方？

第一点，独特的生死观。司马迁是中国历史上第一个对生死问题做过深入思考的人。这种思考使司马迁对生死形成自己独特的看法：慷慨就义有时是勇敢，但是，为了不受辱而慷慨就义其实也是一种懦弱；同样，苟且偷生是软弱，但有时为了完成一项伟大的事业保全自己的生命，亦有它的不朽价值。中国古人对生死问题的思索无人超过司马迁。正因为司马迁如此独特的生死观，他才能忍辱负重活下来，完成千古不朽的《史记》。这是此书信的第一点价值。

> 且勇者不必死节，怯夫慕义，何处不勉焉。——《汉书·司马迁传》

第二点，这封书信的写作年代。据此信看，它应当写在任安被处死之前。任安哪一年被处死？征和二年（前91）。这一年七月发生了巫蛊之祸。从这封书信看，司马迁写此信时已经接近此年十二月，每一年的十二月都是古代帝王处死犯人的季节，古人

> 今少卿抱不测之罪，涉旬月，迫季冬。——《汉书·司马迁传》

为什么选择十二月杀人呢？因为古人信奉天人感应理论，认为十二月时自然界万物都凋零，等于上天告诉天子，此季节亦是杀人之季。所以这封信的写作时间可以断定是在接近征和二年冬十二月。这一年，司马迁大体完成了《史记》，因为《报任安书》已明确提到《史记》一百三十篇。所以，这封书信给我们提供了一个重要的信息，就是《史记》完成的年代，大致上应当是在汉武帝的征和二年，这是此信第二点价值。

仆窃不逊，近自托于无能之辞，网罗天下放失旧闻，考之行事，稽其成败兴坏之理，凡百三十篇，亦欲以究天人之际，通古今之变，成一家之言。——《汉书·司马迁传》

第三点，这封书信交代了司马迁的卒年。司马迁的生年现有两说，但司马迁死于哪一年，历史没有记载。《报任安书》是司马迁留在世上的最后一篇文字，所以我们把《报任安书》称为其绝笔之作，写完这封书信后，司马迁的事迹就再也没有记载了。这封书信完成以后司马迁是怎么死的？是病死还是因为这封书信给他带来了一场灾难被杀？这些都没有记载，但是，我们可以大体断定，这封书信写于征和二年，大概在这之后不久司马迁去世了。所以这封书信交代了《史记》完成的时间，交代了司马迁大致的卒年，这是这篇文献的第三点价值。

第四点，这封书信交代了司马迁内心变化的历史。因为司马迁在这封信中间写得很清楚，李陵之祸之前，他是一心一意要迎合皇上，做一个忠臣。司马迁的悲剧在于，他的本心、他受的教育、他的家教，都使他想做个忠臣。但是，历史恰恰让一个愿意做忠臣的人最后没有做成忠臣，反而被他忠于的君王给戕害了。司马迁经历了这样一场人生剧变。这封书信交代了司马迁从当年皇帝的忠诚史官转变成太史公的经过。这封书信记录了一颗伟大灵魂的转变，那个过去一心迎合帝国君王的司马迁死掉了，一个新的太史公诞生了，这才有了司马迁冷眼看世，热心看史，用他如椽之笔写下了近三千年的中国历史。所以，这封书信是了解司马迁前后心灵变化的一篇重要文献。

仆以为戴盆何以望天，故绝宾客之知，忘室家之业，日夜思竭其不肖之材力，务一心营职，以求亲媚于主上。——**《汉书·司马迁传》**

这四点体现了《报任安书》无可替代的史学价值和文学价值。《报任安书》凝聚了司马迁对自己一生的总结，这是一个终点，让人们见证了一位名垂千古的史学家最后的辉煌；也是一个起点，后人根据司马迁的《史记》上溯，阐释历史，也沿着司马迁开辟的史学道路创作新的历史。

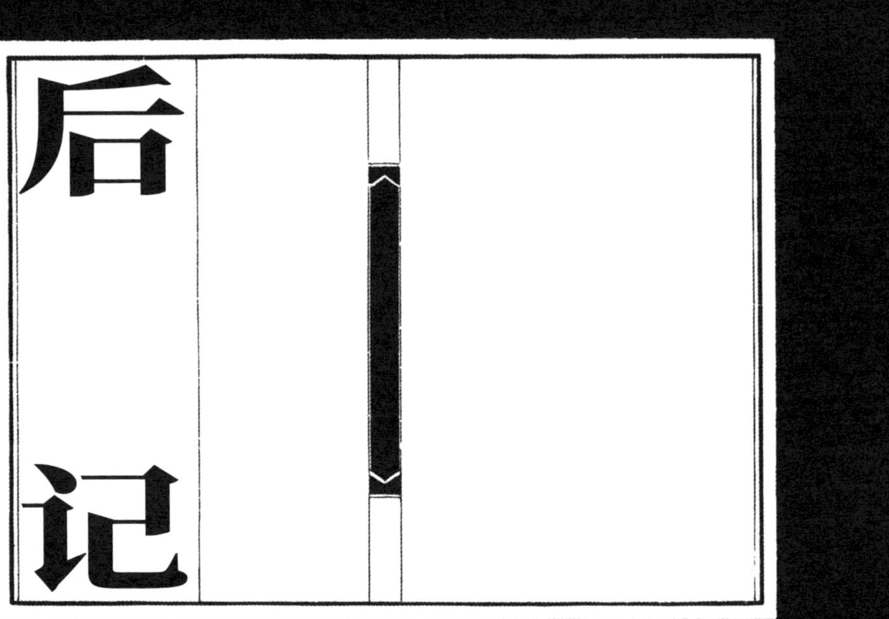

后记

2006年1月16日，初登央视《百家讲坛》。同年4月，播出了“汉代风云人物”系列的项羽；6月，播出了此系列的吕后。2007年讲述了“王立群读《史记》”的第一个系列汉武帝，并出版了登上《百家讲坛》之后的第一本书:《王立群读〈史记〉之汉武帝》。令人遗憾的是，当时只出版了一个删节本的《王立群读〈史记〉之汉武帝》。今年4月，五年合约期满，改由大象出版社再版，终于有了一个出版全本《王立群读〈史记〉之汉武帝》的机会。在央视《百家讲坛》首播“王立群读《史记》之汉武帝”五周年之后，终于出版了这一电视讲座的全本书籍，值得一书。为了区别于2007年那个删节本，本书更名为《王立群读〈史记〉汉武大帝》。可见，当代书籍也有版本问题。

王立群

2012年9月于河南大学

图书在版编目（CIP）数据

汉武大帝 / 王立群著. — 北京：东方出版社, 2024.5

ISBN 978-7-5207-3511-7

Ⅰ. ①汉… Ⅱ. ①王… Ⅲ. ①汉武帝（前156-前87）—传记
Ⅳ. ①K827=341

中国国家版本馆CIP数据核字（2023）第114034号

汉武大帝

(HANWUDADI)

作　　者：王立群
策 划 人：王莉莉
责任编辑：赵　琳　张　伟
产品经理：赵　琳
书籍设计：潘振宇
出　　版：东方出版社
发　　行：人民东方出版传媒有限公司
地　　址：北京市东城区朝阳门内大街166号
邮政编码：100010
印　　刷：北京汇瑞嘉合文化发展有限公司
版　　次：2024年5月第1版
印　　次：2024年5月第2次印刷
印　　数：6001—56000套
开　　本：880毫米×1230毫米　1/32
印　　张：19.625
字　　数：422千字
书　　号：ISBN 978-7-5207-3511-7
定　　价：96.00元（全两册）
发行电话：(010)85924663　85924644　85924641